Arbeitsfähigkeit, ein ganzheitlicher, integrativer Ansatz

T0326490

ARBEITSWISSENSCHAFT
in der betrieblichen Praxis

Herausgegeben von Peter Knauth

Band 31

PETER LANG

Frankfurt am Main · Berlin · Bern · Bruxelles · New York · Oxford · Wien

Dorothee Karl

Arbeitsfähigkeit, ein ganzheitlicher, integrativer Ansatz

PETER LANG
Internationaler Verlag der Wissenschaften

Bibliografische Information der Deutschen Nationalbibliothek
Die Deutsche Nationalbibliothek verzeichnet diese Publikation
in der Deutschen Nationalbibliografie; detaillierte bibliografische
Daten sind im Internet über <http://www.d-nb.de> abrufbar.

Gedruckt auf alterungsbeständigem,
säurefreiem Papier.

ISSN 0946-4166
ISBN 978-3-631-58337-1
© Peter Lang GmbH
Internationaler Verlag der Wissenschaften
Frankfurt am Main 2009
Alle Rechte vorbehalten.

Printed in Germany 1 2 3 4 5 7

www.peterlang.de

Inhaltsverzeichnis

Abbildungsverzeichnis

Tabellenverzeichnis

1 Einführung

1.1 Ausgangslage und Problemstellung

Komplexe Veränderungen wie die demografische Entwicklung, komplexe Veränderungen, Globalisierung und der Wertewandel, kennzeichnen derzeit und zukünftig verstärkt das Umfeld von Unternehmen und Gesellschaft. „Economic, social, political, and technological changes have converged and emerged to change the contours of the world of work, leaving us with new markets, new corporate institutions to serve those markets, and new jobs to produce new goods for the world's new consumers"(O´Hara-Deveraux / Johanson, 1996, S. 87; Sepehri, 2002, S.4).

Gegenwärtig ist von knapp 3,5 Millionen nichterwerbstätiger Personen in der Altersgruppe der 55- bis 64- Jährigen auszugehen (vgl. Klös / Schäfer, 2003). Deutschland liegt damit an der Spitze der Industrienationen, mit einer Beschäftigungsquote dieser Altersgruppe von 47% bei den Männern und 30% bei den Frauen (vgl. Expertenkommission Finanzierung Lebenslanges Lernen, 2004). In anderen Ländern, wie zum Beispiel Belgien und Frankreich, die eine vergleichbare Politik der Frühpensionierung betreiben, verlief die Entwicklung ähnlich. Daher scheinen die Probleme insbesondere durch Fehlanreize der sozialen Sicherungssysteme entstanden zu sein (vgl. Schäfer / Seyda, 2005). Aus diesem Kontext heraus hat sich beim einzelnen Arbeitnehmer das Bewusstsein eingestellt, „ein Anrecht auf einen frühen und finanziell gesicherten Übergang in den Ruhestand zu haben" (Schott, 2005, S.10).

Nach Bäcker und Naegele ist diese Einstellung auf zwei Faktoren zurückzuführen: „Das Motiv, möglichst früh aufzuhören, setzt sich … aus einer Mischung von "Push-" und "Pull-Faktoren" zusammen, die sich z.T. wechselseitig bedingen und in der konkreten Berufsaustrittsituation kaum voneinander isoliert werden können" (Bäcker / Naegele, 1993). In Anlehnung an Bäcker und Naegele beschreibt Witterstätter (2003) die genannten Faktoren folgendermaßen:

- „Zu den Push-Effekten gehören die betrieblichen Ausgliederungsabsichten, Arbeitslosigkeit und Altersstigmatisierung"
- „Zu den Pull-Effekten zählen die positiven Erwartungen der angehenden Frühruheständler auf eine sie erfüllende Ruhestandszeit, verbunden mit Erleichterungshoffnungen auf günstige Ausgliederungspfade der Betriebe und eine zufrieden stellende finanzielle Absicherung" (Witterstätter, 2003, S. 56f.).

Bislang war es also gängige Normalität, vorzeitig in den Ruhestand einzutreten. „Die Frühverrentung … wurde in einem breiten Bündnis von Unternehmen, Gewerkschaften und Politik befürwortet und gefördert" (Morschhäuser, 2005, S. 126).

Da die geburtenstarken Jahrgänge zwischen 1960 und 1965 in den nächsten 10 bis 20 Jahren in das Renteneintrittsalter kommen werden, gleichzeitig die Anzahl der unter 30-jährigen aufgrund niedriger Geburtenzahlen rückläufig ist, wird der Anteil älterer Erwerbspersonen steigen. Durch den früheren Renteneintritt einerseits, die Zunahme des prozentualen Anteils älterer Menschen andererseits bei einem gleichzeitigen Anstieg der mittleren Lebenserwartung wird es zu Finanzierungsproblemen im Sozialhaushalt kommen (vgl. Schott, 2005). Angesichts dieser Entwicklung kam es in der Politik zu einem Paradigmenwechsel. So werden Frühverrentungsmöglichkeiten eingeschränkt und das Renteneintrittsalter auf 67 Jahre angehoben, „um die Finanzierung der sozialen Sicherungssysteme auch über längere Erwerbsbiographien zu sichern" (Schmidt-Rudloff, 2005, S. 19). Dies wird dazu führen, „dass viele sich einen Vorruhestand nicht mehr werden leisten können" (Regnet, 2005, S. 42). Daher müssen sich einerseits die Unternehmen in Zukunft auf eine ältere Belegschaft einstellen und andererseits die Beschäftigten wieder mit einer längeren Erwerbsarbeitsdauer rechnen (vgl. Morschhäuser, 2005).

Ein ähnlicher Paradigmenwechsel muss folglich auch in den Unternehmen stattfinden, denn bislang war die Verjüngung der Belegschaft ein Ziel neben dem sozialverträglichen Personalabbau, in dem mit dem vorzeitigen Renteneintritt die Beschäftigungssituation für die Jüngeren verbessert werden sollte. Vielerorts wurden diese Stellen jedoch nicht neu besetzt, sondern abgebaut. Der resultierende konstante Mangel an Arbeitsplätzen zerschlägt wiederum viele Hoffnungen auf eine stärkere Erwerbsbeteiligung älterer Arbeitskräfte" (Witterstätter, 2003, S. 45).

Der gravierende Nachteil dieser Beschäftigungspolitik zeigt sich bereits in mittleren Unternehmen. Schon jetzt beklagen 23% dieser Unternehmen das Fehlen kompetenter Fachkräfte (vgl. Coomans, 2001) Größte Rekrutierungsprobleme zeigen sich bei Technikern und Ingenieuren (vgl. Europäische Kommission, 2000). Durch den demografischen Wandel wird sich diese Entwicklung insbesondere bei kleineren und mittleren Unternehmen weiter fortsetzen (vgl. Staudt / Kottmann, 2001), jedoch auch in Großunternehmen Wirkungen zeigen.

Da der Anteil der erwerbsfähigen Bevölkerung an der Gesamtbevölkerung um 8% bis zum Jahr 2050 zurückgehen wird, muss der Innovationsbedarf mit einem quantitativ geringeren Personalangebot gedeckt werden. Es stellt sich also die Frage, „ob das zur Verfügung stehende formal hoch qualifizierte Humankapital langfristig ausreichen wird, um den strukturellen Wandel mit seinen Anforderungen an die Innovationsfähigkeit … zu tragen" (Krey / Meier, 2005. S. 149).

Grundsätzlich sind zwar laut der OECD „seit Mitte der achtziger Jahre die Investitionen in immaterielle Vermögensgegenstände höher [...] als die in materielles Anlagevermögen" (Reinhardt, 2002, S.28), doch speziell die absehbare Auswirkung der zukünftigen demographischen Entwicklung, nach der aufgrund der niedrigen Geburtenraten der letzten Jahrzehnte im Jahr 2020 bereits die Hälfte aller Arbeitenden älter als 45 Jahre sein wird (vgl. IHK, Hochrhein-Bodensee, 2004), muss zu einem spürbaren Prozess des Umdenkens führen. Im Angesicht eines bevorstehenden empfindlichen Arbeitskräftemangels beginnen sich die Vorurteile gegenüber Älteren sowie der mit ihnen einher gehende Jugendwahn zwar langsam jedoch immer noch lediglich rudimentär zugunsten einer fundierteren Diskussion in den Unternehmen zu reduzieren.

Ältere Mitarbeiter galten und gelten trotz dieses Trends in den meisten Unternehmen „angesichts der hohen Dynamik der Veränderungsprozesse [...] bislang eher als Innovationsbarriere [...] denn als Wettbewerbsfaktor, den es gezielt einzusetzen und zu nutzen gilt" (Maier / Uepping, 2001, S.28). Erst mit dem langsam ansteigenden Bewusstsein für „altersintegrative und kompetenzorientierte Beschäftigungsmodelle insbesondere für Spezialisten und Führungskräfte" (ebd., S.28) änderte sich diese Einstellung. Anstoß für diese Meinungsänderung wurde teilweise durch die Feststellung gegeben, dass im Falle einer Frühverrentung, „mit dem Ausscheiden von Mitarbeitern auch deren Know-how unwiderruflich verloren geht" (ebd., S.28).

In den Großbetrieben zeigt sich dementsprechend folgendes Bild: „Im großbetrieblichen Innovationsmilieu ist kein Platz für ältere Mitarbeiter. Die Entwicklungsbereiche sind mit die jüngsten in Unternehmen, und auch in den angrenzenden Abteilungen werden die Älteren tendenziell aussortiert…die Gründe liegen eindeutig in der allgemeinen Unternehmenspolitik, die auf eine Verkleinerung der Stammbelegschaften und auf eine Vergrößerung des variablen Belegschaftteils abzielt sowie den Kostpreis der Arbeitskraft senken will…" (Reindl, 2000). Gewünschte Senkung der Personalkosten – entgegen der Die Kosten, die häufig mit älteren Mitarbeitern in Verbindung gebracht werden, sind höhere Bezüge im Alter, Kündigungsschutz und die angenommene Abnahme der Arbeitsfähigkeit.

Die Abnahme der Arbeitsfähigkeit der Belegschaft hat für Unternehmen große finanzielle Konsequenzen. Berechnungen des FIOH (Finnish Institut of Occupational Health) zeigen, dass bei einer schlechten Arbeitsfähigkeit bzw. einer Arbeitsunfähigkeit Kosten in Höhe von 7086 € pro Person und Jahr sowie Abwesenheitskosten in Höhe von 3571 € pro Person und Jahr entstehen. Demgegenüber stehen Arbeitsunfähigkeitskosten in Höhe von nur 857 € bzw. Abwesenheitskosten in Höhe von nur 200 € bei hervorragender Arbeitsfähigkeit (vgl. Ilmarinen, 2003). Somit ist im Hinblick auf den demografischen Wandel der Erhalt der Innovationskraft mit alternder Belegschaft ein entscheidendes Erfolgskriterium (vgl. Krey / Meier, 2004), da ältere Mitarbeiter neben Mitarbeitern aus anderen Nationen und weiblichen Mitarbeitern in Führungspositionen vermehrt das Beschäftigungspotential der Zukunft darstellen (vgl. Wagner-Link, 2001).

Für den Erhalt und die Förderung der Arbeitsfähigkeit müssen sich demzufolge die Unternehmen zusätzlich mit den Herausforderungen sich wandelnder Arbeitsfähigkeit älter werdender Mitarbeiter, alternsgerechter Führung und Arbeitsorganisation, lebensphasenorientierter Personalentwicklung sowie präventivem und progressivem Gesundheitsmanagement auseinandersetzen. Obwohl einige Unternehmen beispielhafte operative Maßnahmen (vgl. Morschhäuser et al., 2005) im Umgang mit alternden Belegschaften anwenden, handelt es sich eher um Ausnahmen mit zweifelhaftem Erfolg. Insbesondere ein strategisches Vorgehen scheint Ausdruck eines Idealismus zu sein, der allzu sehr von den aktuellen Schwerpunktthemen und Problemen der Gegenwart überlagert wird (vgl. Eckardstein, 2004). Aktuelle Herausforderungen und Trends in der heutigen und zukünftigen Arbeitswelt, wie zunehmende Globalisierung der Weltwirtschaft, der wirtschaftliche Strukturwandel hin zur Dienstleistung und die Entstehung der Wissensgesellschaft werden nur selten ganzheitlich, integrativ mit dem demografischen Wandel betrachtet. Im Folgenden werden diese zentralen Trends kurz erläutert.

Globalisierung / Internationalisierung

In Deutschland ist die Exportquote seit den 70er Jahren kontinuierlich gestiegen. Von 1980 bis zum Jahr 2000 stieg die Quote von 36% auf 49% an. Es wird von einem weiteren Anstieg in den nächsten Jahren auf ca. 60% ausgegangen. (vgl. Institut der deutschen Wirtschaft, 2006). Während in Amerika nur jeder elfte Arbeitsplatz vom Export abhängig ist, so ist es in Deutschland bereits jeder dritte. Auch die Auslandsinvestitionen steigen kontinuierlich an. Hierbei löst der Funktionsschwerpunkt „Vertrieb und Kundendienst" den ehemals vorrangigen Funktionsschwerpunkt „Produktion" ab (vgl. DIHK, 2001).

Der Trend zur Dienstleistung

Die Anteile der Beschäftigten der drei Sektoren Land- und Forstwirtschaft (primärer Sektor), Waren produzierendes Gewerbe (sekundärer Sektor), und Dienstleistungen (tertiärer Sektor) haben sich in den vergangenen Jahren massiv verschoben. Aktuell sind 63% aller Beschäftigten in Deutschland im Dienstleistungssektor beschäftigt. Von den 34% aller im industriellen Bereich Beschäftigten üben 48% eine Dienstleistungstätigkeit aus (vgl. Rump, 2007). Dabei handelt es sich um Tätigkeiten wie Forschung und Entwicklung, Personalbetreuung, Controlling etc. Durch Outsourcing von haushaltsnahen Dienstleistungen, Abwanderung der Massenprodunktion in Niedriglohnländer und die Entwicklung in Richtung Presales- und Aftersales - Services zeichnet sich ein deutlicher Trend zur Tertiarisierung ab (vgl. Bosch et al., 2001).

Der Trend zur Wissensgesellschaft

Der beschriebene Strukturwandel und die Expansion anspruchsvoller Dienstleistungstätigkeiten führen dazu, dass Wissen eine immer größere Bedeutung erlangt. Dieses bezieht sich vor allem auf erfolgskritisches Wissen. Gerade Hochqualifizierte sind Inhaber dieses Wissens und zeichnen sich durch einen hohen Eigenanteil am Leistungserstellungsprozess und einen hohen Grad an Einzigartigkeit aus. Durch die wachsende Nachfrage nach wissensintensiven Produkten und Dienstleistungen werden diese Wissenträger zu einem knappen Gut (vgl. Drumm, 2001; Armutat et al., 2002).

Im Gegensatz dazu wird der Bedarf an niedrig Qualifizierten, d.h. der Bedarf an unkritischem Wissen immer weiter zurückgehen.

Technologische Trends

Zu den Hauptcharakteristika der heutigen Arbeitswelt zählen technologische Trends wie die mobile Arbeitswelt und die sich ständig weiterentwickelnden Informations- und Kommunikationstechnologien. Derzeit nutzen ca. 25 Mio. Deutsche im Alter von 14 – 69 Jahren das Internet, mit steigender Tendenz.

Mit der Weiterentwicklung der Informations- und Kommunikationstechnologie konnten Möglichkeiten der Kommunikation, Kooperation und Koordination verbessert und räumliche und zeitliche Barrieren der Kommunikationspartner abgebaut werden. Ferner entwickelte sich eine räumliche und zeitliche Unabhängigkeit bei der Aufgabenbewältigung und ebenso die Möglichkeit der Telearbeit.

Gesellschaftliche Trends

Auch gesellschaftliche Trends, die zunehmend von den Themen Lebensgenuss, Leistungsorientierung, Vereinbarkeit von Familie/Privatleben und Beruf, Individualisierung, Flexibilität und Suche nach Beständigkeit geprägt sind, müssen in das Betrachtungsfeld eingschlossen werden (vgl. Rump, 2003, Rosenstiel / Comelli, 2003, Drumm, 2005). So versuchen viele jüngere Arbeitnehmer Leistungorientierung und Lebensgenuss miteinander zu vereinbaren. Wichtigste Kriterien sind für diese Generation, dass die Anforderungen den eigenen Leistungansprüchen entsprechen, die Ziele der Arbeit in ihr Wertesystem integrierbar, und Möglichkeiten für die indiviuelle Weiterentwicklung gegeben sind (vgl. Wunderer / Dick, 2002).

Beschäftigungsverhältnisse

Die Epoche eines „Normalarbeitszeitverhältnisses"(E) (Mückenberger, 1985) gekennzeichnet durch eine kontinuierliche Vollbeschäftigung von der Ausbildung bis ins Rentenalter mit gleichzeitig kontinuierlichem Anstieg des Einkommens und des Status ist zu Ende gegangen. Sie wurde abgelöst von Teilzeiterwerbstätigkeit, unterbrochenen Erwerbsverläufen oder befristeten Beschäftigungsformen. Auch arbeiten Menschen für mehr als einen Arbeitgeber. Des Weiteren nehmen Arbeitsverhältnisse, die Marktlöhne und staatliche Zuschüsse verbinden zu (vgl. Bach et al., 2005).

Insgesamt zeichnet sich ein Rückgang sozialversicherungspflichtiger Vollzeiterwerbstätigkeit ab, der zu ungenügenden Altersrenten führt. Ein weiterer Ausbau der privaten Vorsorge oder der betrieblichen Rente wird beispielsweise für Niedriglohnempfänger, Langzeitarbeitslose (vgl. Allmendinger et al., 2005) nicht zum Tragen kommen und die Gefahr einer Altersarmut erhöhen.

Aus den aufgezeigten Trends resultieren Anforderungen an den Mitarbeiter hinsichtlich seiner psychischen und physischen Belastbarkeit, Anpassungsfähigkeit, Flexibilität und somit hinsichtlich seiner gesamten Arbeitsfähigkeit und Arbeitsleistung. Die zentrale Frage lautet daher: Wie kann ein Arbeitskraftunternehmer (vgl. Voß / Pongratz, 1997) seine Potenziale entwickeln, nutzen, fördern oder stabilisieren um sie entsprechend seinem Werte- und Zielsystem sowohl in der beruflichen wie auch in der außerberuflichen Welt zur Befriedigung externaler und internaler Bedürfnisse einzusetzen?

Externe Ansprüche sind durch eine verstärkte lokale und temporale Verfügbarkeit der Mitarbeiter gekennzeichnet, die eine Entgrenzung der Arbeit zur Folge haben können. Dieser Prozess geht über Regulierungen auf der Makro- und Mesoebene hinaus und führt zu immer neuen Strategien zur optimalen Nutzung der individuellen Arbeitsfähigkeit (vgl. Wolf / Mayer-Ahuja, 2002). Die Vorteile dieser Entgrenzung liegen für die Mitarbeiter in einer größeren Vielfalt an Möglichkeiten zu einer stärkeren Eigenstrukturierung und Weiterentwicklung. Die

Nutzung dieser Chance wird von unternehmerischer Seite nicht nur gewünscht, sondern zum Teil auch als selbstverständlich vorausgesetzt und eingefordert.

Die Erwartung an die Arbeitnehmer, sich stets weiter zu entwickeln, sich immer wieder auf dem internen wie auch auf dem externen Arbeitsmarkt zu vermarkten, „stellen an die Arbeitskräfte weitreichende – entgrenzte- Anforderungen an die persönlichen Leistungen und Fähigkeiten, an ihre Subjektivität (vgl. Schönberger / Springer, 2003).

Somit hat der demografische Wandel weitreichende komplexe Konsequenzen zur Folge welche die Politik, die Gesellschaft, die Unternehmen und insbesondere auch den Einzelnen vor große Herausforderungen stellen. Jedem Akteur kommt entsprechend seiner Rolle Verantwortung an der Gesamtentwicklung zu, wobei eine Verantwortungsdiffusion vermieden werden muss.

Es handelt sich hierbei um mittel- und langfristige Herausforderungen, auf die sowohl auf der individuellen Ebene, der Unternehmensebene als auch auf gesellschaftlicher Ebene und von Seiten der Gesetzgebung verstärkt reagiert werden muss (vgl. Knauth et al., 2003a; Funk et al., 2003)

1.2 Zielsetzung und Lösungsweg

Auf Basis der aufgezeigten Problemstellung, der demographischen Entwicklung und wachsenden Bedeutung der Arbeitsfähigkeit ist diese Arbeit entstanden. Ziel der Arbeit ist die Entwicklung eines ganzheitlichen, integrativen Konzeptes für den Erhalt und die Förderung der Arbeitsfähigkeit über die gesamte berufliche Lebensspanne der Mitarbeiter. Neben externen Einflussgrößen werden individuelle Merkmale und Prozesse sowie Wechselwirkungsprozesse für das Verständnis interindividueller und intraindividueller Unterschiede und Veränderungen der Arbeitsfähigkeit in die Gesamtbetrachtung integriert. Mit dem Konzept sollen zum einen Ursachen für die Zunahme interindividueller Differenzen im Alter aufgezeigt und zum anderen ein Bezugsrahmen für interdisziplinäre Forschungsarbeiten geschaffen werden.

Zur Erreichung der Zielsetzung wurde die theoretische Aufbereitung des Themenfeldes folgendermaßen gestaltet: Nach dem Aufzeigen der Problemstellung, der Zielsetzung und der Vorgehensweise, werden in Kapitel zwei verschiedene Definitionsansätze des Begriffs Arbeitsfähigkeit für ein differenzierteres Verständnis vorgestellt.

Für die ganzheitliche Betrachtung des Individuums werden in Kapitel drei die kognitiven, emotionalen und gesundheitlichen Einflussfaktoren differenziert dargestellt und mögliche Veränderungen im Prozess des Älterwerdens beschrieben. Des Weiteren werden wechselseitige Einflüsse dieser Faktoren näher erläutert.

Die Wirkungen von Prozessen der Selbstwahrnehmung und Fremdwahrnehmung auf die Arbeitsfähigkeit werden in Kapitel vier vorgestellt.

Gegenstand des fünften Kapitels ist die Darstellung der Arbeitsfähigkeit als individuelles permanentes Prozessgeschehen unter Einbezug der zuvor aufgezeigten theoretischen Ansätze. Als Beispiele für die individuelle Relevanz von früherem Erlebtem auf spätere Situationen dienen die Themenfelder „Erfahrung" und „Stress".

In Kapitel sechs werden wichtige Rahmenbedingungen und mögliche Gestaltungsansätze für die externe Unterstützung und betriebliche Förderung der Arbeitsfähigkeit vorgestellt.

Zur empirischen Unterstützung zentraler Thesen dieser Arbeit werden in Kapitel sieben auf Forschungsarbeiten basierende Fallbeispiele auszugsweise vorgestellt, die am Institut für Industriebetriebslehre und Industrielle Produktion der Universität Karlsruhe von der Abteilung Arbeitswissenschaft unter Leitung der Autorin durchgeführt wurden.

Der Fokus des achten Kapitels liegt auf dem Aufzeigen von Messproblemen zur Evaluierung der Arbeitsfähigkeit. Da es sich bei der „Arbeitsfähigkeit" um ein sehr komplexes Themengebiet mit Kriterien, die verschiedenen Messverfahren sehr unterschiedlich zugänglich sind handelt, ist eine Methodenvielfalt aus qualitativen, quantitativen, standardisierten wie auch aus speziell entwickelten Verfahren zu empfehlen.

Zentraler Gegenstand des neunten Kapitels sind die Vorstellung des neuen ganzheitlichen integrativen Arbeitsfähigkeitskonzeptes sowie die Variabilität der Einflussfaktoren über die Zeit.

Das letzte Kapitel fasst die wesentlichen Aussagen dieser Arbeit zusammen und zeigt Möglichkeiten einer Integration unterschiedlicher Forschungsansätze und Ergebnisse in ein Gesamtbild auf. Die Arbeit endet mit einer Diskussion zukünftiger Forschungsschwerpunkte zum Thema Arbeitsfähigkeit.

Die Abbildung 1 stellt den Aufbau und die Vorgehensweise dieser Arbeit zusammenfassend dar und zeigt die wichtigsten Abschnitte der einzelnen Kapitel auf.

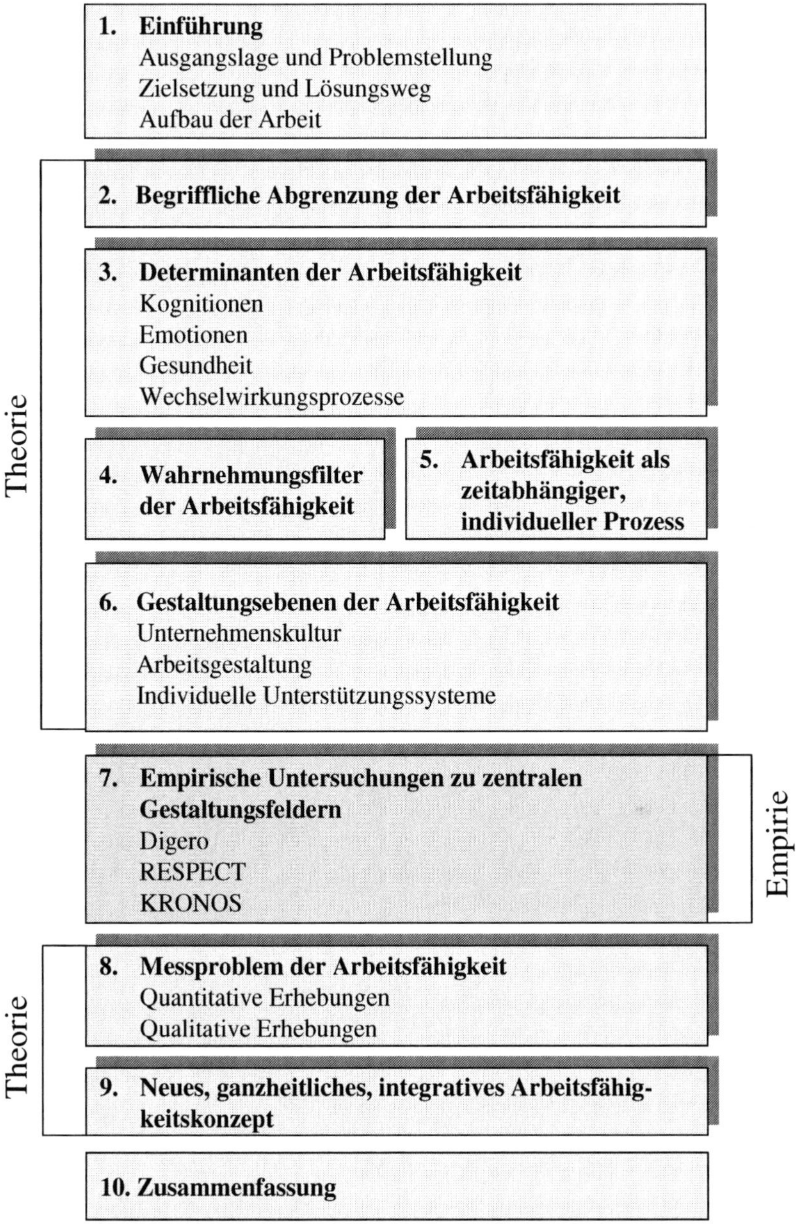

Theorie

1. **Einführung**
   Ausgangslage und Problemstellung
   Zielsetzung und Lösungsweg
   Aufbau der Arbeit

2. **Begriffliche Abgrenzung der Arbeitsfähigkeit**

3. **Determinanten der Arbeitsfähigkeit**
   Kognitionen
   Emotionen
   Gesundheit
   Wechselwirkungsprozesse

4. **Wahrnehmungsfilter der Arbeitsfähigkeit**

5. **Arbeitsfähigkeit als zeitabhängiger, individueller Prozess**

6. **Gestaltungsebenen der Arbeitsfähigkeit**
   Unternehmenskultur
   Arbeitsgestaltung
   Individuelle Unterstützungssysteme

Empirie

7. **Empirische Untersuchungen zu zentralen Gestaltungsfeldern**
   Digero
   RESPECT
   KRONOS

Theorie

8. **Messproblem der Arbeitsfähigkeit**
   Quantitative Erhebungen
   Qualitative Erhebungen

9. **Neues, ganzheitliches, integratives Arbeitsfähigkeitskonzept**

10. **Zusammenfassung**

Abb. 1   Aufbau der vorliegenden Arbeit

2 Begriffliche Abgrenzung der Arbeitsfähigkeit

In der Wissenschaft und in der Praxis wird der Begriff „Arbeitsfähigkeit" zwar häufig verwendet, doch in völlig verschiedenen Kontexten und mit unterschiedlicher Interpretationsgrundlage. In diesem Kapitel werden die häufigsten der mit dem Thema Arbeitsfähigkeit in Zusammenhang gebrachten Begriffe vorgestellt, erläutert und kritisch hinterfragt.

2.1 Der ältere Mitarbeiter

Aufgrund der Tatsache, dass das zentrale Thema dieser Arbeit fast ausschließlich im Himblick auf den demografischen Wandel und mit dem Älterwerden im Betrieb erforscht und diskutiert wird, soll im folgenden auf die Begriffe „Alter" und „älterer Mitarbeiter" näher eingegangen werden.

In dieser Arbeit wird der individuelle Charakter des Alterns hervorgehoben, der wie die Gesundheit durch das Vorhandensein interner und externer Ressourcen wie auch ihrer Risiken (vgl. Hornberger, 2005; Mussmann et al., 1993) beeinflusst wird. Quellen dieser das Älterwerden beeinflussenden Ressourcen und -risiken sind arbeits- und nichtarbeitsbezogen und werden inter- und intraindividuell sehr unterschiedlich erlebt (vgl. Hornberger, 2005). Zur Hervorhebung von Problemen bestimmte Altersgruppen findet man unterschiedliche begriffliche Abgrenzungen. Üblicherweise geschieht dies durch eine Altersgrenze und/oder die veränderte Vermittlungsfähigkeit am Arbeitsmarkt. Die OECD (Organisation for Economic Cooperation and Development) definiert ältere Mitarbeiter als Mitarbeiter, die in der zweiten Hälfte ihres Berufslebens stehen, noch nicht das Rentenalter erreicht haben und gesund, d.h. arbeitsfähig sind. Diese Zuordnung ist berufsspezifisch, betriebsspezifisch, tätigkeitsspezifisch und geschlechtsspezifisch zu sehen (vgl. Lehr / Wilbers, 1992). Das gesellschaftliche Begriffsverständnis stimmt mit dieser Definition der OECD im allgemeinen überein (vgl. Rump, 2004). Nach der WHO (vgl. World Health Organisation, 1993) werden die Begriffe „alternd" und „älter" definitorisch nicht unterschieden und gleichermaßen auf die über 45- jährigen Arbeitnehmer angewendet. Anderen Ansätzen zufolge kann diese Altersgrenze durch körperlich anstrengende Arbeit oder in Arbeitsbereichen, in denen stets Weiterqualifizierungen und/oder Neuqualifizierungen nötig sind, deutlich niedriger liegen (vgl. BAuA, 1994). Interessant erscheint, Untersuchungsergebnissen zufolge, die Tendenz, dass Arbeitnehmer heute „deutlich früher in die Kategorie ‚ältere Arbeitnehmer' eingeordnet [werden] als noch vor 15 Jahren" (vgl. Georg / Frerichs, 1999; Wolff et al., 2001). Die schwierige Vermittlungschance auf dem Arbeitsmarkt ist ein Aspekt, der diesen Trend in der heutigen Zeit noch verstärkt. So werden ältere Arbeitnehmer aufgrund ihres fortgeschrittenen Alters mit Beschäftigungsproblemen und beruflichen Schwierigkeiten zu kämpfen haben (vgl. Gussone et al., 1999). Hacker betont: „Wollte man die Definitionsmerkmale für Alter aus Sicht von Arbeitslosen und ihren Chancen auf dem Arbeitsmarkt festmachen, so beginnt das Alter als Begründung für Probleme wesentlich früher. Vermittlungsschwierigkeiten gibt es bereits ab dem 40. Lebensjahr und sie sind ab dem 48. Lebensjahr deutlich erhöht" (Hacker, 1996, S. 38).

Neben der Situation auf dem Arbeitsmarkt sind auch die individuellen Expositionen im Arbeitsumfeld für die Spezifizierung alternsbedingter Problematiken von hoher Relevanz. Ungünstige Bedingungen des Arbeitsumfelds für ältere Arbeitnehmer teilen Frerichs und Naegele (1998) in drei Kategorien ein, die für Ältere besonders belastend sind: erstens statische Muskelarbeit, hoher Krafteinsatz, Heben und Tragen, zweitens ungünstige Arbeitszeitregelung und drittens zu hohe physisch-psychische Anforderungen, physikalisch-chemische Faktoren wie Schmutz, Hitze oder Lärm. Außerdem sind ältere Arbeitnehmer von einer mangelhaften Arbeitsorganisation besonders betroffen. Zahlreiche Autoren sind sich hier einig, dass Zeitdruck, Rollenkonflikte, geringe Autonomie etc. von älteren Arbeitnehmern in höherem Maße als belastend erlebt werden (vgl. Menges, 2000)

Diese Kontextfaktoren belasten jedoch nicht ausnahmslos nur den älteren Arbeitnehmer. Im Aktionsprogramm „Humanisierung des Arbeitslebens" wurde diesen schon Anfang der 70er Jahre Rechnung getragen (vgl. Martin, 1999). Als Programm „Arbeit und Technik" wird es bis heute weitergeführt. Körperliche Belastungsgrenzen, psychische und kognitive Belastungen sowie letztendlich die ganzheitliche Betroffenheit der Persönlichkeit wurden umfassend untersucht. Die speziellen Anforderungen an ältere Mitarbeiter standen hier jedoch nicht im Vordergrund.

In dieser Arbeit soll eine alternsbezogende Zuordnung weder nach einer kalendarischen oder biologischen Altersgrenze geschehen, noch durch die Vermittlungsfähigkeit begründet werden. Vielmehr wird stets der Gesamtprozess des Älterwerdens als individueller Entwicklungsprozess verstanden. Maßgeblich an diesem Prozess beteiligt sind die emotionalen, kognitiven und physiologischen Determinanten, die Selbsteinschätzung sowie organisationale Faktoren.

Somit wird in dieser Arbeit die häufig genutzte Terminologie „älter werdende Mitarbeiter" deutlich von der Begrifflichkeit „älterer Mitarbeiter" unterschieden. Mit dieser Differenzierung soll hervorgehoben werden, dass sich Mitarbeiter aller Generationen im individuellen Prozessgeschehen des Älterwerdens befinden. Der Begriff „Ältere Mitarbeiter" wird als generalisierendes relationales Erwartungskonstrukt verstanden, das sich aus den individuellen Ressourcen und Risiken einer Person, aus dem Zusammenwirken der Umweltanforderungen und der Selbst- und Fremdwahrnehmung ergibt.

2.2 Begriffliche Abgrenzung der Arbeitsfähigkeit

Die hohe Relevanz der Arbeitsfähigkeit ist aus vielfältigen Wechselbeziehungen zwischen der Arbeitsfähigkeit und weiteren attitudinalen, intentionalen und behavioralen Konstrukten zu erklären. Aufgrund des engen Zusammenhangs zwischen Arbeitsleistung und Arbeitsfähigkeit sind substanzielle Zusammenhänge zu Verhaltensweisen anzunehmen, welche sich positiv auf die organisationale Effektivität auswirken. Insofern kommt der Arbeitsfähigkeit eine hohe Bedeutung zu.

Neue Tendenzen in der Arbeitswelt sind darauf gerichtet Leistungspotenziale freizusetzen, die im subjektiven, persönlichen Bereich des Arbeitenden liegen. Hierzu gehören Innovativität, Kreativität, Loyalität und die volle Einsatzbereitschaft. Das gewünschte Ziel des Unternehmens ist der Zugriff auf das gesamte Arbeitsvermögen mit allen Potenzialen und so letztlich auf die gesamte Person des Beschäftigten (vgl. Voß / Pongratz, 1998: Kleemann et al., 2002).

Dabei verändert sich die Definition von Arbeit und Leistung (vgl. Neckel 2000; Holtgrewe, 2000; Voswinkel 2000; 2002). Es geht weniger um die verlässliche Erfüllung von Aufgaben und die kompetente Anwendung von Routinen als um betrieblich wahrnehmbare Beiträge zum Markterfolg. Das Beschäftigungsverhältnis bildet nicht mehr die Grundlage auf der Leistungen erbracht werden, sondern seine Geltung steht immer wieder neu unter dem Vorbehalt des Erfolgs, wenn der Arbeitskraftunternehmer sich und seine Leistung immer wieder verkaufen muss (vgl. Holtgrewe, 2003). Gerade in der heutigen Arbeitswelt gilt: „Das wachsende Tempo des Know-hows und der steigende Wettbewerbsdruck im Rahmen der Globalisierung erfordern Kreativität, Lernfähigkeit und selbständige Eigenverantwortung aller Mitarbeiter. Der Mensch wird zum Erfolgsfaktor eines Unternehmens: selbst bei modernster technischer Ausstattung wird ein

Unternehmen keinen Erfolg haben, falls seine Mitarbeiter sich nicht engagieren"
(Franken, 2004, S. 2).

2.2.1 Humankapitaltheorie

Eine betriebswirtschaftliche unternehmensbezogene Betrachtung des Arbeit-
nehmers als wertschöpfende Ressource ist die Humankapitaltheorie. Nach dieser
Theorie sind generelles und spezifisches Humankapital zu unterscheiden. Letz-
teres ist firmenspezifisch und beinhaltet Erfahrungen mit bestimmten Personen,
Strukturen und Abläufen. Dies erklärt zum Einen die Schwierigkeiten Älterer
auf dem Arbeitsmarkt, macht aber auch den Wert dieser Personen für das eigene
Unternehmen deutlich (vgl. Bruggmann, 2000).
Die Theorie des Humankapitals betrachtet Weiterbildung als eine finanzielle
Investition des Unternehmens in die Ausbildung seiner Mitarbeiter. In der Folge
steht dieser Investition ein entsprechender Ertrag gegenüber. Eine bessere Qualifikation bedeutet einen höheren Ertrag, den sich Unternehmen (vgl. Becker,
1964) und Mitarbeiter in Form von Einkommen teilen können (vgl. Becker,
1975). Aus- und Weiterbildung lassen sich aber nicht nur unter finanziellen Gesichtspunkten betrachten, sondern auch soziale Faktoren müssen in die Betrachtung mit eingeschlossen werden. Der Ertrag von Qualifikationsmaßnahmen
macht sich auch vor allem in höher qualifizierten Arbeitstätigkeiten bemerkbar.
So kostet es, einen älteren Mitarbeiter zu qualifizieren, ca. ein Fünftel von dem,
was man in die Ausbildung und in spezielle Trainingsmassnahmen investieren
müsste, um Nachwuchskräfte auszubilden (vgl. Ilmarinen / Tempel, 2002).

2.2.2 Employability

Employability wird im Gegensatz zur Humankapital-Theorie als soziale Theorie
verstanden. Die für Employability notwendigen Fähigkeiten stellen den Aufbau
von grundlegenden Kompetenzen dar. Investitionen in Employability stärken die
Vertrauensbasis und stellen einen Vertrag zwischen Mitarbeiter und Unternehmen dar (vgl. Bagshaw, 1997).
Anhand mehrerer Definitionsmöglichkeiten soll dieses Konzept zunächst genauer erläutert werden. Die erste Definition bezeichnet Employability als „Arbeitsmarktfähigkeit der Arbeitnehmer", die es „zu erhalten oder herzustellen"
gilt (iwd, 1998, S. 6). Die individuellen Akteure sollen die Fähigkeiten zur erfolgreichen Teilnahme am Arbeitsmarkt besitzen oder lernen. Unter anderem ist

die Lernfähigkeit eine notwendige Voraussetzung. Employability betrifft nicht nur hoch qualifizierte Fach- und Führungskräfte, sondern alle Mitarbeiter.

Eine sehr allgemeine Definition von Honegger (2001, S. 50) lautet: "Employability [ist] die interne (unternehmensbezogene) und externe (arbeitsmarktbezogene) Beschäftigungsfähigkeit von Arbeitnehmern". Der Vorteil dieses Ansatzes liegt in der Bereitstellung einer begrifflichen Basis, in die sich alle bereits erwähnten Definitionen integrieren lassen. Demnach ist die Employability von individuellen Fähigkeiten und Potenzialen, der Motivationslage, externen Möglichkeiten der Einflussnahme, wie auch von arbeitsmarktspezifischen Bedingungen abhängig.

De Grip (2004) entwickelte ausgehend von einer Kernbeschreibung des Begriffes „Employability" zwei unterschiedlich umfangreiche Erweiterungen. Bei der Kerndefinition umfasst Employability alle individuellen Möglichkeiten in der Verschiedenheit der angebotenen Arbeitsstellen in der gegeben Arbeitsmarktsituation erfolgreich zu sein und fokussiert somit nur die individuellen Fähigkeiten einer Person (vgl. Sanders / de Grip, 2003). Eine erste Erweiterung erfährt diese Beschreibung durch Hinzunahme des eigenen Willens, der Zielstrebigkeit nach Erfolg und der Lernfähigkeit. In einer weiteren allumfassenden Definition der Beschäftigungsfähigkeit werden zusätzlich äußere Einflüsse und einwirkende Bedingungen mit berücksichtigt. Zu diesen gehören alle Faktoren, die es erleichtern oder erschweren externen Einfluss auf die Employability zu nehmen, wie z.B. die Weiterbildungsvorkehrungen, die ein Mitarbeiter getroffen hat (vgl. ebd.).

Nach Auffassung vieler Autoren steht die Anpassungsfähigkeit einer Person hinsichtlich ihrer Kompetenzen im Zentrum der Betrachtung. So beschreibt z.B. die Definition nach Blancke, Roth und Schmid Employability als die „Fähigkeit einer Person, auf Grundlage ihrer fachlichen und Handlungskompetenzen, Wertschöpfungs- und Leistungsfähigkeit ihre Arbeitskraft anbieten zu können und damit in das Erwerbsleben einzutreten, ihre Arbeitsstelle zu halten oder, wenn nötig, sich eine neue Erwerbsbeschäftigung zu suchen." (Blancke et al., 2000, S. 9). Ein ähnliches Verständnis findet sich auch in dem Nationalen Aktionsprogramm „lebenslanges Lernen" der Niederlande: „Employability ... is peoples capability to find and keep jobs" (Ministry of Education, Culture and Science, 1998, S. 7). Diesen Ansätzen zufolge wird Employability als "persönliches Marketing" verstanden (vgl. Hillage / Pollard, 1998). Individuelle Fähigkeiten, wie individuelles Wissen, Erfahrungen und Einstellungen gelten als sogenannte "Assets". Diese Assets müssen nach außen dargestellt werden. Marketing ist in diesem Sinne als die Fähigkeit zum "Verkauf" der Assets zu verstehen. Unterstützt wird das Marketing durch Wissen um die eigene Karriere, sowie Kenntnisse über Möglichkeiten zur eigenen Weiterentwicklung und Beschäftigung. Die vielfältigen Anforderungen, die aus diesem Verständnis heraus gegenüber dem Individuum erwachsen, kommen durch die folgende Definition klar zum Vorschein: „An employable individual is well prepared to obtain and keep employment in fields of interest and is capable of changing careers and seeking additional training as needed" (Utah State Office of Education, 1996).

Andere Ansätze fokussieren die externe Einflussnahme auf die Employability. Hier wird die Employability als "Arbeitsmarktfähigkeit der Arbeitnehmer", die es "zu erhalten oder herzustellen" gilt, gesehen (iwd, 1998, S. 6). Ein ähnliches Verständnis findet sich auch in folgender Definition: "Employability means the capacity for people to be employed: it relates not only to the adequacy of their skills but also incentives and opportunities offered to individuals to seek employment" (Europäische Kommission, 1997). Mit den Worten „opportunities offered" wird die organisationale Beschäftigungsfähigkeit angesprochen. "Organisationale Beschäftigungsfähigkeit" ist die Fähigkeit einer Organisation, Beschäftigungsverhältnisse auf der Grundlage der eigenen funktionalen Anforderungen und des Wertschöpfungsprozesses sowie unter Bezugnahme auf die Kernkompetenzen, die Veränderungskompetenz und die Fähigkeiten des Beschäftigten, vor dem Hintergrund der organisationseigenen Maßstäbe zu sichern" (Blancke et al., 2000, S. 11).

Prozessorientierte Definitionsansätze weisen auf die Eigenverantwortung der Individuen, die organisationale und arbeitsmarktpolitische Verantwortung wie auch auf den dynamischen Prozesscharakter der Employability hin.

Diese Sichtweise wird auch durch die folgende Definition des britischen Bildungsministeriums (Department of Education and Skills) zum Ausdruck gebracht: „Employability is about being capable of getting and keeping fulfilling work" (Hillage / Pollard, 1998, S. 2). Beschäftigungsfähigkeit ist nicht nur die Fähigkeit zur erstmaligen Erlangung von Beschäftigung zu Beginn des Arbeitslebens, sondern auch ein stetiger Anpassungsprozess an Veränderungen am Arbeitsplatz, wie auch ggf. die Befähigung zu einer beruflichen Neuorientierung. Die Notwendigkeit der Eigenverantwortung wie auch der Fremdverantwortung zum Erhalt und zur Förderung der Employability kommt in den Papieren zum Beschäftigungsgipfel in Luxemburg 1997 deutlich zum Ausdruck: „Employability means the capacity for people to be employed: it relates not only to the adequacy of their skills but also incentives and opportunities offered to individuals to seek employment" (Europäische Kommission, 1997).

Die organisationale und gesellschaftliche Verantwortung kommt besonders dann zum Tragen, wenn es um die schwächeren Teilnehmer des Arbeitsmarktes geht wie Ungelernte oder ältere Arbeitskräfte.

Neuere Ansätze, die die Employability unter dem Aspekt des demografischen Wandels betrachten, sprechen von einer „Flexi – Employability". Darunter sind Modelle zu verstehen, die sich mit flexiblen und individualisierten Übergängen in den Ruhestand beschäftigen, wie z.b. Vermittlungsagenturen von Senior – Experten und Consulting - Beschäftigung in ausgegründeten Firmen (vgl. Graf et al., 2000).

Allen Definitionsansätzen gemeinsam ist die Beibehaltung des englischen Begriffs. Dieses geschieht zum einen aus dem Grund, sich gegenüber dem traditionellen Verständnis von Arbeitsmarktfähigkeit und Beschäftigungsfähigkeit im Sinne von Arbeitsfähigkeit abzuheben, und zum anderen soll mit der englischen Bezeichnung der dynamische Prozesscharakter hervorgehoben werden. Unerwähnt bei allen Ansätzen bleibt die Erklärung, welche konkreten Determinaten für die Employability verantwortlich sind, und wie sich diese Determinanten in Prozessen veränderen oder wechselseitig beeinflussen.

2.2.3 Arbeitsfähigkeit

Insgesamt zeigen die dargestellten Defintionsansätze der Employability einen engen inhaltlichen Zusammenhang mit dem Verständnis der Arbeitsfähigkeit. Nach Ilmarinen sind unter dem Begriff „Arbeitsfähigkeit" die Summe aller Faktoren zu verstehen, die eine Frau oder einen Mann in einer bestimmten Situation in die Lage versetzen, eine gestellte Aufgabe erfolgreich zu bewältigen (vgl. Ilmarinen, 2000).

Trotz der klaren und anschaulichen begrifflichen Darstellung bietet diese Definition jedoch keine präzise Forschungsgrundlage, da sie eine Konkretisierung der Einflussfaktoren, ihrer Interdependenzen, sowie die intraindividuelle Veränderlichkeit über die Zeit vermissen lässt. Ferner wird nach dieser Definition die Arbeitsfähigkeit aufgabenbezogen betrachtet und lässt somit potenzielle Fähigkeiten der Arbeitnehmer über die konkreten Aufgabenstellungen hinaus außer Acht. Eine ähnliche, eher ressourcenorientierte Betrachtung findet sich in dem mit der Arbeitsfähigkeit eng im Zusammenhang stehenden begrifflichen Definition der Leistungfähigkeit (Landau, 2007). Nach Landau ergibt die Leistungsfähigkeit zusammen mit der Leistungsbereitschaft eines Menschen das Leistungsangebot. Die Leistungsfähigkeit wird als die Gesamtheit der Voraussetzungen eines Menschen gesehen, die zur Leistungserbringung eingesetzt werden kann (Sagirli / Kausch, 2007). Zwar wird ausdrücklich auf die Komplexität des Phänomens Leistung und der Vielzahl von Einflussfaktoren hingewiesen, jedoch kann dieses noch keinen hinreichenden Erklärungsansatz für die individuelle Entwicklung der Leistungsfähigkeit bieten.

Nach Ilmarinen ist die Arbeitsfähigkeit eine notwendige wenn auch nicht hinreichende Voraussetzung für die Beschäftigungsfähigkeit (vgl. Ilmarinen / Tempel, 2002). Zusätzliche wichtige Einflussfaktoren sind eine adäquate Beschäftigungspolitik, Ruhestandsregelung, Erwachsenenbildungspolitik, Verhinderung der Altersdiskriminierung und eine entsprechende Sozial- und Gesundheitsversorgung.

Da sich die Bewertung der Arbeitsfähigkeit nach der Definition von Ilmarinen (2000) aus dem Erfüllungsgrad einer gestellten Aufgabe ergibt, ist dieser Begriff eng mit der Frage nach der Funktionsfähigkeit im Arbeitsleben verbunden. Ein ähnliches „Funktionsverständnis", zeigt sich auch in der Definition der funktionalen Gesundheit, wonach eine Person dann funktional gesund ist, wenn:

- Ihre körperlichen Funktionen (einschließlich des mentalen Bereiches) und Körperstrukturen allgemein anerkannten (statistischen) Normen entsprechen
- Sie all das tut oder kann, was von einem Menschen ohne Gesunheitsprobleme (im Sinne der ICD) erwartet wird
- Sie ihr Dasein in allen Lebensbereichen, die ihr wichtig sind, in der Weise und dem Umfang entfalten kann, wie es von einem Menschen ohne Beeinträchtigung der Körperfunktionen oder –strukturen oder der Aktivitäten erwartet wird (vgl. Rentsch / Bucher, 2005)

Insgesamt ist festzustellen, dass neuere Forschungsaktivitäten zur Arbeitsfähigkeit weit über den definitorischen Bezugsrahmen und das gesundheitlich orientierte funktionalistische Verständnis welches den gesundheitlichen Zustand, individuelle Aktionen und persönliche Werte mit einschließt, hinausgehen. Finnische Untersuchungen über einen zwanzigjährigen Zeitraum beschäftigten sich mit dem Zusammenwirken von Menschen, individuellen Ressourcen und Arbeitsanforderungen (vgl. Ilmarinen / Tempel, 2002). Es zeigte sich, dass der Einsatz von Mitarbeiterressourcen maßgeblich von Arbeitsinhalten, der Gemeinschaft der Beschäftigten und von der Arbeitsumwelt abhängig ist. Des Weiteren wird postuliert, dass auch optimale Außenbedingungen keinen Ausgleich schaffen können, wenn der Mitarbeiter über keine entsprechenden Ressourcen verfügt. Entgegen der oben genannten Definition, in der sich die Arbeitsfähigkeit mittels Erfüllungsgrad der zu bewältigenden Arbeitsaufgabe darstellen lässt, zeigt sich in den neueren Forschungsaktivitäten ein weiter gefasstes Verständnis (vgl. Ilmarinen / Tempel, 2002). Ihnen zufolge wird die Arbeitsfähigkeit als ein Resultat dynamischer Prozesse verstanden, die durch permantente interaktive Feedbackprozesse gekennzeichnet sind. Somit werden Lebensgewohnheiten, Arbeitsplatzbedingungen, Gesundheit, Persönlichkeit und die subjektive Arbeitsfähigkeit, wenn auch mit unterschiedlicher Schwerpunktsetzung, in die Beurteilung mit einbezogen.

Diese Erweiterung lässt jedoch noch keine strukturierte Berücksichtigung der Entstehungsfaktoren, sowie eine Veränderung dieser Faktoren durch intraindividuelle Prozesse und Wechselwirkungen der Einflussfaktoren auf die Arbeitsfähigkeit zu. Die Variabilität des Zusammenhangs dieser Faktoren und ihr Stellenwert für die Arbeitsfähigkeit und Arbeitsleistung soll am folgenden Beispiel der Arbeitszufriedenheit verdeutlicht werden.

2.2.4 Arbeitszufriedenheit

Es wird postuliert, dass ein hohes Maß an Arbeitszufriedenheit für die Effektivität eines Unternehmens von hoher Wichtigkeit ist, indem sie Kündigungsabsichten reduziert und zu hoher Leistungsbereitschaft beiträgt. Zum Teil werden die Begriffe Arbeitszufriedenheit und Mitarbeiterzufriedenheit differenziert (vgl. Koys, 2001), mit dem Ziel, den Mitarbeiter als Individuum ins Zentrum der Betrachtung zu rücken. Semantisch sind diese Begriffe jedoch synonym (vgl. Winter, 2005).

Die Ansicht, dass zufriedenere Mitarbeiter mehr leisten, war Gegenstand vieler Untersuchungen (vgl. Judge et al., 2001, Schleicher et al., 2004). Forschungsarbeiten, die einen direkten Zusammenhang zwischen der Arbeitszufriedenheit und der Arbeitsleistung voraussetzten, führten zu unbefriedigenden Ergebnissen: Die Korrelation war recht gering und streute zwischen geringfügig positiven bis geringfügig negativen Werten (z.B. Iaffaldano / Muchinsky, 1985).

Neuere Untersuchungen, die lediglich einen mittelbaren Zusammenhang voraussetzten und weitere Faktoren in das Forschungsdesign aufnahmen (z.B. Fähigkeiten und Fertigkeiten) ergaben einen deutlich höheren Zusammenhang zwischen Arbeitszufriedenheit und Leistungshöhe (r = .30; vgl. die Metaanalyse nach Judge et al., 2001). Ein vielversprechender und sehr elaborierter Ansatz zum einen zur wissenschaftlichen Untermauerung der Individualität der Arbeitszufriedenheit und zum anderen zur Erfassung externer Einflussnahme zur Förderung derselben ist die Theorie affektiver Ereignisse (Affective Events Theory; Weiss / Cropanzano, 1996). Kern dieser Theorie ist, dass bestehende Arbeitsmerkmale vom Mitarbeiter wahrgenommen werden, mit einem internen Standard abgeglichen werden und aus diesem Bewertungs- und Vergleichsprozess Arbeitszufriedenheit resultiert; das heißt, es wird von einem komplexen Bedingungsgefüge von der Wahrnehmung von Arbeitsmerkmalen, der Wirkungen auf die Einstellung und daraus resultierender Verhaltensweisen ausgegangen (vgl. Fisher, 2000; 2002). In verschiedenen Arbeiten wird angenommen, dass Arbeitszufriedenheit dispositional beeinflusst wird (z.B. Pulakos / Schmitt, 1983; Schmitt / Pulakos, 1985; Newton / Keenan, 1991; Judge, 1992). So fanden einige Forscher eine substanzielle Beziehung zwischen Arbeitszufriedenheit und positiver Affektivität (vgl. Fortunato / Mincy, 2003; Shaw et al., 2003). Auch die Effective Events Theory greift den Aspekt des dispositionalen Einflusses an zwei Stellen auf, indem zum einen Dispositionen als Moderator des Zusammenhangs zwischen den Ereignissen bei der Arbeit und affektiven Erlebnissen und zum anderen ein direkter Einfluss auf das affektive Erleben angenommen werden.

So verdeutlichen Arbeiten im theoretischen Rahmen der Effective Events Theory, dass sowohl Arbeitsmerkmale, Kontextfaktoren und Personenmerkmale einen eigenständigen Einfluss der individuellen Arbeitszufriedenheitsbeurteilung haben und somit als Moderatorvariable hinsichtlich der Arbeitsleistung wirken.

Thema des folgenden Kapitels ist die Betrachtung der Personenmerkmale auf der gesundheitlichen, kognitiven und emotionalen Ebene als Potenziale der Arbeitsfähigkeit und Arbeitsleistung. Zur Hervorhebung des Prozesscharakters der Arbeitsfähigkeit werden mögliche individuelle Veränderungen über die Lebenszeit in die Betrachtung eingeschlossen.

Aufgrund der Tatsache, dass zu jeder Betrachtungsebene bereits eine Vielzahl an Studien vorliegen, die in Abhängigkeit zu den jeweiligen Fachdisziplinen unterschiedliche Schwerpunkte setzen, sollen im Folgenden die für die vorliegende Arbeit relevanten Forschungsansätze exemplarisch vorgestellt und abschließend kritisch diskutiert werden.

3 Determinanten der Arbeitsfähigkeit

Aus dem vorangegangenen Kapitel geht eindeutig hervor, dass das Thema Arbeitsfähigkeit zunächst in seiner Entstehung aus der individuellen Perspektive erfolgen muss. Eine ganzheitliche Betrachtung des Individuums zum tieferen Verständnis der Entstehungsgeschichte der Arbeitsfähigkeit erfolgt in diesem Kapitel anhand der Themenfelder Kognitionen, Emotionen und Gesundheit. Die einzelnen Determinaten werden zunächst allgemein theoretisch hergeleitet, um dann Möglichkeiten für alternsspezifische interindividuelle Differenzen aufzuzeigen. Zu jedem Themengebiet folgt abschließend eine kritische Einordnung in das zentrale Thema der Arbeitsfähigkeit. Das Kapitel schließt mit dem Aufzeigen von Wechselwirkungen zwischen diesen Determinanten.

3.1 Kognitionen

3.1.1 Organisationales Wissen

Dem Wissen und der Generierung von Wissen kommt eine wachsende Bedeutung in der Betrachtung der Arbeitsfähigkeit zu. Gerade auch durch die Konsequenzen des demografischen Wandels und der kritischen Sichtweise gegenüber Älteren im Hinblick auf ihre Kreativität, Innovationsfähigkeit und Aktualität ihres Wissens wird dieser Bedeutungszuwachs noch unterstützt.

Der steigende Wissenswettbewerb in allen Branchen der Arbeitswelt birgt Chancen durch die Generierung neuer wissensintensiver Produkte bzw. Dienste oder neuer Märkte in sich, aber auch Risiken wie die Veralterung eigener Wissensbestände und das schnelle Auftreten neuer Konkurrenten am Markt.

Nach Sanden (2001) entstehen, bedingt durch die dynamische Umwelt temporäre, flexiblere Strukturen, die permanente, stabile hierarchische Strukturen ergänzen oder ablösen. Diese Strukturen sind geprägt durch hohe Selbstverantwortung, Personenabhängigkeit, Eigenverantwortung der Mitarbeiter, Netzwerkorganisation, laterale und diagonale Informationswege, kollektive Entscheidungsprozesse, Potentiale zur Erstellung komplexerer, wissensintensiver Produkte und einen Trend zur Dezentralisierung. Für die Mitarbeiter, insbesondere für die Führungskräfte gewinnt das Methodenwissen einen höheren Wert als das Fachwissen. Bezüglich der Wissensbestände einer Organisation steigt das interne Wissen in seiner Wichtigkeit, während das ausschließlich externe von Experten beispielsweise sinkt.

Die nachfolgende Tabelle stellt den Archetyp der wissensorientierten Organisation dem der traditionellen gegenüber. Es ist dabei zu beachten, dass es sich um die Darstellung von Idealtypen handelt.

Tab. 1   Wissensorientierte versus traditionelle Organisation (Sanden, 2001, S. 70)

Wissensorientierte Organisation	Traditionelle Organisation
instabiles, turbulentes Umfeld	stabiles Umfeld
Netzwerkstrukturen	hierarchische Strukturen
temporäre, flexible Strukturen	stabile Strukturen
Methodenwissen von Wichtigkeit	Fachwissen von Wichtigkeit
hohe Bedeutung von internem Wissen	hohe Bedeutung von externem Wissen
laterale und diagonale Kommunikationswege	vertikale Kommunikationswege
hohe Selbstverantwortung des einzelnen Mitarbeiters	hohe Bedeutung des mittleren Managements und deren Koordinationsfunktion, Fremdorganisation
Unternehmensidentität und Commitment der Mitarbeiter	personenunabhängige Strukturen

Eine Unterscheidung von wissensorientierten bzw. wissensintensiven Organisationen selbst treffen Dick und Wehner (2002). Sie unterscheiden:

Eine Organisation (im Sinn einer Institution), die sich durch ihr Wissen von anderen abgrenzt. Eine wissensintensive Organisation in diesem Sinn bietet Leistungen an, die einen hohen Anteil an Wissen aufweisen.

Eine Organisation (im Sinn einer Ablauforganisation), die als Kombination aus Verfahren, Techniken und Regeln das Wissen im Innern einer Institution organisiert, damit es möglichst effektiv verarbeitet und genutzt wird. Das betrifft vor allem Bedingungen der Wissensgenerierung und Wissensnutzung, aber auch Aufbereitung, Weitergabe und Wertschätzung von Wissen, um auf dem Markt beweglich zu sein.

Eine zusätzliche Präzisierung dieser Unterscheidungskriterien kann durch Fragestellungen erfolgen wie z.B., ob das Produkt der Organisation eher auf der Expertise Einzelner oder der einer Gemeinschaft basiert oder ob es eher traditionell oder neuartig ist (vgl. Dick / Wehner, 2002). Dadurch lassen sich vier Grundtypen unterscheiden (vgl. Tab. 2). Die in der Tabelle dargestellten Heuristiken zeigen deutlich auf, dass Wissen von Organisationen völlig unterschiedlich geschaffen und verarbeitet wird. Die hier skizzierten Typologien unterstreichen die Bedeutung individueller das Wissen entwickelnder oder generierender Potenziale für die qualitative und quantitative Beurteilung des Wissensbestandes eines Unternehmens.

Tab. 2   Typen der wissensbasierten Organisation (Dick / Wehner, 2002, S. 10)

	Fokus auf gewohnten Problemen	Fokus auf neuen Problemen
Betonung der Beiträge Einzelner	expertenabhängige Organisation Wissen ist an die Fähigkeiten von Schlüsselmitgliedern gebunden Status und Macht beruhen auf professionellem Wissen Weiterbildung, Training, Qualifikation werden hoch geschätzt	von symbolischem Analystenwissen abhängige Organisation Wissen ist an die analytische und darstellerische Fähigkeiten von Schlüsselmitgliedern gebunden Macht und Status durch kreative Leistungen, unternehmerisches Denken und Problemlösen
Betonung kollektiver Anstrengung	Organisation routinierten Wissens Wissen ist in Technologie, Produkte, Regeln und Prozesse eingebettet Macht durch Verfügung über Kapital, Technologie und Arbeit, hierarchische Arbeitsteilung und Kontrolle	kommunikationsintensive Organisation Betonung kulturell eingebetteten Wissens und gemeinsamen Verstehens Expertise überall verteilt, Status situativ, Kommunikation und Kooperation als Kernprozesse

Für wissensintensive Organisationen und die Gestaltung von Wissen liegt die Bedeutsamkeit weniger in der Klärung, wie hoch der Anteil an Wissen in einem Produkt ist, sondern wie dieses Wissen in das Produkt oder die Leistung hineingelangt (vgl. Dick / Wehner, 2002). Alle in der Tabelle skizzierten Typologien zeigen auf, dass die Mitarbeiter als Wissensträger Schlüsselfaktoren für die Entwicklung und Generierung von Wissen in Unternehmen sind.

Durch die wissenschaftliche und systematische Bearbeitung des Themas Wissensmanagement erhofft man sich konkrete Nutzenpotentiale für die Organisationen. Man erhofft sich in der Praxis u. a (vgl. Mingers, 2005):

- einen höheren Wissensanteil bei Produkten und Dienstleistungen
- eine höhere Innovationskraft und kürzere Innovationszyklen
- eine Erhöhung von Expertise und Professionalisierung sowie von Transparenz über Wissensbestände
- eine Verhinderung von Redundanzen
- eine Minimierung vermeidbarer Fehler
- eine Verbesserung von Entscheidungs- und Arbeitsprozessen bezüglich Effektivität und Effizienz
- eine Stärkung der Eigeninitiative und Selbstverantwortung der Mitarbeiter
- eine Erhöhung der Flexibilität gegenüber der Umwelt
- eine effizientere Kundenorientierung

Bei dieser Aufzählung handelt es sich um Messkriterien zur Erfassung der mit Wissensgenerierung einhergehenden möglichen Veränderungen. So schlägt sich ein hoher Wissensanteil in den vermarkteten Dienstleistungen und Produkten in einer hohen Wissensintensität in den Dimensionen Leistung und Wertschöpfung nieder (vgl. North, 1999). Beispielsweise konnten in Studien über die Implementierung von Wissensmanagementkonzepten Verbesserungen hinsichtlich der Schnelligkeit bei Neuproduktentwicklungs-, sowie bei Auftragsabwicklungsprozessen festgestellt werden (vgl. Hausschild et al., 2001; Kluge et al., 2003).

Während die Organisation als komplexes Gebilde und genereller Leistungsträger in Form eines Systems aus Menschen, Regeln, Verfahren, Kulturen, materiellen Dingen, etc. zu sehen ist, so stellen intraindividuelle und interindividuelle Wissensbestände und Entwicklungsprozesse überhaupt erst die Ressourcen und das Potenzial für jede Form des Wissensmanagements dar. Daher wird im folgenden Abschnitt die kognitive Verarbeitung von Informationen näher beschrieben.

3.1.2 Kognitive Verarbeitung von Informationen

Für die kognitive Arbeitsfähigkeit eines Menschen ist die Art und Weise, wie ein Individuum Informationen verarbeitet und abspeichert von hoher Relevanz. Bevor näher auf die kognitiven Prozesse der Informationsverarbeitung eingegangen wird, ist es zunächst notwendig den Begriff „Wissen" dem Begriff „Information" gegenüber zu stellen. „Wissen" ist kontextualisiert, es ist situiert und eingebettet in Netze von Bedeutungen (vgl. Berliner, 1992; Gerstenmaier / Mandel, 1994). Somit steckt in jedem Bedeutungsnetzwerk immer auch Informationspotenzial für andere. Die für Innovationen bedeutsamen neuen Produkt- und / oder Prozessideen sind jedoch immer an Personen als Ideentragende, Ideengenerierende oder Ideenumsetzende gebunden (vgl. Rogers, 2001). Maßgeblich für die individuelle kognitive Leistungserbringung sind Entscheidungsfreiheit und Partizipation (vgl. West, 2001).

Zur näheren Beschreibung der kognitiven Verarbeitungsprozesse wurde in der Gedächtnisforschung Ende der 60er Jahre eine Theorie des Mehrspeichermodells entwickelt. In dieser Theorie werden drei Komponenten unterschieden: Der sensorische Speicher, das Kurzzeitgedächtnis und das Langzeitgedächtnis (vgl. Atkinson / Shiffrin, 1968).

Eintreffende Informationen gelangen über das sensorische Register in den Kurzzeitspeicher. An dieser Stelle wird entschieden, ob die eingetroffenen Inhalte von hinreichender Bedeutung sind, um weiter verarbeitet zu werden. Falls die

Informationen vom Individuum als unwichtig beurteilt werden, werden die Informationen sofort wieder gelöscht. Liegt jedoch eine positive Einschätzung vor, gelangt der Lernstoff in den Langzeitspeicher, um dauerhaft gespeichert zu werden.

Das erste Abbild des Lernstoffes im Kurzzeitgedächtnis entspricht dem genauen Wahrnehmungsbild des Individuums mit allen wichtigen und unwichtigen Informationen. Die dauerhafte Speicherung im Langzeitgedächtnis erfordert eine enorme Umformung der eingetroffenen Information. Nur die als wesentlich erachteten Aspekte werden in das Langzeitgedächtnis überführt, während unwichtige Details aus dem Gesamtbild herausgefiltert werden. Somit ist dieser Speicherungsvorgang auch immer mit einem Verlust an Informationen verbunden, der eine Überflutung und Überforderung durch überflüssiges Material verhindert.

Es wird angenommen, dass im Kurzzeitgedächtnis ca. sieben neu eintreffende Informationen aufgenommen und kurzzeitig festgehalten werden können. Die „Chunking"–Theorie von Miller postuliert, dass nicht einzelne Informationseinheiten (Bits), sondern ganze Gruppierungen von Informationen abgespeichert werden können. Dieses Phänomen wird auch als Mustererkennung bezeichnet. Das Konzept des „Chunking" stellt eine Erklärung für den Ablauf bei der Mustererkennung dar. „Chunking" wird als ein Prozess beschrieben, bei dem kleine Informationseinheiten mit Hilfe von Vorwissen zu größeren Einheiten, den „Chunks", zusammengefasst werden können. Ein Experte prägt sich in einem Schachspiel nicht die Position einzelner Figuren, sondern die systematische Konstellation von Figuren ein. „Chunks" sind somit Speicherungseinheiten auf einer höheren Abstraktionsebene. Aus der Expertiseforschung in der Medizin ist ähnliches auch unter dem Namen „Wissenskapsulation" bekannt. Diese Form der Strukturierung von neuem Informationsmaterial erklärt die enorme Arbeitskapazität des Kurzzeitgedächtnisses.

Ähnliche Annahmen von kognitiven Speicherungsprozessen finden sich auch in der „skilled memory" Theorie von Chase und Ericsson (1981). In einer Studie, in der Erwachsene sich Ziffern einprägen mussten, konnten sie nachweisen, dass die Merkfähigkeit von Personen in Abhängigkeit von der Organisation des Speichervorgangs (skilled memory) stark differiert. Das „skilled memory" ist nach den Autoren durch drei Merkmale charakterisiert:

- Bedeutungshaltiges Enkodieren
  Bedeutungshaltige Informationen werden durch Assoziationen mit be-

reits abgespeichertem Material in die Wissensstruktur des Langzeitgedächtnisses eingearbeitet.

- Geordnete Abrufstruktur
  Nicht nur Inhalte werden abgespeichert, sondern gleichzeitig auch Hinweise, die zum Wiederauffinden des gespeicherten Materials nötig sind.
- Geschwindigkeitserhöhung
  Je häufiger und intensiver gespeicherte Informationen abgerufen werden, umso schneller stehen diese Informationen zur Verfügung.

Die dauerhafte Speicherung der einströmenden Informationen im Langzeitgedächtnis ist von der individuellen Beurteilung der Informationen hinsichtlich der Intensität, des Interessantheitsgrades und der Möglichkeit der Verknüpfung mit bereits Bekanntem abhängig.

Dieser Selektionsvorgang verdeutlicht, dass die kognitive Verarbeitung immer ein individuelles Geschehen ist. Jeder Mensch nimmt eine Situation unterschiedlich wahr und ebenso kann die Beurteilung hinsichtlich der Bedeutung des Lernmaterials interindividuell stark abweichen. Auch die Frage, ob das neue Informationsmaterial an Bekanntes anschließen kann, zeigt, dass bereits abgespeicherte Informationen einen großen Einfluss auf den Speicherungsprozess haben. Die unterschiedliche Lernhistorie ist somit eine Hauptursache für interindividuelle Schwankungen. Ferner wird deutlich, dass Speicherprozesse nicht nur eine Anhäufung von Wissen sind, sondern in erster Linie die Organisation des Zugangs zu Informationen regeln (vgl. Ahrens, 2003).

Bei den beschriebenen kognitiven Prozessen spielen auch gefühlsmäßige und unbewusste Gesichtspunkte des Denkens, des Lernens und Vergessens eine bedeutende Rolle. Hierfür ist der Hippocampus, ein Hirnareal im limbischen System, verantwortlich, ohne den keine Langzeitspeicherung von Informationen möglich wäre. Dieser Teil des Großhirns ist verantwortlich für grundlegende Verarbeitung von Reizen und Emotionen und zählt zu den ältesten Teilen des Gehirns.

Die Disposition des Menschen für gefühlsmäßige und unbewusste Denk- und Speichervorgänge ist somit abhängig von der jeweiligen Biographie, von den Verarbeitungsprozessen im Hippocampus, in dem permanent neue Vorstellungsbilder entfaltet und durch neue Lebenserfahrungen ergänzt werden.

Für eine Gesamtbeurteilung der Gedächtnisleistungen eines Menschen wird als Messgröße die Intelligenz angeführt. Insbesondere in der Erforschung kognitiver

Veränderungen im Alter wird zwischen kristalliner und fluider Intelligenz unterschieden. Mit kristalliner Intelligenz werden festgefügte klare Handlungskonzepte umschrieben, die für die Leistungserbringung bei der Erinnerung und Bewältigung von Problemlösungen nötig sind, wie z.b. Erfahrungs- und Kulturwissen, logisches Denken und Rechenfähigkeit, die sich mit zunehmenden Alter verbessern (vgl. Jasper, 2002). Bei der fluiden Intelligenz geht es hingegen um ein offenes Denken und Konzipieren von Problemlösungen und somit um die Bewältigung und Beschreibung im Prinzip völlig neuer Probleme (vgl. Ilmarinen / Tempel, 2002). Mit den im allgemeinen im Berufsleben wachsenden Kompensationsmöglichkeiten von Teilkompetenzen können kognitive Leistungen im Alter (vgl. Kap.3.1.3) gesteigert werden (vgl. ebd.). Durch das Prinzip der Selektion durch die Konzentration auf das Wesentliche und ausgleichender Optimierung können diese positiven Effekte weiterhin verstärkt werden. Unter dem Begriff Selektion wird eine zunehmende Spezialisierung sowohl bei Arbeitsaufgaben wie auch bei Arbeitsprozessen verstanden. Mit Erhöhung dieser Kompetenzen erhöht sich die individuelle Einflussnahme auf das eigene Leben und die Möglichkeiten in bestimmten Lebensbereichen eine Verbesserung vorzunehmen (vgl. ebd.).

Das Zusammenspiel kognitiver Prozesse über verschiedene Generationen wurde bereits in vielen Studien näher untersucht. An diese Stelle ist das prospektive Gedächtnis zu nennen, dem in der alternsspezifischen Betrachtung des Lernens eine immer bedeutendere Rolle zukommt (vgl. Ellis / Kvavilashvili, 2000; Kliegel / Martin, 2003). Unter dem Begriff „prospektives Gedächtnis" wird das Zusammenspiel von kognitiven Prozessen verstanden, die dazu dienen, spezifische Handlungen vorauszuplanen, sich dieser Planung später zu erinnern und sie entsprechend der gespeicherten Handlungsstrategien auszuführen (vgl. Brandimonte et al., 1996). Konzeptionell sind bei dem prospektiven Gedächtnis die vier Phasen Intentionsbildung, Intentionsspeicherung, zeitverzögerte Intentionsinitiierung und Intentionsausführung zu unterscheiden (vgl. Kliegel et al., 2002). In Studien zur Feststellung von alternsspezifischen Einflüssen auf das prospektive Gedächtnis konnten keine signifikanten Ergebnisse festgestellt werden. Auf die Frage, in wie weit generell alternspezifische Unterschiede beim Lernen auftreten, soll im folgenden Abschnitt näher eingegangen werden.

3.1.3 Besonderheiten des Lernens im Alter

Das Lernen kann in unterschiedlicher Art und Weise erfolgen. Lernen im Arbeitsprozess umfasst unterschiedliche Lernformen. Diese reichen vom Training beruflichen Wissens durch wiederholtes Anwenden, über unbewusst, beiläufiges Aneignen, über dialogisches Lernen bishin zum Lernen in Form von Problemlösung, bei dem das Wissen durch Hypothesenbildung und –prüfung neu erzeugt wird (vgl. Bergmann, 1996, 1999).

Etwa Anfang der achtziger Jahre wurden in der Erwachsenenbildung die älteren Menschen als „Zielgruppe" (Faulstich, 1999, S. 124) entdeckt. Darin lag auch das Interesse begründet, festzustellen, inwieweit sich das Lernverhalten und der gesamte Lernprozess Älterer von denen jüngerer Lerner unterscheidet. In wissenschaftlichen Untersuchungen wurde das Altersbild, welches von defizitären Vorurteilen geprägt war und teilweise immer noch ist, nicht bestätigt. Denn das Lernen von älteren Menschen „...unterscheidet sich vom kindlichen Lernen nur graduell, aber nicht grundsätzlich" (Klippstein, 2002). Zwar können Veränderungen stattfinden, jedoch sind diese zum einen sehr gering und zum anderen konnte kein eindeutiger monokausaler Zusammenhang mit dem Alter nachgewiesen werden.

Die folgenden Ausführungen, welche sich auf die Lernvoraussetzungen, den Lernprozess, die Lernkategorien und –hemmnisse älterer Lernender beziehen, sind nicht als pauschale Aussagen über altersbedingte Veränderungen zu verstehen, sondern fassen Ergebnisse von Forschungsergebnissen in diesem Themenfeld beispielhaft zusammen.

Ältere Menschen „... müssen ihre Fähigkeiten und Kompetenzen durch kontinuierliches und auch selbstorganisiertes Lernen erhalten und weiterentwickeln, um für künftige Anforderungen der Arbeitswelt gerüstet zu sein" (Pahl, 2000, S. 15). Für die Erhaltung dieses allgemeinen Prozesses und die Weiterentwicklung der Lernfähigkeit – dem lebenslangen Lernen - spielen die individuellen, folglich auch biografischen Lernvoraussetzungen eine entscheidende Rolle.

Biologische Veränderungen können, müssen aber nicht auftreten. Es kann kein eindeutiger funktioneller Zusammenhang zwischen kognitiver Leistungsfähigkeit und chronologischem Alter festgestellt werden (vgl. Bruggmann, 2000). Teilweise können im Alter jedoch veränderte nervliche Prozesse beobachtet werden, die u.U. zu einer Verlangsamung des Lerntempos, der Reaktionszeit und Leitungsgeschwindigkeit führen (vgl. Schmiel / Sommer, 1991; Mayer, 2002). Fehlende Anlässe gewisse Gedächtnisinhalte zu verwenden und diese zu festigen sind zusätzliche Ursachen für diese Verlangsamung. Darüber hinaus kann bei komplexer Aufgabenstellung und gänzlich neuem Lernstoff die Informationsverarbeitungsgeschwindigkeit herabgesetzt sein (vgl. Bruggmann, 2000), ebenso wie die geistige Beweglichkeit und Umstellungsfähigkeit (vgl. Bundesministerium für Familie, Senioren, Frauen und Jugend, Januar 2001). Gerade das Lernen von neuen Wissensinhalten, das Abstraktionsvermögen und der geistige Transfer eines abstrakten Sachverhaltes in eine konkrete Arbeitssituation können unter den genannten Rahmenbedingungen bei älteren Menschen zu größeren Schwierigkeiten führen ((vgl. Schmiel / Sommer , 1991)). Fehlendes Lerntraining kann zudem zu einer geringeren Effektivität des Arbeitsgedächtnisses (vgl. Kap. 3.1.2), und folglich zu einer Abnahme der Leistungsfähigkeit des Arbeitsgedächtnisses bei älteren Menschen (vgl. Bruggmann, 2000; Mayer, 2000), wie auch durch nachlassende Sinnesleistungen zu einer verringerten Leistungsfähigkeit des Ultrakurzzeitgedächtnisses führen. Teilweise konnte auch in Aufgaben, die eine verteilte Konzentration erforderten, nachgewiesen werden, dass sich ältere gegenüber jüngerer Lernender durch eine höhere Störanfälligkeit unterschieden (vgl. Krämer / Walter, 1991; Faulstich, 1999).

Generell stellt für das Enkodieren des zu lernenden Materials die kognitive Leistungsfähigkeit eine kritische Phase dar. Gerade für ältere Lernende ist der Übergang vom Kurzzeit- in das Langzeitgedächtnis vermehrt an bestimmte Rahmenbedingungen gebunden. Biologisch bleibt die „... Fähigkeit, die Anzahl der Synapsen zu erhöhen, neue Kontakte herzustellen und alte zu verstärken, im Gehirn ein Leben lang erhalten..." (Kullmann / Seidel, 2000, S. 42). Hinsichtlich der Geschwindigkeit und Genauigkeit zeigte sich zum einen eine hohe interindividuelle Differenz und zum anderen, dass mögliche Defizite bei Älteren durch hohe Motivation, Erfahrungen und das Verständnis für komplexe Sachverhalte ausgeglichen werden können (vgl. Ilmarinen / Tempel, 2002). Für alle Generationen gilt, dass die Arbeitssituationen, die Lernbedingungen, die Erfahrungen und die Qualität vorausgegangenen Lernens die Bereitschaft zum und das tatsächliche Weiterlernen beeinflussen" (Lenz, 1987, S. 147).

Auch nach Nürnberger Arbeitsmarktforschern, sind Leistungsprobleme älterer Mitarbeiter nicht das Ergebnis eines natürlichen, altersbedingten Abbaus von Fähigkeiten, sondern das Ergebnis von langzeitig ausgeführten Tätigkeiten, die nicht lernförderlich (vgl. Kap. 6.2.2) gestaltet waren (vgl. Mitteilungen aus der Arbeitsmarkt- und Berufsforschung. 2003).

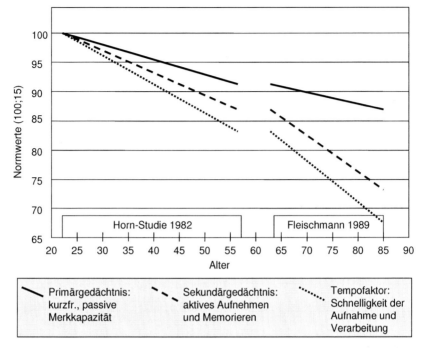

Abb. 2   Gedächtnisdimensionen in Abhängigkeit vom Alter (BAuA, 1994, S. 21)

Bezogen auf die enorme Bedeutung lebenslanger Bildungsmaßnahmen zeichnet sich insbesondere für ältere Mitarbeiter ein kritisches Bild. Die Teilnahme Älterer an Weiterbildungsmaßnahmen betrug in Deutschland im Jahr 2000 15%, wobei Ältere deutlich weniger an beruflicher Weiterbildung teilnehmen als Jüngere. So nehmen Mitarbeiter zwischen dem 35. und 49. Lebenjahr doppelt so häufig an Maßnahmen zur beruflichen Weiterbildung teil wie 50-64-Jährige (vgl. Expertenkommission "Finanzierung lebenslanges Lernen", 2004). In der betrieblichen Praxis zeigt sich häufig eine deutliche Diskrimminierung der älteren Mitarbeiter: Schon die Vierzigjährigen werden von Weiterbildungsmaßnahmen ausgeschlossen (vgl. Ilmarinen / Tempel, 2002).

Diese Diskrimminierung kommt auch indirekt in den Beschäftigungsquoten zum Ausdruck. Die folgende Tabelle zeigt Deutschland im Vergleich zu ausgewählten OECD-Ländern. Die Beschäftigungsquote (Anteil der Beschäftigten an der Bevölkerung in dieser Altersgruppe) der 55-64-jährigen Männer beträgt in Deutschland 38,4% und liegt damit im internationalen Vergleich eher im unteren Mittel (vgl. Tab. 3).

Tab. 3   Beschäftigungsquoten in ausgewählten OECD Ländern (OECD, 2003)

	Insgesamt		55-64
	1990	2002	Insgesamt
OECD	65,1	65,1	49,4
EU 15	61,5	64,3	40,6
DEU	*64,1*	*65,3*	*38,4*
FRA	59,9	61,1	34,2
ITA	52,6	55,6	28,9
UKD	72,5	72,7	53,3
JAP	68,6	68,2	61,6
CAN	70,3	71,5	50,4
USA	72,2	71,9	59,5

Legende:
EU 15 Europäische Union
DEU   Deutschland
FRA   Frankreich
ITA   Italien
UKD   United Kingdom
JAP   Japan
CAN   Kanada
USA   United States of America

Die häufig festzustellenden und unterschätzten Folgen der geringeren Teilnahme älterer Mitarbeiter an Qualifizierungsmaßnahmen sind eine Veralterung der Wissensbestände, größere Schwierigkeiten im Umgang mit Veränderungen und soziale Krisen im Arbeitsleben, die häufig gesundheitliche Folgen nach sich ziehen können (vgl. Ilmarinen / Tempel, 2000).

Die generelle logische Konsequenz bezüglich der Teilaspekte zur kognitiven Leistungsfähigkeit muss die Förderung von frühzeitigen, variablen Laufbahnstrukturen sein. Des Weiteren sind eine Spezialisierung und Entmutigungen für einen experimentellen Umgang mit neuen Problemfeldern zu vermeiden. Eine externe Förderung der kognitiven Weiterentwicklung kann durch Mischtätigkeiten, erweiterte Handlungsspielräume und zeitliche Puffer im Arbeitprozess geschehen (vgl. Bergmann, 2001; Behrens, 2001). Bei systematischen Arbeitsplatzwechseln sollten diese um Weiterbildungskurse ergänzt werden (vgl. Racky / Jöns, 2005). In der Forschung konnten positive Entwicklungen beruflicher Kompetenzen sowohl bei Beschäftigten wie auch im Fall der Wiederbeschäftigung durch arbeitsintegriertes Lernen aufgezeigt werden (vgl. Pietrzyk, 2002; Fritsch, 2003).

3.2 Emotionen

Emotionen sind gefühlte Wahrnehmungen. Positive Emotionen sind die Basis für emotionale Gelassenheit, für das genussvolle Erleben, für ein gutes Einfühlungsvermögen und Verständnis für andere sowie auch für die Möglichkeit, eigene negative oder destruktive Impulse zu kontrollieren. Implizit wird somit von Fähigkeiten ausgegangen, die dem Konstrukt der emotionalen Intellingenz zuzuordnen sind (vgl. Salovey / Mayer, 1990; Goleman(n), 1999). Als stetige Begleiter des Denkens und Handelns bilden Emotionen die Grundlage des Erlebens und beziehen sich auf sämtliche Lebenssphären (vgl. Goller 1992). Gefühle der Freude oder der Angst lassen sich nicht ausschließlich spezifischen Lebensbereichen zuordnen, vielmehr handelt es sich dabei um allgegenwärtige Phänomene. Einen besonderen und hinsichtlich der Emotionen zentralen Bestandteil stellt die berufliche Arbeit dar. Durch sie erfolgt die zeitliche Strukturierung des menschlichen Lebens und sie stellt insgesamt einen großen Anteil der Lebenszeit dar. Aufgrund dieser Bedeutung und Betroffenheit für den Einzelnen, scheint es infolgedessen überaus wichtig, sich auf die Bedeutung emotionalen Erlebens in der Arbeitswelt zu konzentrieren. Die subjektive Empfindung im Arbeitsleben ist zweifelsfrei sehr unterschiedlich mit daraus resultierenden positiven und negativen Folgewirkungen.

Prinzipiell besteht zwar Einigkeit darüber, dass Emotionen zu den grundlegenden Komponenten der menschlichen Psyche zu rechnen sind, doch unterscheiden sich die Auffassungen zu ihrem Begriffsverständnis sehr stark. Einige Autoren heben den Erlebensaspekt in Form subjektiver Gefühlszustände, andere den Verhaltensaspekt hervor. Wiederum andere legen den Schwerpunkt ihrer Darstellung auf kognitive oder physiologische Vorgänge. Diese fehlenden Übereinstimmungen sind weniger grundlegenden Meinungsverschiedenheiten zuzuordnen, sondern resultieren eher aus unterschiedlichen Konzeptualisierungen und Forschungsschwerpunkten (vgl. Scherer, 1990).

Nach Schachter (vgl. Schachter / Singer, 1962; Meyer et al., 1993; Scherer, 1997) ergibt sich das Erleben einer Emotion aus der Wirkung sowohl der physiologischen Erregung als auch der kognitiven Bewertung dieser Erregung. Beides ist notwendig, damit eine Emotion entsteht. Es wird angenommen, daß es sich um eine generelle, nicht differenzierte Erregung handelt. Für eine anschließende Ursachensuche für diesen unbestimmten inneren Zustand bedarf es der Kognition, bevor eine spezifische Emotion entsteht. Nach Schachter gibt es zwei Wege der Emotionsentstehung, die im Folgenden kurz beschrieben werden.

3.2.1 Emotionsentstehung

Die alltägliche Form der Emotionsentstehung

In diesem Fall sind die beiden Faktoren physiologische Erregung und Kognition vollständig miteinander verwoben. Durch eine unspezifische Erregung, die mit einer simultanen kognitiven Interpretation des auslösenden Ereignisses einhergeht, wird ein Gefühl hervorgerufen. Eine durch die physiologische Erregung verursachte Erregungsempfindung (die wahrgenommene Erregung) wird auf die Einschätzung der Situation zurückgeführt (Attribution von Erregung auf eine emotionale Einschätzung). Eine vom Individuum als gefährlich eingeschätzte Situation kann als Erregung Furcht zur Folge haben (vgl. Sokolowski, 2002).

Die nicht alltägliche Form der Emotionsentstehung

Diese Form der Emotionsentstehung liegt nach Schachter dann vor, wenn sich eine Person in einem Zustand von physiologischer Erregung befindet, für die es keine unmittelbare Erklärung gibt. Dennoch verspürt die erregte Person das Bedürfnis, ihre körperlichen Empfindungen zu verstehen und zu benennen. Dieses bewirkt eine Suche in der Umwelt bzw. Situation nach den Ursachen der Erregung. Ist eine Ursache gefunden, und führt die Person ihre zunächst unerklärte Erregung auf diese Ursache zurück, so ist die Art und Weise des emotionalen Erlebens von der individuellen Einschätzung und Attribution und somit von kognitiven Prozessen abhängig.

Kognitive Theorien der Emotionsentstehung nehmen kognitive Bewertungsprozesse als Auslöse- bzw. Differenzierungsinstrument in der Emotionsentstehung an. Dieser Aspekt wurde zuerst von Arnold (1960; Scherer, 1990) und Lazarus (1968; Lazarus et al., 1980) in den Mittelpunkt ihrer Theorieansätze gestellt. Während Arnold eine relativ simple Bewertung von Objekten und Umweltereignissen aufgrund ihrer hedonistischen Bedeutung für den Organismus annahm, ging Lazarus relativ frühzeitig von einem komplexeren „transaktionalen" Bewertungsprozeß aus, in den neben der hedonistischen Bedeutung der Zielopportunität von Ereignissen auch die Bewältigungsfähigkeit (durch die Annahme von „reappraisals") des Organismus eingeht. Weiner (1982, 1986, 1994) hingegen legte im Rahmen seiner attributionstheoretischen Arbeiten zur Leistungsmotivation und ihrer emotionsgenerierenden und -differenzierenden Wirkungen den Schwerpunkt auf unterschiedliche Kausalattributionen. Brandtstädter (1985, S.258) sieht diese Befunde als Evidenz für eine „kognitiv-reflexive Aktualgenese von Emotionen". Diese emotionalen selbstreflektiven Reaktionen bezeichnet Bandura (1977; Scherer, 1990) als „self-efficacy". Auch in den Theorien von Schachter (z.B. Schachter / Singer, 1962) und eng daran angelehnt Mandler (1984; Scherer, 1990) spielen emotionsdifferenzierende Kognitionen eine zentrale Rolle.

Während Zajonc (1980, 1984) von der Unabhängigkeit von Emotionen und Kognitionen ausgeht, vertritt Lazarus (1984) die Auffassung, dass Emotionen nicht als unabhängig von Kognitionen angesehen werden können: „Cognitive activity is a necessary precondition of emotion because to experience an emotion, people must comprehend – whether in the form of a primitive evaluative perception or a highly differentiated symbolic process – that their wellbeing is implicated in a transaction, for better or worse". Somit nimmt Lazarus einen kontinuierlichen Bewertungsprozess an (vgl. Lazarus, 1984; Lazarus et al., 1980), in dem wiederholte Bewertungen („re-appraisals") erste Eindrücke korrigieren und damit die resultierenden Emotionen ständig verändern („Emotions are complex, organized states [...] consisting of cognitive appraisals, action impulses, and patterned somatic reactions" (Lazarus et al., 1980, S. 198).

Nach Auffassung von Zajonc (1980) handelt es sich bei den Emotionen um präkognitive, d.h. um primäre, basale und somit unausweichliche Phänomene, die auch völlig unabhägig von Kognitionen entstehen können: „Affective reactions can occur without extensive perceptual and cognitive encoding, they are made with greater confidence than cognitive judgements, and can be made sooner." (Zajonc, 1980, S. 151).

Weiner (1986) postuliert, dass es sich bei der Entstehung von Emotionen um einen sequentiellen, kognitiven Interpretationsprozess handelt, der sich stets weiter entwickelt, indem zunehmend komplexere Kognitionen (Einschätzungen) zunehmend komplexere Emotionen bestimmen. Dies veranschaulicht die folgende Abbildung. Nach Weiner (1986) werden in einem ersten Schritt Ereignisse daraufhin bewertet, inwieweit damit ein angestrebtes Ziel erreicht bzw. nicht erreicht worden ist. In Abhängigkeit dieses ersten positiven oder negativen Bewertungsschrittes kommt es zu sogenannten ereignisabhängigen Emotionen. Weiner bezeichnet diese Emotionen auch als attributionsunabhängige oder Sokolowski (2002) spricht von primitiven Emotionen, weil ihr Entstehen von Kognitionen bzgl. der Ursachen des Ereignisses (Attributionen) unabhängig ist. In einem zweiten, zeitlich nachfolgenden Bewertungsschritt wird nach den Ursachen des positiven oder negativen Ereignisses gesucht, und bei einem erfolgreichen Suchprozess wird ein bestimmter Faktor als Ursache für die Emotionen angenommen. In wie weit diese Bewertungsschritte vorgenommen werden, ist ähnlich den in Kapitel 3.1.2 beschriebenen Speichervorgängen, von der individuellen Bedeutungszuschreibung abhängig, d.h. ob das Ereignis als negativ, neuartig, zielblockierend, unerwartet oder von hoher persönlicher Wichtigkeit bewertet wird (causal reasoning).

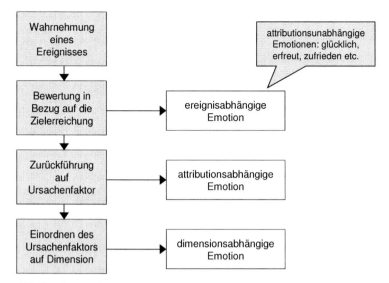

Abb. 3   Prozess der Emotionsentstehung nach Weiner (1986)
(senkrechte Pfeile = zeitliche Sequenz; waagerechte Pfeile = kausale Richtung)

Die Folgen dieses Bewertungsschrittes sind von den jeweiligen Attributionen
abhängig. Wird z.B. ein Misserfolg auf mangelnde Begabung zurückgeführt, so
kann sich das Gefühl der Inkompetenz einstellen. Wird dieses Ereignis jedoch
als ein zufälliges Geschehen bewertet, kann ein Gefühl von Überraschung hervorgerufen werden. Im dritten und letzten Bewertungsschritt schließlich wird die
jeweilige Ursache (Zufall oder mangelnde Begabung) auf den Dimensionen Per-
sonabhängigkeit (Lokation), Stabilität über Zeit und Kontrollierbarkeit zugeordnet. Diese Einordnung des Ursachenfaktors auf den drei Dimensionen hat dann
weitere, sogenannte dimensionsabhängige Emotionen zur Folge. Wird beispielsweise Erfolg auf einen internalen und gleichzeitig auch kontrollierbaren
Ursachenfaktor zurückgeführt, so entsteht Stolz, während aus einem negativen
Ereignis bei dem der gleiche Ursachenfaktor angenommen wird, Schuld resultieren kann.

Auch nach Weiner (1986) ist eine „der grundlegenden Annahmen [meiner] attri-
butionalen Theorie, dass Individuen zuerst eine Ursachenzuschreibung vornehmen und danach diese Attribution in einem dimensionalen Raum ansiedeln".

Nach Boll (1998) ist neben Attributionen die Überzeugung ein wesentliches
Element in der Entstehung von Emotionen. Ändert sich die Überzeugung der
Person, so ändert sich unter geeigneten Bedingungen auch der Gehalt der Emo-

tion entsprechend. Verschwindet jedoch die Überzeugung, so verschwindet auch der mit der emotionalen Reaktion korrespondierende Gehalt. Ähnlich Weiners Annahme wird auch die Bedeutung individueller Ziele, Wünsche und Normen für die aktive Auseinandersetzung mit einer Situation herausgestellt. Die Relevanz dieser Theorien für die Emotionen am Arbeitsplatz soll im folgenden näher betrachtet werden.

3.2.2 Emotionen im Arbeitsprozess

Transferiert man die Theorien der Emotionsentstehung auf den Arbeitsprozess, so sind auch die „Arbeitsemotionen" als Gefühle anzusehen, die eng mit dem Erleben, Wahrnehmen und Bewerten von Arbeit verbunden sind. Sie stellen ein komplexes Gefüge subjektiver und objektiver Faktoren dar, das von neuronal/hormonalen Systemen vermittelt wird. Affektive arbeitsbezogene Erfahrungen führen zu kognitiven, emotionalen, physiologischen und verhaltenbezogenen Veränderungen und können

- unterschiedliche Gefühle der Erregung oder der Lust bzw. Unlust, bewirken,
- kognitive Prozesse, z.b. emotional relevante Wahrnehmungseffekte, Bewertungen und Klassifikationsprozesse enthalten,
- physiologische Anpassungen an die erregungsauslösenden Bedingungen in Gang setzen,
- zu arbeitsbezogenem Verhalten führen, welches häufig expressiv, zielgerichtet und adaptiv ist (vgl. Brehm, 2001).

Infolgedessen sind für die Entstehung von Arbeitsemotionen vier Komponenten relevant:

Die **affektive, subjektive Komponente**, die alles umfasst, was in konkreten Arbeitssituationen subjektiv gefühlt oder empfunden wird. Sie bezieht sich vor allem auf persönlich wahrgenommene Befindlichkeiten im Sinne von Lust- bzw. Unlust in Bezug auf die Arbeit. Da die Art und Weise, wie Emotionen gefühlt werden, sehr unterschiedlich sein kann, spricht man auch vom „Erlebensaspekt von Emotionen" (Meyer et al., 1993).

Der **kognitiven Komponente** liegen die gleichen Annahmen der in Kapitel 3.2.1 bereits dargestellten Emotionsentstehungstheorien zugrunde. Somit werden emotional relevante Arbeitssituationen kognitiv wahrgenommen, bewertet und gehandhabt. In diesem Zusammenhang wird auch von einem Informationsverarbeitungssystem gesprochen, das den Zusammenhang zwischen Reizbewertung und emotionaler Reaktion herstellt (vgl. Scherer 1990). Arbeitsemotionen sind immer Ergebnisse subjektiver Interpretationen, in die auch spezielle, im Tätigkeitsbereich gemachte Erfahrungen und Lernprozesse einfließen.

Die **physiologische Komponente** umfasst alle möglichen Begleiterscheinungen von Arbeitsemotionen die in Form von körperlichen Veränderungen, die durch das autonome Nervensystem gesteuert werden, zum Ausdruck kommen können. In Stresssituationen können z.B. Beschleunigungen von Puls- und Atemfrequenz auftreten als typische Reaktionsmuster in einem Anpassungsprozess, der zur Aufrechterhaltung des Gleichgewichtszustandes des Organismus dient (vgl. Schneider, 1992).

Die **motorisch-expressive Komponente** von Arbeitsemotionen kann auch als eine Art phänotypisches Erscheinungsbild der Emotionen beschrieben werden. Sie ist durch das motorische Verhalten und vielfältige Ausdruckserscheinungen verbaler und nonverbaler Art, wie Sprechgeschwindigkeit, Blickrichtung, Pupillengröße sowie Mimik und Gestik, aber auch durch Abwehrreaktionen wie Angriff oder Flucht beobachtbar (vgl. Goller 1992). Im Arbeitsleben findet diese Komponente ihren Ausdruck in Absentismus oder Fluktuation.

Die Entstehung von Emotionen ist somit ein vor allem intraindividuelles Prozessgeschehen. Es konnte in Untersuchungen eindrucksvoll bestätigt werden, in denen die Enge des Zusammenhangs von emotionalen Veränderungen im Arbeitsleben mit Veränderungen in der Gesellschaft überprüft wurde, dass es sich hierbei nicht gänzlich um autonome Entwicklungen handelt. Es konnte gezeigt werden, dass diese Entwicklung synchron zum Wertewandel in der Gesellschaft geschieht (vgl. Inglehart, 1995; von Rosenstiel et al., 2002). So wandelten sich die Ansprüche der Mitarbeiter in den letzten Jahren weg von materialistischen hin zu idealistischen Werten wie größerer Verantwortung, interessanterer Tätigkeit usw. Mit dieser Entwicklung wurde auch die Bereitschaft gefördert, sich am Unternehmensgeschehen stärker zu beteiligen.

Eine größere Bedeutung kommt in diesem Sinne den sozialen Prozessen am Arbeitsplatz zu, die ohne die Beteiligung von Emotionen undenkbar sind. Gerade im Arbeitsleben spielen sie in Führungs-, und Gruppenbeziehungen eine wichtige Rolle. Freude an der Tätigkeit oder ein gewisser Stolz in Verbindung mit den Arbeitsergebnissen, wie auch in manchen Situationen sicherlich auch Anspannung und Stress, sind subjektive Empfindungen, ohne deren gelegentliches Auftreten die Arbeitswelt relativ eintönig erscheint. Andererseits können Angst- oder Neidgefühle zwischen Kollegen sowie im Verhältnis zu Vorgesetzten das organisationale Geschehen erheblich beeinträchtigen. Die Abhängigkeit des emotionalen Empfindens vom sozialen Umfeld soll beispielhaft anhand der Emotionen Freude und Stolz aufgezeigt werden.

Freude wird als angenehmes, warmes, offenes Gefühl des Wohlseins empfunden. Ursachen können ein gelungenes Arbeitsergebnis oder ein Lob von einem geschätzten Kollegen sein. Gleichzeitig kann Freude auch im Hintergrund des Erlebens wahrnehmungs- und handlungsbegleitend auftreten (vgl. Ulich / Mayring, 1992). Im Arbeitsleben sind die tätigkeitsbezogene Freude, als auf den Prozess der Ausübung der Tätigkeit bezogene Empfindung und die ergebnisbezogene Zufriedenheit (z.b. Arbeitszufriedenheit als Ergebnis von Ist und Soll Vergleichen) von der ereignisbezogenen Freude, die durch unerwartete erfreuliche Ereignisse ausgelöst werden kann, abzugrenzen (vgl. Temme / Tränkle, 1996). Die beiden letzten Konstrukte unterscheiden sich dadurch, dass ereignisbezogene Freude im Gegensatz zu ergebnisbezogener Zufriedenheit mehr als Zufallsprodukt der Verfolgung irgendeines Zieles zu betrachten ist. Nach Izard (1994) tritt Freude oft ungeplant und unerwartet auf. Die Aufmerksamkeit ist somit auf Bedingungen zu richten, die das Auftreten des Gefühls Freude wahrscheinlicher machen. Typische gestalterische Maßnahmen in diesem Sinne sind Tätigkeiten, die kreatives Denken und Problemlösen sowie selbständiges und selbstverantwortliches Handeln erfordern, jedoch immer unter der Betrachtung des personenspezifischen Interesses für die zu erledigende Arbeitsaufgabe (vgl. Temme / Tränkle, 1996).

Eine weitere Arbeitsemotion ist der Stolz, der eng mit ergebnisbezogener Arbeitsfreude verwandt ist. Der Stolz beschreibt ein bewusst erlebtes, gehobenes Selbstwertgefühl, also ein Gefühl der eigenen Wertigkeit. Während Stolz als Voraussetzung für Selbstsicherheit und aufrechte Haltung zu sehen ist, ist fehlender Stolz die Ursache für starke Minderwertigkeitsgefühle und kann vielfältige psychische Befindensstörungen nach sich ziehen. Auch in übersteigerter Form kann Stolz zu Eitelkeit, Hochmut, fehlender Bescheidenheit und mangelndem Demut führen (vgl. Ulich / Mayring, 1992). Für die Arbeitsfähigkeit relevant sind vor allem Untersuchungen zum Zusammenhang zwischen Stolz und Leistungsmotivation (z.B. Schützwohl, 1991). Der Stolz auf die eigene Leistung wird als leistungsförderlich angesehen, da die Antizipation von Stolz als Anreiz wirkt, leistungsbezogenes Handeln aufzunehmen.

Attributionstheoretischen Ansätzen (vgl. Kap. 3.2.1) zufolge entsteht Stolz vor allem dann, wenn ein Erfolg internalen Ursachen zugeschrieben werden kann und ist am stärksten, wenn Vergleichsprozesse sowohl mit sich selbst wie auch mit anderen zu positiven Ergebnissen führen (vgl. Frese, 1990). Zwar ist das konkrete Empfinden von Stolz wie bei den meisten Emotionen von relativ kurzer zeitlicher Dauer, jedoch zeigt sich die große nachhaltige Relevanz zum einen durch die kognitive Speicherung des Stolz erzeugenden Ereignisses, das immer wieder abgerufen werden kann, durch die Generalisierbarkeit des Gefühls Stolz auf die Arbeit als Ganzes und zum anderen durch die dauerhafte Erhöhung der Selbstsicherheit (ebd.).

Die Emotionen Freude und Stolz sind für die sorgfältige und qualitativ hochwertige Erfüllung von Arbeitsaufgaben und somit letztlich auch für die Betrachtung der Arbeitsfähigkeit von hoher Bedeutung. So zeigte sich auch in Untersuchungen, dass Möglichkeiten für Anerkennung und Respekt im Arbeitsleben das Risiko für einen Abfall der Arbeitsfähigkeit verminderten. Bei Beschäftigten, denen diese Möglichkeiten nicht zur Verfügung standen, stieg das Risiko um das 2,4 fache an (vgl. Ilmarinen / Tempel, 2002).

3.2.3 Kognitionen und Emotionen

Nachdem der Zusammenhang zwischen den Determinanten Kognitionen und Emotionen mit der Arbeitsleistung und Arbeitsfähigkeit im Einzelnen dargestellt wurde, sollen nun Wechselwirkungsprozesse dieser Determinanten anhand des bereits vielfach erforschten Themenfeldes „Arbeitszufriedenheit" beschrieben werden.

Generell handelt es sich bei der Arbeitszufriedenheit um eine multidimensionale Reaktion auf eine Tätigkeit; sie ist eine Einstellung gegenüber einer gegebenen Arbeitstätigkeit (vgl. Locke, 1969; Bruggemann et al., 1975; Locke, 1976; Neuberger / Allerbeck, 1978; Spector, 1997). Diese Auffassung unterscheidet sich von frühen Konzeptionen, die sehr viel stärker den Aspekt der Motivation bzw. Bedürfnisbefriedigung berücksichtigten (z.B. Maslow, 1954; Porter, 1962). Diese frühe Perspektive wurde zugunsten einer kognitiven einstellungstheoretischen Sichtweise aufgegeben und später durch affektive Komponenten ergänzt. Arbeitszufriedenheit ist die reaktive Einordnung auf der Dimension „zufrieden – unzufrieden", nach der individuellen Evaluation einer Tätigkeit und auf die in diesem Rahmen stattgefundenen Erlebnisse (vgl. Mobley et al., 1979; Weiss / Cropanzano, 1996; Spector, 1997). Eine hohe Ausprägung von Arbeitszufriedenheit kann somit als angenehmer, positiver Zustand umschrieben werden, der sich aus der individuellen Bewertung der jeweiligen Tätigkeit ergibt. Entsprechend wird eine geringe Ausprägung an Arbeitszufriedenheit als unangenehmer

– affektiv negativer – Zustand charakterisiert. Daher ist der Begriff Arbeitszufriedenheit nicht grundsätzlich mit einer positiven Konnotation verbunden, sondern kommt durch die individuelle Einordnung auf der bipolaren Dimension zum Ausdruck. Da diese Einordnung immer das Resultat der Bewertung von bereits Geschehenem ist, hat die Arbeitszufriedenheit einen rückwärtsgerichteten Charakter (vgl. Locke, 1976). Da dieser Bewertungsprozess immer auch vor dem Hintergrund eines Bezugssystems zum Ausdruck kommt, handelt es sich um ein relationales Konzept. Sowohl die Wahrnehmung der Situation als auch die Wahrnehmung des Bezugssystems sind ein auf ein Individuum bezogene Reaktionen.

Die Gesamt- oder Lebenszufriedenheit ist ein der Arbeitzufriedenheit übergeordneter Begriff. Die Quantifizierung kann durch Aggregation von Facettenzufriedenheiten als Linearkombination in Form einfacher Summenbildung (vgl. Locke, 1969; Mobley / Locke, 1970; Locke, 1976; Law et al., 1998), d.h. aus Aggregation von Zufriedenheiten einzelner Lebensdomänen, wie der Arbeit, den familiären Verhältnissen, den Freunden, etc. geschehen, oder aber das Resultat recht komplexer, nicht linearer Verrechnungsvorschriften sein. (Job Characteristics Model; vgl. Hackman / Oldham, 1976)

Untersuchungen zur Feststellung des Zusammenhangs zwischen organisationaler Leistung und Arbeitszufriedenheit zeigten, dass es einen Zusammenhang zwischen den Einstellungen der Mitarbeiter und organisationaler Effektivität in der Höhe von $r = .11$ bis $r = .54$ gab (vgl. Denison, 1990; Ostroff, 1992; Heskett et al., 1994; Ryan et al., 1996; Heskett et al., 1997; Schneider et al., 2003). Höhere Korrelationen als auf der individuellen Ebene ließen sich auf organisationalem Niveau finden. Die positive Feststellung des Zusammenhangs lässt jedoch keine Kausalschlüsse zu.

Die Arbeitszufriedenheit ergibt sich immer aus den Bewertungen der verschiedenen Arbeitssituationen. Sind die Ergebnisse dieser Bewertungsprozesse über einen längeren Zeitraum positiv, so strahlen diese auch auf die Organisation ab. Daraus folgt, dass je zufriedener jemand ist, desto stärker ausgeprägt ist auch das organisationale Commitment (vgl. Porter et al., 1974; Dougherty et al., 1985). Durch das Commitment wird ein Rationalisierungsprozess initiiert, mit welchem Individuen der momentanen Situation Sinn geben. Innerhalb dieses Referenzrahmens bilden sich Einstellungen, wie beispielsweise die Arbeitszufriedenheit, die wiederum konsistent zur jeweiligen Ausprägung des Commitments sind (vgl. Salancik / Pfeffer, 1978; Bateman / Strasser, 1983; Bateman / Strasser, 1984; Allen / Meyer, 1990).

Des Weiteren sind Arbeitszufriedenheit und Commitment distinkte Konstrukte. Zwar stehen sie über vielfältige Variablen (z.B. weitere affektive Zustände oder motivationale Gegebenheiten) in einem Zusammenhang, dennoch wird Commitment von Arbeitszufriedenheit getrennt wahrgenommen (vgl. Curry et al., 1986; Mathieu, 1991; Carr et al., 2003). Dieser Zusammenhang konnte in verschiedenen Untersuchungen übereinstimmend bestätigt werden, jedoch lassen diese keine endgültige Aussage über die Wirkungsrichtung zu (vgl. Bateman / Strasser, 1984; Williams / Hazer, 1986; Mathieu / Zajac, 1990; Carr et al., 2003).

Betrachtet man die empirischen Befunde bezügliche des Zusammenhangs zwischen Arbeitszufriedenheit und Arbeitsleistung, so zeigt sich nur eine geringfügige Korrelation. Sie streut zwischen geringfügig positiven bis geringfügig negativen Werten (vgl. Brayfield / Crockett, 1955; Iaffaldano / Muchinsky, 1985). Dieser in frühen Untersuchungen postulierte relativ schwache Zusammenhang zwischen Zufriedenheit und Leistung wurde in verschiedenen Publikationen über vielerlei Probleme zu erklären versucht: Messprobleme bzw. Methodenartefakte, Besonderheiten im Design, ein moderierender Einfluss unterschiedlicher Tätigkeitscharakteristika usw. (vgl. Ivanchevich, 1978; Fisher, 1980; Iaffaldano / Muchinsky, 1985; Ostroff, 1992). Gerade auch das Problem der individuellen Zurechenbarkeit von Leistung wie auch unterschiedliche Operationalisierungen von Leistungs- und Arbeitszufriedenheitsmaßen scheinen wesentliche Ursachen für diese Ergebnisse zu sein. Unter Berücksichtigung dieser Ursachen und der Annahme, dass zwischen Arbeitszufriedenheit und der Leistungshöhe kein direkter, sondern lediglich ein mittelbarer Zusammenhang besteht (vgl. Eagly / Chaiken, 1997; Weiss, 2002), wie auch mit der Berücksichtigung weiterer Faktoren (z.B. Fähigkeiten, Fertigkeiten oder situative Gegebenheiten), zeigte sich ein deutlich höherer Zusammenhang zwischen Arbeitszufriedenheit und Leistungshöhe (r = .30; vgl. die Meta-Analyse von Judge et al., 2001). Angesichts der vielen einschränkenden Überlegungen ist dieser Zusammenhang als sehr hoch zu interpretieren.

3.2.4 Fazit

Nach Izard (1999) gibt es zehn primäre angeborene Emotionen: Interesse, Freude, Überraschung – Schreck, Kummer – Schmerz, Zorn – Wut, Ekel – Abscheu, Geringschätzung – Verachtung, Furcht – Entsetzen, Scham, Schuldgefühle – Reue. Diese Emotionen unterscheiden sich deutlich im subjektiven Erleben.

Maßgeblich für die unterschiedliche Empfindung der Emotionen sind zum einen die individuelle Ursachenforschung für diese subjektiven Erlebnisse und zum anderen die jeweils unterschiedlichen Attributionsstile. Die langfristigen Konsequenzen der Emotionen im Arbeitsleben zeigen sich in der Gesundheit, der Selbstsicherheit, Selbstvertrauen, der Loyalität gegenüber dem Unternehmen, im sozialen Verhalten, wie auch in den verschiedensten Facetten der Zufriedenheit und haben demzufolge einen großen deterministischen Wert für die Arbeitsfähigkeit und Arbeitsleistung. Der individuelle Erlebnischarakter ist Ursache für die Zunahme der interindividuellen Variabilität in den höheren Lebensjahren, da es keine einheitliche, universell geteilte Art des Empfindens gibt. Durch den Einfluss von Interaktionsprozessen mit der Aussenwelt auf die Emotionen, zeichnet sich auch eine generelle Tendenzverschiebung im Erleben ab. So wird der grundlegende Wertewandel in der heutigen Gesellschaft von langfristig zunehmeneden Gesundheits- und Umweltbewusstsein in allen Wohlstandgesellschaften geprägt (vgl. Schulze, 2000) und letztlich die Verantwortung des Individuums für die externale und internale Einflussnahme auf die Arbeitsfähigkeit und Arbeitsleistung gestärkt.

Die im letzten Abschnitt aufgezeigten Wechselwirkungsprozesse anhand der Arbeitszufriedenheit verdeutlichen, dass es sich hinsichtlich der Arbeitsfähigkeit und Arbeitsleistung um keine monokausalen Zusammenhänge handelt, sondern vielmehr um komplexe Gefüge unterschiedlicher Interdependenzen. Sowohl kognitive als auch emotionale individuelle Prozesse sind wie bereits beschrieben von der individuellen Erlebniswelt und geschichtlichen Erfahrungen des Einzelnen abhängig. Hierin mag auch eine der Hauptursachen für den fehlenden Nachweis altersspezifischer, signifikanter Unterschiede hinsichtlich aufgezeigter Einzelkriterien begründet liegen.

3.3 Gesundheit

Nach dem Verständnis der Weltgesundheitsorganisation ist Gesundheit nicht allein das Fehlen von Krankheit und Gebrechen, sondern vielmehr ein Zustand eines körperlichen, psychischen und sozialen Wohlbefindens (vgl. WHO, 1991). Durch das Augenmerk auf das Wohlbefinden tritt die Subjektivität der Gesundheit mehr in den Vordergrund, die subjektive Erlebbarkeit der Gesundheit und die Wichtigkeit dieser subjektiven Empfindung für die Lebensqualität wird klarer. Gleichzeitig bedeutet dieses Verständnis auch die Abwendung von einer rein physischen Betrachtung hin zu einem ganzheitlichen bio-psycho-sozialen

Konzept. Zum anderen ändert sich das Verständnis von Gesundheit auch in der Hinsicht, dass diese immer mehr als ein dynamisches Gleichgewicht verstanden wird, was immer wieder in einem Prozess der Wechselwirkung zwischen dem Einzelnen, seinem Verhalten und der Umwelt hergestellt werden muss (vgl. Franke, 1993). Die dichotome, pathogenetische Trennung zwischen gesund und krank weicht immer mehr einem salutogenetischen Verständnis, nach dem sich Krankheit und Gesundheit auf einem Gesundheits-Krankheits-Kontinuum befinden. Jeder Mensch hat auch kranke Anteile und solange er am Leben ist, müssen in ihm gesunde Anteile vorhanden sein. Die primäre Fragestellung ist nicht, ob jemand krank oder gesund ist, sondern wo er jeweils auf dem Gesundheits-Krankheitskontinuum im dynamischen Prozessgeschehen der ständigen Auseinandersetzung zwischen salutogenen und pathogenen Kräften einzuordnen ist (vgl. Antonovsky, 1979, 1997; Bengel et al. 1998).

Mit der Weiterentwicklung des Gesundheitsverständnisses ändert sich auch das Verständnis davon, welche Faktoren Einfluss auf den aktuellen Gesundheitszustand des Individuums nehmen und welche Rolle der Mensch selbst dabei spielt. Es ist nicht mehr nur die (pathogenetische) Exposition an belastende Situationen bzw. das Vorhandensein von Risikofaktoren im Menschen, das über den Gesundheitszustand entscheidet. Die Gesundheit hängt vielmehr „vom Vorhandensein, von der Wahrnehmung und dem Umgang mit Belastungen, von Risiken und Gefährdungen durch die soziale und ökologische Umwelt sowie vom Vorhandensein, von der Wahrnehmung, Erschließung und Inanspruchnahme von Ressourcen" ab (Bengel et al., 1998, S. 16). Im salutogenetischen Verständnis der Einflussfaktoren nehmen Gesundheitsressourcen eine zentrale Position an. Es wird zwischen internen Ressourcen (personenbezogene Ressourcen) und externen Ressourcen (umweltbezogene Ressourcen) unterschieden, auf die das Individuum zur Bewältigung von Anforderungen zurückgreifen kann, um die Gesundheit zu erhalten, zu stärken oder, bei einer Störung, wieder herzustellen (vgl. Becker, 1992; Greiner, 1998). Zu den internen Gesundheitsressourcen zählen z. B. kognitive und praktische Fähigkeiten, Bindungen an Personen, stabiles Selbstwertgefühl und Selbstvertrauen oder habituelles Gesundheits- und Bewältigungsverhalten. Zu den externen Ressourcen zählen z.B. Kontroll- und Entscheidungsspielräume, günstige materielle Bedingungen, soziale Beziehungen und Interaktionen im privaten und beruflichen Leben (vgl. Udris et al., 1991; Becker et al., 1994; Badura, 1997).

Auch in der betrieblichen Praxis vollzieht sich ein Wandel des Gesundheitsverständnisses und -bewusstseins. Zum einen strahlt natürlich der gesellschaftliche

Verständniswandel auch in die Betriebe hinein. Darüberhinaus ändern sich seit einigen Jahren vor allem die Arbeitsanforderungen wesentlich. Von den Mitarbeitern wird immer höhere Mobilität und Flexibilität verlangt, Bereitschaft zu hoher Eigenverantwortung, zum lebenslangen selbstgesteuerten Lernen werden vorausgesetzt, Kompetenzanforderungen wie Selbstmanagement und Selbstorganisation steigen. Die Rolle des Individuums im Arbeitsprozess wird neu definiert. Es findet eine zunehmende Individualisierung der Arbeitsbedingungen statt, indem die Mitarbeiter individuell ihre Arbeitsbedingungen gestalten (so z. B. Arbeitszeit, Arbeitsort), und hierfür auch die Verantwortung übernehmen sollen. Wie die Unternehmen für ein langfristiges Überleben aus Wirtschaftlichkeits-, Wettbewerbs-, Prozess-, und Imagesicht eine Balance schaffen müssen, so ist auf der individuellen Seite ein Austarieren der Ressourcen sowie der Belastungen/Beanspruchungen für eine gelungene Lebensgestaltung und zur Vermeidung eines Burnout erforderlich (vgl. Kastner, 2003). Das Aufweichen der Grenzen zwischen dem beruflichen und außerberuflichen Lebensbereich macht ein Neuverständnis der Work-Life-Balance und eine neue Betrachtung der Arbeitsbelastungen erforderlich (vgl. Abb. 4). Neben der erwarteten Stärkung der Gesundheitsressourcen durch die erweiterten Entscheidungsfreiräume und Möglichkeiten der Selbstverwirklichung wird immer häufiger auch von den gesundheitlichen Risiken der gewandelten Arbeitsbedingungen gesprochen (vgl. Hornberger, 2001).

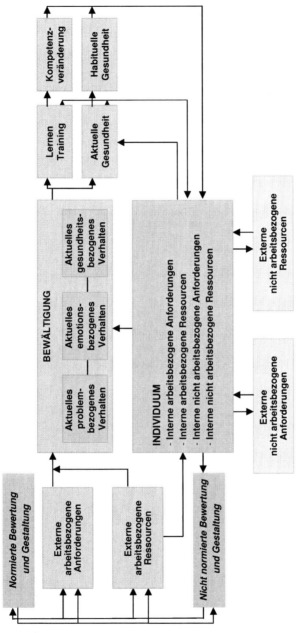

Abb. 4   IBBK - Das integrative Belastungs-Beanspruchungs-Konzept für individualisierte Arbeitsbedingungen (nach Hornberger, 2001)

3.3.1 Ursachen für Erkrankungen

Zur differenzierten Abschätzung arbeitsbedingter Anteile an verschiedenen Erkrankungen (vgl. Bödecker et al., 2001) wird in Untersuchungen nach körperlichen und psychischen Ursachen unterschieden. Im Jahr 1998 gingen 29% der Arbeitsunfähigkeitsfälle auf körperliche Belastungen und 31% auf psychische berufliche Belastungen zurück (vgl. Thiehoff, 2004) Auch aktuelle Studien von Krankenkassen belegen in Untersuchungen zur Arbeitsunfähigkeit, dass eine deutliche Zunahme psychischer Erkrankungen im Arbeitsleben vorliegt. Wenn auch der Gesamtkrankenstand in jüngster Zeit sinkt, wird der Forschungsschwerpunkt der Krankenkassen immer deutlicher auf die Thematik der psychischen Belastungen verlagert (vgl. DAK, 2002/2005).

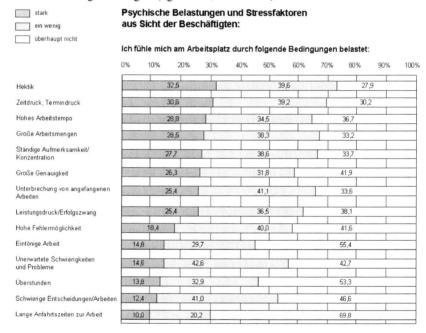

Abb. 5   Generelle Einflussfaktoren auf den Krankenstand (DAK, 2002/2005, S. 14ff.)

Betrachtet man allein den Anteil psychischer Erkrankungen an Frühberentungen, so hat sich dieser seit 1985 fast verdreifacht. Der Anteil der psychischen Erkrankungen aller Frühberentungen lag in der Gruppe der unter 40 – jährigen Männer bei 46,2% (1993 bei 32,3%) – bei den Frauen gleicher Altersgruppe 45,2% (1993: 30,5%) (vgl. Eikelmann et al., 2005). Das bedeutet, dass psychische Erkrankungen mittlerweile zu den wichtigsten Ursachen von Erwerbsunfähigkeit zählen. Neuere Studien zeichnen ein noch erschreckenderes Bild. Ihnen zufolge stieg die Arbeitsunfähigkeitsrate zwischen 1997 und 2004 aufgrund von psychischen Erkrankungen um 69% - während das allgemeine Krankenstandsniveau nur um 5% zunahm (vgl. DAK, 2002/2005). In der Altersgruppe der unter 35Jährigen ist ein überproportionaler Anstieg der psychischen Erkrankungen zu beobachten. In der Altersgruppe der 35-44 Jährigen ist die Rate am höchsten. Betrachtet man nur die Darstellung in absoluten Zahlen, zeigt sich ein kontinuierlicher Anstieg mit zunehmendem Alter. Diese Entwicklung unterstreicht die Notwendigkeit, den Prozess des Älterwerdens über den gesamten Verlauf zu betrachten, um so mögliche Einflussgrößen herausarbeiten zu können.

Auch im Bereich der Forschung muss dem wachsenden Stellenwert der psychosozialen Gesundheit Rechnung getragen werden. Da gerade psychische Erkrankungen häufig zunächst nur durch geringe Beeinträchtigungen in Erscheinung treten, und erst mit fortschreitendem Alter zu deutlichen Einschränkungen der Arbeitsfähigkeit führen, ist es erforderlich, Längsschnittstudien zur Erschließung der determinierenden Faktoren und ihrer Wechselwirkungen durchzuführen. Erste Hinweise bietet die IBE Studie „Psychosoziale Gesundheit am Arbeitsplatz" (vgl. Aschauer et al., 2004), aus der sich eindeutig motivationale Schwerpunkte hinsichtlich zu verringernder psychosozialer Belastungen am Arbeitsplatz ablesen lassen. Für die Prävention, kausale und palliative Interventionen von gesundheitlichen Beeinträchtigungen, insbesondere für psychische Erkrankungen gilt, dass der Verlauf und die Ausprägung wesentlich von der Wechselwirkung persönlicher und sozialer Bedingungen abhängen (vgl. BAR, 2003).

Für ein tieferes physiologisches Verständnis der Gesundheit und möglicher Veränderungen im Alter soll nun zunächst näher auf die objektive Gesundheit eingegangen werden.

3.3.2 Gesundheitliche Veränderungen im Alter

Bei der Betrachtung gesundheitlicher Veränderungen im Alter ist die objektive Gesundheit, durch objektive Messverfahren prüfbar, von der subjektiven Gesundheit, als die durch das Individuum gefühlte Gesundheit, voneinander zu unterscheiden. Desweiteren müssen qualitativ zur näheren Beschreibung der objektiven Gesundheit auf der biologisch-physiologischen Ebene mit dem Alter einhergehende Veränderungen des Organismus und des Zentralnervensystems und

Veränderungen von Wissensstrukturen, Erfahrungen, Persönlichkeit, wie auch ein veränderter Umgang mit Lebenssituationen unterschieden werden. Erstere sind eher mit Verlusten und zunehmender Verletzbarkeit (Vulnerabilität) verbunden, während die anderen Veränderungen eher Stabilität, weitere Differenzierungen und Wachstum erkennen lassen.

3.3.2.1 Objektive Gesundheit

Das biologische Alter geht mit verringerten Funktionsreserven der Organe einher, abnehmender Vitalkapazität, zunehmenden Blutdruck, erhöhtem Cholesteringehalt im Blut, verminderter Glukosetoleranz, Abnahme der Muskelfasern und Kapillaren bei Zunahme des Bindegewebes, die Abnahme des Mineralgehalts des Skeletts, die Trübung der Augenlinse sowie der Hörverlust für hohe Frequenzen einher (vgl. Steinhagen-Thiessen et al., 1994; Kruse, 2001). Häufig trifft man auf die Annahme, dass ältere Arbeitnehmer häufiger krank sind als ihre jüngeren Kollegen, jedoch ist das in dieser Form nicht zutreffend. Es zeigte sich, dass ältere Mitarbeiter sogar seltener, dafür jedoch länger krank gemeldet sind (vgl. Thomae / Lehr, 1973; Georg, et al., 1982; Behrend, 1983).

Die aufgezeigten Degenerationsprozesse zeigen interindividuell große Unterschiede auf. Dieses konnte bereits in der Göteborgstudie nachgewiesen werden (vgl. Svanborg et al., 1982; Svanborg, 1988). Hierbei handelte es sich um eine Längsschnittstudie, in der Menschen höheren Alters bezüglich ihres Zahnstatus, Gewichts, Blutdrucks, etc. über einen zehnjährigen Zeitraum untersucht wurden mit dem Ergebnis, dass einige der Probanden hinsichtlich der medizinischen Parameter zehn Jahre „jünger" waren im Vergleich zu Probanden der damals gleich alten Kohorte.

Folgende Ursachen können für diese Unterschiede in Betracht gezogen werden:

- Genetische Information - Schädigungen der DNA
- Die körperliche und kognitive Aktivität in früheren Lebensjahren und im Alter
- Anzahl, Art und Expositionsdauer von Risikofaktoren und Erkrankungen in früheren Lebensjahren und im Alter
- Umweltbedingungen

Häufig zeigen sich gesundheitsschädliche Einflüsse im Lebenslauf durch Fehlbelastungen des Organismus, Risikofaktoren, schädliche Umwelteinflüsse, frühere Erkrankungen oder seelische Belastungen erst im höheren Lebensalter.

Das Herz - Kreislaufsystem

Der Prozess des Älterwerdens geht mit Veränderungen am Herzen einher und führt zur Minderung der kardio-vaskulären Leistungs- und Anpassungsfähigkeit (vgl. Michel, 1983; Michel, 1984; Zwirner, 1986; BMFuS, 1993). Indikatoren für diese Veränderung sind:

- Verlängerung der Kontraktionszeit, insbesondere der Austreibungszeit
- Reduktion der Frequenzsteigerung
- Reduktion des Herzschlag- und Minutenvolumens beider Ventrikel
- Stabilisierung der Herzfrequenzvariabilität
- Zunahme der arterio-venösen Sauerstoffdifferenz

Umstritten ist auch hier, inwieweit die möglichen Veränderungen auf das Alter oder auf pathologische Prozesse zurückzuführen sind (vgl. Bramann, 1992; WHO, 1993).

Veränderungen des Kreislaufs im Alter sind bedingt durch die geringere Elastizität der arteriellen Gefäße und führen zu hämodynamischen Veränderungen (vgl. Zwirner, 1986). Diese zeigen sich durch eine Erhöhung des Blutdrucks und einer höheren Pulswellengeschwindigkeit. Eine physiologische oder pathologische Einordnung dieser Veränderungen ist nicht möglich (vgl. Grossmann, 1991).

Dem Herz - Kreislaufsystem kommt eine zentrale Bedeutung für die körperliche Leistungsfähigkeit des älteren Arbeitnehmers zu, jedoch ist festzuhalten, dass eine körperliche Leistungsminderung nicht zwingend mit coronaren Altersveränderungen zusammenhängt (vgl. Lakatta, 1985).

Lunge

Alternsbezogene Veränderungen der Lunge sind durch unterschiedliche morphologische Veränderungen gekennzeichnet. Als Ursachen sind Kalkeinlagerungen, geringere Thoraxbeweglichkeit, Atrophien der Bronchialmuskulator, etc. zu nennen (vgl. Nöcker / Hartleb, 1963; Schütz, 1987; BMFuS, 1993; WHO, 1993). Die Folge ist eine deutliche Reduktion der O_2 Aufnahme unter starker körperlicher Belastung (vgl. Hofecker, 1991). Studien, zur Messung der Sauerstoffaufnahme im Alter kamen zu dem Schluss, dass die Grenzen für die höchstmögliche Sauerstoffaufnahme mit dem Alter abnehmen mit entsprechenden Konsequenzen für die physische Arbeit (vgl. Ilmarinen / Tempel, 2002). Je nach Trainingszustand können die Messwerte jedoch erheblich variieren und durch körperliches Training enorm gesteigert werden (vgl. Ilmarinen et al., 1991; Poulin et al., 1992; WHO, 1993).

Die zusätzliche Berücksichtigung der Variablen, Bildung, Beruf, Geschlecht, sozialer Status und Übergewicht in der Berechnung korrelativer Zusammenhänge ergab, dass das Alter nur einer unter vielen Einflussfaktoren hinsichtlich der pulmonalen Leistungsfähigkeit zu sein scheint (vgl. Akerstedt, 1981; Meyers et al., 1991).

Der Bewegungsapparat

Die Skelettmuskulatur ist relativ früh von Veränderungen betroffen. So zeigen sich Abnahmen der Muskelmasse, aktiver Motoreinheiten, des Myoglobin- und Glykogengehalts, wie auch des Kalium-, Kalzium und Stickstoffgehalts. Parallel ist eine Zunahme der Trockensubstanz und der Fetteinlagerungen zu beobachten (vgl. Nöcker / Hartleb, 1963; Scholz, 1964; Brooks / Faulkner, 1988). Die Schnelligkeit der Muskelkraft, deren Maximalleistung um das 30. Lebensjahr besteht wird vom Alterungsprozess am stärksten beeinflusst (vgl. Nöcker / Hartleb, 1963; Poljakov, 1991). Auch in einer finnischen Studie der 52 – 62 Jährigen zeigte sich eine Abnahme des Mineralgehalts im Skelettbereich. Besonders die Frauen hatten signifikant an Gewicht zugenommen, während sowohl bei den Männern wie bei den Frauen die Kraft der Beuge-, und Streckmuskulatur des gesamten Körpers nachgelassen hatte (vgl. Ilmarinen / Tempel, 2002). Dennoch bleibt festzuhalten, dass es sich bei der Ausdauer-, Kraft- und Koordinationsfähigkeit weniger um altersbedingte Reduktionen handelt. Der Abbau variiert interindividuell sehr stark und ist vom Trainingszustand abhängig (vgl. Moritani / De Vries, 1980; BMFuS, 1993). Die Ursachen für altersatrophische Veränderungen des Skeletts, insbesondere die Frage, inwieweit sie intrinsisch, durch Aktivität der Osteoblasten oder durch verminderte körperliche Aktivität bedingt sind, ist bislang nicht eindeutig geklärt (vgl. Ringe / Steinhagen-Thiessen, 1984; Block et al., 1989).

Auch im Bereich der Wirbelsäule zeigen sich Veränderungen in der Form und Beweglichkeit (vgl. Milne / Lauder, 1974; Miller et al., 1988; Twomey / Taylor, 1988). Hierdurch werden sowohl die statische als auch die dynamische Belastbarkeit beeinflusst.

Durch degenerative Veränderungen der Wirbelsäule zeigen sich bei der körperlichen Arbeit deutliche Leistungseinbussen im Hinblick auf die absolute Körperkraft, Schnelligkeit und Koordination.

Das Nervensystem

In der Literatur lassen sich unterschiedliche Aussagen über Veränderungen des zentralen Nervensystems im Alter finden (vgl. Jacoby et al., 1980; Haug, 1984; Hubbard / Anderson, 1984; Yerby et al., 1985). Die Anzahl der Synapsen nimmt mit dem Alter im Allgemeinen ab, während das Gewicht des Gehirns und die zerebrale Zirkulation kaum abnehmen. In bestimmten Arealen, wie z.B. dem unteren Frontallappen, der den psychosozialen Funktionen zugeordnet wird, findet vermutlich sogar eine kompensatorische Vergrößerung bis ins höhere Alter statt (vgl. Haug, 1985).

Nur im peripheren Nervensystem konnte eine altersabhängige Verlangsamung der Nervenleitgeschwindigkeit, insbesondere im Alter über 50 Jahren nachgewiesen werden (vgl. Davis-King et al., 1992).

Untersuchungen der Psychomotorik im höheren Alter zeigten zwar eine Verlangsamung der Reaktionszeit auf, jedoch ebenso eine geringere Fehlerhäufigkeit (vgl. Lehr, 1991)

Sinnesorgane

Im optischen Bereich sind alterabhängige Veränderungen vielfach untersucht worden. So fallen unter den Begriff der Alterssichtigkeit die Akkomodationsschwäche durch Elastizitätsverlust der Linse, die Beeinträchtigung der Hell – Dunkel Adaptation und die gelbliche Verfärbung der Hornhaut mit verminderter Transparenz. Die Konsequenzen sind u.a. eine erhöhte Blendungsgefahr, verminderte Sehfähigkeit in der Nähe und die Notwendigkeit einer höheren Leuchtdichte.

Die Beeinträchtigung des akustischen Sinneskanals im Alter wird durch häufig vorzufindende Degenerationen der Haarzellen im Corti – Organ mit sekundärer Nervenfasern- und Stützzellenatrophie verursacht. Die Folgen sind nachlassende diskriminatorische und assoziative Fähigkeiten und ein nachlassendes Hörvermögen vor allem im höheren Frequenzbereich (vgl. Matzker, 1957; Jorgensen, 1961; Schmidt, 1967; Krmpotic-Nemanic, 1972).

Die Sensibilität hinsichtlich Kälte, Wärme, Berührungen und der Wahrnehmungschwelle des Geruchssinns ist im Alter häufig vermindert, während bei der Schmerzschwelle keine alternsbezogenen Unterschiede festzustellen sind (vgl. Kasamatsu et al., 1981; Ohnishi et al., 1992; Stevens, 1992).

Wie bereits hinsichtlich der bereits aufgeführten körperlichen Veränderungen, zeigt sich auch bei den Sinneswahrnehmungen ein Nachlassen im Alter, jedoch auch eine enorme Variationsbreite (vgl. Ilmarinen / Tempel, 2002).

Die folgende Tabelle gibt in Anlehnung an die BASE Studie einen Überblick über Prävalenzen der häufigsten, in der Arbeitswelt anzutreffenden Krankheiten.

Tab. 4   Prävalenz verschiedener Erkrankungen (vgl. BMFSFJ, 2002, S. 148)

Erkrankung	Prävalenz
Fettstoffwechselstörung	76,3%
Varikosis	72,1%
Zerebralarteriosklerose	65,0%
Herzinsuffizienz	56,0%
Osteoarthrose	54,8%
Dorsopathien	46,0%
Hypertonie	45,6%
Harninkontinenz	37,2%
Erregungsleitungsstörung	35,7%
Arterielle Verschlusskrankheit	35,6%

Die Häufigkeiten der in Tabelle 4 aufgezeigten Krankheiten zeigt die hohe Relevanz der biologisch-physiologischen Dimension auf. Wenn auch häufig in der Literatur die These anzutreffen ist, dass die Fähigkeiten eines Menschen mit dem Alter nachlassen (vgl. Ilmarinen / Tempel, 2002), so ist das Alter, wie in allen phsiologisch, biologischen Prozessen beschrieben, nur eine von vielen Einflussvariablen. Als krankheitsbedingenede Faktoren müssen auch z.B. Umwelteinflüsse oder genetische Veranlagung in die Gesambetrachtung mit aufgenommen, und somit alle Generationen gleichermaßen untersucht werden.

Insgesamt, so der dritte (vgl. BMFSFJ, 2001a) und vierte Altenbericht (vgl. BMFSFJ, 2002) des Bundesministeriums für Senioren, Familie und Jugend hat sich die objektive Gesundheit im Alter deutlich verbessert. Es zeigten sich eine auffällige Verbesserung in den einzelnen kalendarischen Altersstufen sowie ein Rückgang der in Krankheit verbrachten Lebensjahre.

Auch wenn wie dargestellt die Wahrscheinlichkeit für eine höhere Krankheitszahl steigt, kann das Alter nicht mit Krankheit und Funktionsverlust gleichgesetzt werden.

Ein tieferes Verständnis für die besonders im Alter auftretenden interindividuellen Unterschiede, kann durch die zusätzliche Betrachtung des Einflusses der subjektiven Beurteilung auf die Gesundheit entstehen, der Gegenstand des folgenden Abschnitts sein wird.

3.3.2.2 Subjektive Gesundheit

Für eine realistische Gesamtbeurteilung der individuellen Gesundheit muss diese sowohl subjektiv (durch Selbsteinschätzung) als auch objektiv (durch Fremdeinschätzung) bewertet werden.

Nach Gunzelman ist die subjektive Einschätzung von individuellen Wertmaßstäben, Motiven, und Gesundheitskonzepten abhängig (vgl. Gunzelman et al., 2000).

Für die individuelle Bewertung werden vier Gesundheitskonzepte herangezogen:

- Gesundheit als Abwesenheit von Krankheit
- Gesundheit als Reservoir an Stärke und Energie
- Gesundheit als funktionale Leistungsfähigkeit
- Gesundheit als Gleichgewicht zwischen körperlichem und psychischem Wohlbefinden (vgl. BMFSFJ, 2001b)

Maßgeblich für die resultierende subjektive Bewertung aufgrund dieser Konzepte sind biografische Erfahrungen und persönliche Interpretationen. Daraus folgt, dass zum einen die Bedeutung von Gesundheit interindividuell verschieden ist und zum anderen, dass das subjektive Urteil über den eigenen Gesundheitszustand (vgl. Borchelt, 1996), auch bei gleichen zugrunde liegenden objektiven Daten, stark differieren kann. Studien, die sich mit der Bedeutung der subjektiven Gesundheitseinschätzung beschäftigten, kamen zu folgenden Ergebnissen: Zum einen zeigte sich, dass die subjektive Gesundheitseinschätzung ein Prädiktor für Mortalität ist, während die Prognosefähigkeit für chronische Erkrankungen eher geringer ist (vgl. Heikkinen, 1995). Die Untersuchung korrelativer Zusammenhänge zeigte, dass der Zusammenhang der subjektiv eingeschätzten Gesundheit mit der Lebensdauer höher ist als mit dem durch den Arzt diagnostizierten objektiven Gesundheitszustand (vgl. Lehr, 1997a). Auch für die spätere Hilfe und Pflegebedürftigkeit ist die subjektive Einschätzung der Gesundheit ein besserer Prädiktor als die objektive Gesundheit (vgl. Künemund, 2000). Der Einfluss individueller Werte und Maßstäbe auf die subjektive Beurteilung konnte in der Bonner Gerontologischen Längsschnittstudie (BOLSA) nachgewiesen werden. So zeigte sich, dass Einschränkungen der Lebenszufriedenheit, der Funktionsfähigkeit, der Freizeitinteressen und –aktivitäten durch einen schlechten subjektiv beurteilten Gesundheitszustand vorhergesagt werden können (vgl. Lehr, 1997b).

Gerade dann, wenn es sich um eine chronische Erkrankung handelt, äußert sich dieses in einer geringeren Zufriedenheit mit der eigenen Gesundheit. Frauen zeigten sich in Studien trotz höherer Lebenserwartung unzufriedener als Männer (vgl. Müller / Heinzel-Gutenbrunner, 2001). Dies mag nach Höpflinger (1997) darin begründet sein, dass Frauen in der heutigen Gesellschaft eher leiden dürfen als Männer. Durch das männliche Rollenbild wird das Verdrängen und Verleugnen von gesundheitlichen Problemen unterstützt.

Ein derart homogenes Antwortverhalten ließ sich in einer Betrachtung von Altersgruppen nicht bestätigen. In einem intergenerativen Vergleich zeichnet sich insgesamt bei älteren Menschen eine höhere interindividuelle Heterogenität im Hinblick auf die subjektive Gesundheit ab. Es konnte kein linearer Verlauf zwischen der objektiven und der subjektiven Gesundheit festgestellt werden. Mit höheren Lebensjahren zeigt sich eine zunehmende Diskrepanz, die durch eine Abnahme der Korrelation von subjektiven und objektiven Daten mit steigendem Alter statistisch nachgewiesen werden konnte (vgl. Künemund, 2000). Eine Ursache für die Zunahme der interindividuellen Differenzen können unterschiedliche Bewertungsmaßstäbe im Alter sein: „Elderly people experience their physical states differently and have different subjective evaluations of their health" (Gunzelmann et al., 2000b). Beispielsweise konnte in einer Berliner Altersstudie gezeigt werden, dass trotz altersbedingter Belastungen nicht zwangsläufig auch eine drastische Minderung der subjektiven Bewertungen zu beobachten ist und dass sogar körperliche Beschwerden im Alter eher akzeptiert werden. Dieses Phänomen wird auch das „Wohlbefindens – Paradoxon" genannt (vgl. Staudinger, 2003).

Zwei Theorien wurden zur Erklärung dieses Phänomens entwickelt: Die erste Theorie postuliert, dass Ältere sich als Referenzgruppe Gleichaltrige wählen. Häufig stellen sie fest, dass Gleichaltrige die objektiv schlechteren Daten haben als sie selbst und stärken so ihr Selbstkonzept (vgl. Schwarzer / Knoll, 2001).

Kernannahme der zweiten Theorie (vgl. Staudinger / Greve, 2001) ist, dass mit dem Alter eine Zunahme der psychologischen Widerstandsfähigkeit im Umgang mit Belastungen einhergeht. Ein besseres Verlustmanagement (Resilienz) sorgt für weniger negative Konsequenzen. Diese Veränderung erscheint gerade bei steigenden objektiven Gesundheitsbelastungen als besonders wichtig. Die erhöhte Plastizität der Persönlichkeitsvariablen und das Veränderungspotenzial dieser Variablen sind für diese Entwicklung besonders wichtig (vgl. Staudinger / Greve, 2001).

Beide Theorien stehen jedoch im Widerspruch zu den gerontologischen Theorien in Bezug auf die Stressphysiologie, die besagen, dass in späteren Lebensjahren der Organismus weniger gut mit Stress fertig wird und dass Stress, insbesondere wenn er lange andauert und extrem ist, das Altern beschleunigen kann (vgl. Sapolsky, 1996). Insbesondere bei chronischen Krankheitsprozessen wird ein ähnlicher alternsbezogner Zusammenhang vermutet. Diese Prozesse verlaufen zeitabhängig und manifestieren sich oft erst dann, wenn die vielfältigen bio-psycho-sozialen Regulations-, und Kompensationsmechanismen ausgeschöpft oder zusammengebrochen sind. Im Bereich der betrieblichen Gesundheitsförderung bestimmen diese Prozesse das Krankheitsgeschehen wesentlich stärker als akute Belastungen und Erkrankungen (vgl. Ilmarinen / Tempel, 2002). Daher ist es zur genaueren Bestimmung des Einflusses der Variable Alter auf den Gesundheitszustand notwendig, die deutliche Verbesserung des betrieblichen Arbeitsschutzes in den letzten Jahrzehnten in die Gesamtbetrachtung mit einzuschließen. Die heute älteren Mitarbeiter leiden zum Teil unter denjenigen Folgen, die aus Arbeitsplatzbedingungen zu Beginn ihrer beruflichen Karriere, vor den Verbesserungsmaßnahmen resultieren. Somit sind sie im Vergleich zu ihrer jüngeren Bezugsgruppe deutlich im Nachteil. (vgl. Ilmarinen / Tempel, 2002)

Trotz des großen Erfolgs der zur betrieblichen Gesundheitsförderung eingesetzten Einzelmaßnahmen ist zu beachten, dass sie hinsichtlich ihres Wirkungsgrades beträchtlich differieren, wie in Tabelle 5 dargestellt (vgl. Priemuth, 2004):

Tab. 5   Wirkungsgrad verschiedener eingesetzter Maßnahmen (vgl.Priemuth,2004,S.7)

Maßnahmen betrieblicher Gesundheitsförderung mit	
eher geringem Wirkungsgrad	eher hohem Wirkungsgrad
- Arbeitsplatzgestaltung - Schulung des Führungsverhaltens - Mitarbeitergespräche - Teamentwicklung - Zielvereinbarungen - Gesundheitsförderungsprogramme - Gruppenarbeit - Karriereplanung - Pausensysteme - Selbstmanagement	- Anerkennung von Fehlzeiten als innerbetriebliches Problem (offener Umgang) - Rückkehrgespräche - ganzheitliche und langfristige Konzepte / Veränderungsmaßnahmen - Mitarbeiterbeteiligung und Mitbestimmung - Gesundheitszirkel - aufgaben- und zielorientierter Führungsstil - Stressbewältigung

Entscheidend für die Größe des Wirkungsgrades gesundheitsförderlicher Maßnahmen ist die Fachkompetenz und Sensibilität bei der Umsetzung. Die betriebliche Gesundheitsförderung sollte daher ein dauerhafter und integrierter Bestandteil der Organisations- und Personalentwicklung sein (vgl. Walter et al., 2004).

3.3.2.3 Gesundheitsförderung

Fasst man die Kernaussagen der Teilbereiche psychologische, objektive und subjektive Gesundheit zusammen, so lässt sich folgern, dass zukünftige Forschungsaktivitäten für den Erhalt und die Förderung der Gesundheit dem Anspruch auf Individualisierung hinsichtlich der Arbeitsbedingungen und bzgl. des neuen Belastungs- Beanspruchungs- Konzeptes in der Methodenauswahl, in den Analyseverfahren wie auch in der Neukonzeption eines betrieblichen Gesundheitsmanagements Rechnung tragen müssen.

Dem Individuum wird mit diesem Gesundheitsverständis eine aktive Rolle bei der Gestaltung seiner Arbeitsbedingungen übertragen. Das primäre Ziel eines betrieblichen Gesundheitsmanagements ist die Schaffung von Grundlagen zur Stärkung der externen und internen Gesundheitsressourcen. Die aus diesem Verständnis resultierenden Gestaltungsdimensionen und Handlungsfelder sind in Abbildung 6 zusammenfassend dargestellt. Mit zunehmender Individualisierung wird ein entsprechender Handlungsbedarf im Bereich der betrieblichen Gesundheitspolitik und des Gesundheitsmanagements erzeugt. Zum einen sind neue Konzepte erforderlich, die den gewandelten Arbeitsbedingungen Rechnung tragen. Durch die Eigenverantwortung der Beschäftigten für die Gestaltung ihrer Arbeitsbedingungen wird in der letzten Konsequenz auch die Eigenverantwortung für die Schaffung der Gesundheitsgerechtheit dieser, wenn auch nur implizit, erzeugt. Die Subjektivierung der Arbeitsgestaltung bedeutet auch subjektive Gewichtung und Abwägen von potentiellen Gesundheitsrisiken und -ressourcen. Damit müssen Konzepte des traditionellen betrieblichen Gesundheitsmanagements in Frage gestellt werden. Ein grundlegendes Umdenken und ihre Neukonzipierung scheinen notwendig, indem das Verständnis von Beschäftigten als Adressaten hin zu gleichzeitig als Subjekten des Gesundheitsmanagements erweitert, lebensweltliche Strukturen und Zusammenhänge der Adressaten viel stärker berücksichtigt sowie Prinzipien einer lernenden Organisation verfolgt werden.

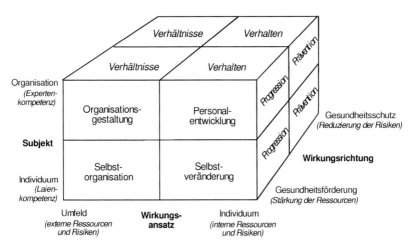

Abb. 6   Dimensionen und Handlungsfelder eines ganzheitlichen Gesundheitsmanagements für individualisierte Arbeitsbedingungen (Hornberger, 2003)

3.4 Wechselwirkungsprozesse

Der Zustand des Menschen wird durch physische, psychische und soziale Komponenten gleichermaßen beeinflusst. Physische Überlastung kann bei einem Menschen zu schweren psychischen und sozialen Störungen führen, und ebenso können auch psychische Probleme eine physische oder soziale Beeinträchtigung bedingen (vgl. Ilmarinen / Tempel, 2002). Der Grund dieses Zusammenhangs liegt in den wechselseitigen Wirkungsbeziehungen zwischen den in diesem Kapitel beschriebenen Determinanten. Im Folgenden werden beispielhaft Studien vorgestellt, die diesen Zusammenhang belegen.

Emotion und Kognition

Staudt beispeilsweise konnte belegen, dass die Innovationskompetenz von Fach- und Führungskräften „zugleich als initiierender und limitierender Faktor der Unternehmensentwicklung" zu sehen ist (vgl. Staudt, 2002). Durch den initiierenden Faktor können die individuelle Lernerfahrung gefördert und die Motivation für die Arbeit unterstützt werden (vgl. Bergmann, 2001; Stephan, 2002).

Ein Negativbeispiel zeigt sich bei Studien zu Leiharbeitern. Bei ihnen erhöht sich das Risiko für die Reduzierung oder den Verlust beruflicher Fähigkeiten und Fertigkeiten. Hinsichtlich der Qualifikation lag nur eine 80%-ige Passung zwischen dem Arbeitnehmer und dem Arbeitsplatz vor (vgl. Galais / Moser, 2001). Bei längeren Einsätzen in Arbeitstätigkeiten unterhalb des Qualifikationsniveaus verschlechterte sich das subjektive Erleben beruflicher Kompetenz (vgl. Pietrzyk, 2002). Mögliche Folgen können eine Verschlechterung des Erlebens seelischer Gesundheit, Kompetenzverlust oder resignative Arbeitszufriedenheit sein.

Der Zusammenhang zwischen dem subjektiven Erleben und der Gesundheit zeigte sich auch in Längsschnittstudien bei Langzeitarbeitslosen, arbeitsfähigen Sozialhilfeempfängern und arbeitsfähigen Vorruhestandsrentnern. Die Ergebnisse zeigten, dass angebotene Tätigkeiten, wie sie aus der Gestaltung von gesundheitsförderlicher Erwerbsarbeit bekannt sind, (z.b. ehrenamtliche Aktivitäten) zu einer Verbesserung der seelischen Gesundheit führten (vgl. Nitsche / Richter, 2003; Rothländer / Richter, 2003). Die Beschäftigung führte zu einer Reduktion der Angst und der Depression wie auch zu einer Erhöhung des Kohärenzerlebens (vgl. Richter, 2003).

Emotion und Gesundheit

Der Zusammenhang zwischen Emotionen und Gesundheit wird im allgemeinen nicht bestritten (vgl. Ilmarinen / Tempel, 2002).

Die in der betrieblichen Praxis anzutreffende Kombination von einer nachlassenden Arbeitsfähigkeit und Veränderungen im Betrieb z.B. durch Umstrukturierungen führt nicht selten zu einem Arbeitsplatzverlust oder zum Verlassen des Unternehmens. Die häufig anzutreffende chronische Angst um den Arbeitsplatz, erhöht deutlich das Infarktrisiko wie 1991 bereits in einer von Siegrist durchgeführten Studie zum Herzinfarktrisiko belegt werden konnte (vgl. Siegrist, 1991; Ilmarinen / Tempel, 2002). Auch können chronische Ängste anderer Art bei gleicher physiologischer Grundlage zu einem erhöhten Risiko führen (vgl. Harych, 1995; Ilmarinen / Tempel, 2002).

Folgende Ängste sind häufig in der heutigen Arbeitswelt anzutreffen:

- unregelmäßige bzw. geringere Lohn- und Gehaltszahlungen
- Statusverlust (z.B. durch Arbeitslosigkeit)
- Wegfall von Sonderleistungen
- erhöhte Anforderungen an die Mobilität
- erhöhter Leistungsdruck durch Vorgaben der Normzeiten
- Veränderungen der Anforderungen an die berufliche Qualifikation.

Auch in einer Studie von Oppolzer (2000) konnte die Existenz des Zusammenhangs zwischen Zufriedenheit und Krankheitsrate aufgezeigt werden (vgl. Abb. 7). Die Zufriedenheit wurde hierzu mit den Kriterien Gleichbehandlung, Zufriedenheit mit der Arbeitszeitregelung, Entscheidungsbeteiligung erhoben. Die statistischen Befunde sind so eindeutig, dass Handlungsempfehlungen für eine nachhaltige Verbesserung abgeleitet werden können.

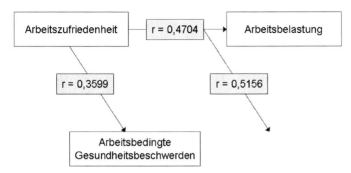

Abb. 7   Wechselwirkungen zwischen fehlzeiten-relevanten Merkmalen (Stärke des
         Zusammenhangs: Pearson-Korrelationskoeffizient R)(Oppolzer, 2000, S. 359)

Gerade für ältere Mitarbeiter besteht häufig ein psychischer Druck, der zu Ver-
schlimmerungen bestehender chronischer Erkrankungen führen kann, da ihnen
keine großen Arbeitsleistungspotenziale zugeschrieben werden. Dieser Zustand
wiederum führt zu einem kontinuierlichen Leistungsabfall, zu einem kritischen
Selbstbild bis zu dem Gefühl, ein Versager zu sein. Diese Wirkungskette mündet dann oft zu einem mehr oder weniger freiwilligen Verlassen der Firma mit
Abfindung (vgl. Ilmarinen / Tempel, 2002).

Wechselwirkungsprozesse zwischen den postulierten Ebenen können am Beispiel der Angstreaktionen nach Berger (2004) veranschaulicht werden (vgl. Abb.
8).

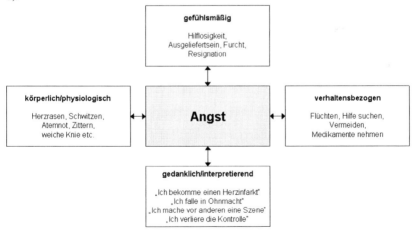

Abb. 8   Angstreaktion von Betroffenen (vgl. Berger, 2004)

Probleme auf der kognitiven, emotionalen und gesundheitlichen Ebene eines
Menschen können unterschiedliche Ursachen haben und das Selbstbild dauerhaft

59

negativ beeinflussen. Zur Wiedererlangung der Selbständigkeit, Selbstverantwortung und Zufriedenheit der Menschen sind zum einen die frühzeitige Erfassung psychischer Störungen, zum anderen eine Differentialdiagnose dieser Störungen und letztlich die rechtzeitige Einleitung notwendiger Maßnahmen notwendig. Häufig trifft man auf das Vorurteil, dass im Alter eine Verbesserung in der Plastizität des Erlebens und Verhaltens nicht gegeben sei. Eine Korrektur dieser Vorurteile und Verbesserungen präventiver Maßnahmen können einen wesentlichen Beitrag zur Verbesserung der Gesundheit im Alter leisten (vgl. Radebold, 1998; Helmchen / Kanowski, 2000; Heuft et al., 2000).

4 Wahrnehmungsfilter der Arbeitsfähigkeit

Während bisher die Determinanten der Arbeitsfähigkeit und ihrer Wechselwirkungen näher erläutert wurden, soll in diesem Kapitel die Bedeutung von internen und externen Wahrnehmungsprozessen dargestellt werden. Die zentrale Frage des folgenden Kapitels lautet daher: In wie weit werden die beschriebenen Determinanten positiv oder negativ von Reflexionsprozessen beeinflusst? Zur Beantwortung dieser Fragestellung werden die Fremdwahrnehmung der Selbstwahrnehmung gegenübergestellt und die jeweiligen möglichen Konsequenzen für die physiologische, emotionale und kognitive Entwicklung erläutert.

4.1 Selbstwahrnehmung und Selbstkonzept

Frühere Annahmen des Rationalismus besagen, dass es ein fundamentales, absolut wahres Wissen gibt, auf das alles andere Wissen aufbaut. „Folgt man diesen Gedanken, so existiert ein a priori Wissen, das durch keine sensorische Erfahrung bestätigt werden muss." (Büschken / Blümm, 2000, S. 3) So entsteht in der Mathematik das apriorische Wissen allein durch logisches Denken und nicht durch sinnliche Wahrnehmung. Es existieren absolute Axiome, aus denen sich alles Wahre bzw. Richtige „deduktiv–nomologisch" ableiten lässt.

Im Gegensatz dazu gehen experimentelle Naturwissenschaften davon aus, dass Wahrnehmung subjektiv geprägt und somit verzerrt und daher ihre ständige kritische Überprüfung von größter Wichtigkeit ist. Dieses wissenschaftliche Vorgehen wird auch als „induktiv" bezeichnet. Beim „Induktionsschluss" wird aufgrund von beobachteten Wahrnehmungsinhalten auf eine allgemeine Theorie geschlossen (vgl. Bortz / Döring, 2002).

Nach Bordieu ist die Wahrnehmung eine wichtige Aktion des Individuums in der Findung, Überprüfung und ggf. Modifizierung der eigenen sozialen Rolle. Seiner Auffassung nach ist der Habitus der „Erzeugungsmodus der Praxisformen", d.h. der Mensch als sozialer Akteur ist mit systematisch strukturierten Anlagen ausgestattet, die für die Praxis konstitutiv sind. Somit ist der Mensch ein gesellschaftlich prägender und geprägter Akteur. Der Habitus gewährleistet aktive und unbewusste Präsenz früherer Erfahrungen und setzt sich aus Wahrnehmungs- Denk- und Handlungsmustern zusammen, die die sensuelle Wahrnehmung und daraus resultierende Klassifikationen, Normen, äthische Maßstäbe und Alltagstheorien des Akteurs bestimmen. Wenn objektive Strukturen mit dem angelernten Habitus in Konflikt geraten, können Produktionsprinzipien wie z.B. rationales Kalkül zur Überprüfung oder Modifikation des Habitus herangezogen werden (vgl. Papilloud, 2003)

Nach Harter (1990) bewerten sich Menschen hinsichtlich ihrer kognitiven Fähigkeiten, der körperlichen Fähigkeiten, der Akzeptanz von Menschen, die ihnen wichtig sind und hinsichtlich der sozialen Akzeptanz (Benehmen, Moral, Humor, Verantwortung). Dieser Prüfvorgang vollzieht sich immer auf Basis von Idealvorstellungen, die die Menschen bezüglich dieser Vergleichsebenen gespeichert haben. Je größer die Diskrepanz zwischen dem Erreichten und dem Ideal ist, umso geringer ist das daraus resultierende Selbstwertgefühl der Person. Der Prüfprozess wird von zwei Quellen gespeist: Eine Quelle ist der Vergleich der eigenen Leistung von zwei verschiedenen Zeitpunkten (temporal comparison) und die andere Quelle resultiert aus der Norm, die von anderen gesetzt wird, und dem Vergleich mit anderen (social comparison). Die Qualität des Selbstwertgefühls ist fundamental wichtig für die persönliche Entwicklung, die Stabilität und für die Bewältigung von Herausforderungen.

Bereits im Schulalltag stellt ein starkes Selbstkonzept eine protektive Ressource dar, da Anforderungen als Herausforderung eingeschätzt und mit Erfolgszuversicht bearbeitet werden sowie die Problembewältigung als eine Bestätigung bzw. Stärkung der positiven Selbsteinschätzung erlebt wird. Demgegenüber sind selbstkonzeptschwache Schüler besonders vulnerabel, da sie nur geringe Kompetenzerwartungen haben, zu Versagensängsten neigen und sich für Mißerfolg stärker verantwortlich fühlen als für Erfolg. Diese Erlebensunterschiede führen zu leistungsrelevanten Differenzierungen in der Informationsverarbeitung und dem Verhalten (vgl. Jerusalem, 1991; Meyer, 1994). Ein geringes Selbstkonzept kann angesichts neuer Aufgaben zu einer Unterschätzung eigener Leistungsfähigkeiten und auch der eigenen Leistungsergebnisse führen, während ein hohes Selbstkonzept eher mit einer leichten Überschätzung einhergeht.

Die positive Unterstützung des Selbstwertkonzeptes durch ein unmittelbares Erleben von Arbeitssituationen zeigt sich auch in der Expertiseforschung. In dieser besteht die so genannte 10-Jahres-Regel, das heißt, dass eine Person etwa 10 Jahre an gezielter, intensiver Übung braucht, damit sich Expertise entwickelt (vgl. Gruber, 1996). Ausreichend Zeit zum Üben und zur Auseinandersetzung mit der entsprechenden Domäne ist demnach wichtig für eine Entwicklung zum Experten. Nach dem unmittelbaren Erleben einer komplexen Erfahrungssituation ist Zeit zur Reflexion nötig, in der das Geschehene überdacht und Erklärungen für den Ausgang von Situationen gesucht werden können. In verschiedenen Untersuchungen (vgl. Tisdale, 1993) konnte zudem gezeigt werden, dass durch ein Training mit Selbstreflexionstechniken eine Verbesserung der eigenständigen Verhaltensorganisation, eine Erhöhung der Handlungsflexibilität und ein verbesserter Transfer von Problemlösefähigkeiten erzielt werden kann. Durch die parallel stattfindenden Reflexionsvorgänge kann ein differenzierteres und realistischeres Selbstwertkonzept erarbeitet werden.

4.2 Beurteilungen im Arbeitsprozess

Die Beurteilungen eines Arbeitsprozesses haben ebenso affektive wie evaluative Komponenten, die zu Veränderungen der Persönlichkeitscharakteristika führen können (vgl. Brousseau, 1984). Sie können einerseits durch Misserfolgserlebnisse in Abhängigkeit von der jeweiligen Attribution zu Affekten wie Schuld und Resignation führen und so das Selbstwertgefühl wie auch das zukünftige Leistungsverhalten beeinflussen; andererseits können erfolgreiche Handlungen zu einer Stärkung des Selbstvertrauens beitragen.

Die Relevanz verschiedener Bewertungsmuster für die Beschäftigungsfähigkeit zeigen die folgenden Studien.

Unter dem Titel „Success and failure in the labour market" wurde von Schaufeli und Van Yperen 1993 eine Studie mit 212 niederländischen Arbeitslosen wie auch eine Längsschnittstudie bei 312 finnischen Erwerbslosen (vgl. Vesalainen / Vuori, 1999) zur Identifikation erfolgsrelevanter Kriterien für den Wiedereinstieg durchgeführt. Die Ergebnisse zeigten, dass geringes Alter, Leben in einer festen Beziehung, positive Selbstbewertung, problemorientierte Bewältigungsstrategien und berufliche Erfolgserwartung die Chancen einer Wiederbeschäftigung deutlich erhöhen.

Auch eine finnische Studie zur genauen Feststellung der Zusammenhänge zwischen Lernförderung in der früheren Arbeitssituation, individuellem beruflichen Kompetenzerleben und Wiederbeschäftigungschancen ergab, dass eine kürzere Erwerbslosigkeit (unter einem Jahr), ein längeres betriebliches Praktikum, höhere internale Kontrollüberzeugung, höhere selbstbewertete Fach- und Methodenkompetenz, höhere generalisierte Kompetenzerwartung und ein problemorientierter Bewältigungsstil erfolgsrelevante Kriterien für einen Wiedereinstieg ins Berufsleben sind (vgl. Fritsch, 2000, 2003). Der positive Einfluss psychologischer Personenmerkmale (hohe Selbstkompetenz, hohe Selbstwirksamkeit, internale Kontrollüberzeugung und problemorientierte Bewältigungsstrategien) wurde auch von den Ergebnissen weiterer Studien unterstützt (vgl. Eden / Aviram, 1993; Schaufeli / Van Yperen, 1993; Vesalainen / Vuori, 1999; Vinokur et al., 2000; Fritsch, 2003).

Auch Bedingungen im früheren Erwerbsleben wie z.b. Vollständigkeit der Arbeit, größere Anforderungsvielfalt der Arbeitsaufgaben und postitive Beurteilungen von Vorgesetzten und Kollegen erwiesen sich als wichtige Prädiktoren für die Chancen einer Wiederbeschäftigung.

Einen wichtigen Bezugsrahmen von Beurteilungsprozessen in der Arbeitswelt bildet das jeweils vorherrschende Menschenbild. Als Beispiel sei an dieser Stelle der Taylorismus genannt. Es handelt sich hierbei um eine über hundert Jahre alte Methode, zur wissenschaftlichen Untersuchung von Arbeitsprozessen, mit dem Ziel, physikalisch für den Einzelnen eine Erleichterung zu schaffen bei gleichzeitiger Intensivierung der Arbeit. Die Kernannahme dieses Prinzips war, mit optimalen Werkzeugen und genauer Analyse der „besten Arbeitsabläufe" das Maximum an Leistung jedem Mitarbeiter abverlangen zu können (vgl. Ilmarinen / Tempel, 2002). Man ging damals davon aus, dass ein Mitarbeiter nicht intrinsisch motiviert ist, einer externen Kontrolle bedarf, sowie externer Anreize und eines externen Drucks, um Leistung zu erbringen. Die Konsequenzen, die aus einem derartig stereotypen Bild eines Arbeitnehmers hervorgehen, werden in den folgenden Abbildungen anhand der Theorie X und Theorie Y (vgl. McGregor, 1960) veranschaulicht.

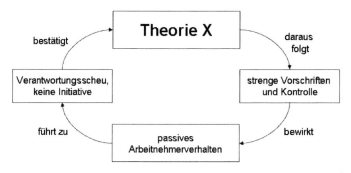

Abb. 9   Der Teufelskreis der „Theorie X" (Ilmarinen / Tempel, 2002, S.163)

Dieses Orientierungsmuster zählt auch heute noch zu einer der prominentesten Rekonstruktionen von Teufelskreisen im organisationalen Kontext. Die Aktualität und Relevanz für die Arbeitsfähigkeit wird im nächsten Abschnitt durch die Übertragung dieser Theorie auf ältere Mitarbeiter deutlich.

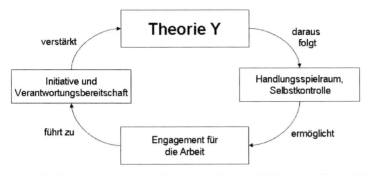

Abb. 10   Die Verstärkende Wirkung der „Theorie Y" (Ilmarinen / Temel, 2002, S.165)

4.3 Altersabhängige Bewertungsprozesse

Die negativen stereotypen (vgl. Kapitel 6.1.1) Annahmen, „...die gesellschaftlich in Bezug auf ältere und alte Menschen bestehen und ihnen Starrheit, Kraftlosigkeit oder „Eigensinn" zuschreiben" (Kolland, 2005, S. 7), tragen dazu bei, dass die Fähigkeiten älterer Menschen blockiert werden. Auch in Bezug auf die Lernfähigkeit wird älteren Personen häufig nicht zugetraut, dass sie Neues lernen können. „Diese übernehmen diese Erwartung und geben entsprechend schnell auf, womit die Erwartung bestätigt wird" (Semmer / Richter, 2004, S. 109).

Somit stehen Ältere besonders unter dem Druck, hinsichtlich dieser Vorurteile den gegenteiligen Beweis anzutreten. Da ihre verbleibende Zeit im Unternehmen abnimmt, ist es für sie wichtig, dem eigenen Handeln eine Bedeutung zu geben. „Mehr als jüngere Arbeitnehmer suchen ältere Belegschaften nach dem Sinn ihres Tuns" (Koper, 2006, S. 71). In diesem Kontext wirken Kränkungen oder Zurückweisungen anderer besonders demotivierend. „Wenn wir gekränkt sind, sind wir nicht mehr fähig, konstruktiv zu handeln" (Koper, 2006, S. 70).

Wahrnehmungsfehler (z.B. Rosenthal-Effekt, Halo-Effekt, Kontrastfehler, Projektion) (vgl. Herkner, 2001; Hobmair, 2003; Zimbardo, 2004) aus denen ein negatives Fremdbild resultiert können primär zu einem defizitären Selbstbild, und sekundär zu einer negativen Beeinflussung der Leistung führen. Durch die in Kapitel 3.1.1 dargestellte Ausgrenzung von älteren Mitarbeitern bei Qualifizierungsmassnahmen kann das Gefühl entstehen, die derzeitigen Arbeitsplatzanforderungen nicht bewältigen zu können, wie auch die Angst, den neuen Herausforderungen nicht mehr gewachsen zu sein. Häufig fehlen auch zeitliche Ressourcen, diesem Problem adäquat zu begegnen.

Diese psychischen Belastungen am Arbeitsplatz, so eine Studie des Wissenschaftlichen Instituts der AOK (WidO) stellen für viele Beschäftigte ein erhebliches Problem dar (vgl. Vetter / Redmann, 2005).

Aufgrund der Erfahrungen ist die Einschätzung der eigenen Kompetenzen und Begabungen bei älteren Menschen durchschnittlich weitaus realistischer als bei Jüngeren. Jedoch kann im Speziellen bei lernungewohnten älteren Menschen die Einschätzung der eigenen Lernfähigkeit oftmals negativer ausfallen als sie tatsächlich ist, denn auch „... ältere Mitarbeiter selber akzeptieren und nutzen ihr kalendarisches Alter unter Umständen gern als Ausrede, um sich ggf. notwendigen Qualifizierungsmaßnahmen zu entziehen und ihre sinkende Einsatzbereitschaft quasi objektiv zu rechtfertigen" (v. Rothkirch, 2000, S. 33). So bedienen sich ältere Mitarbeiter verschiedener Strategien, der Anpassungsstrategien, wie die selbstwertdienliche Unteranpassung (Vermeidung selbstwertbedrohender Themen), zeitlich begrenzte Selbstabwertung (Verweis auf gesundheitliche Probleme) und der Selbst-Stereotypisierung, um eigene vermeintliche Einbußen zu verdecken (vgl. Mayer, 2002).

Insbesondere hinsichtlich der Lernmotivation und Lernbereitschaft spielt die Selbsteinschätzung eine herausragende Rolle (vgl. Bundesministerium für Familie, Senioren, Frauen und Jugend, 2001). Ängste, wie Machtverlust und Arbeitsplatzverlust, und Barrieren können entstehen, wenn sich ältere Menschen schlechter einschätzen als z.B. jüngere Kollegen, mit denen sie zusammen lernen oder arbeiten. Speziell im Umgang mit neuen Technologien fühlen sich ältere Menschen, die im Gegensatz zu ihren jüngeren Kollegen nicht mit dieser Technologie aufgewachsen sind, oftmals unterlegen. Somit hat die Unsicherheit, aufgrund von Ängstlichkeit zu versagen, Einflüsse auf die Lernleistungen (vgl. Faulstich, 1999).

Unterschiede sind auch bei den positiven Motivationsfaktoren zu erkennen. Denn Ältere „... lernen nicht nur aus einer äußeren Notwendigkeit, um die von anderen geforderten Anpassungsleistungen zu erbringen und" sich „beruflich zu qualifizieren, sondern auch aus dem eigenen Wunsch nach Selbstentfaltung und persönlicher Weiterentwicklung" (Schräder-Naef, 1991, S. 14).

Untersuchungen zur subjektiven Selbsteinschätzung des Gesundheitszustandes zeigten mit höherem Alter ein höheres Krankheitsrisiko (vgl. Nacelle, 1992; Statistisches Bundesamt, 1992). Auffallend bei diesen Ergebnissen ist, dass diese Einschätzung mit dem Gefühl der Einsamkeit einhergeht, wie auch mit der Bereitschaft, Behinderungen als altersnormal anzuerkennen und mit ihnen zu leben (vgl. Svanborg et al., 1988).

Die negative Einschätzung des eigenen Leistungspotentials führt zu Selbstzweifeln, die sich in einem unangenehmen Aufgeregtheits- und Besorgtheitszustand äußern (vgl. Schwarzer, 1987). Mit fortschreitendem Alter kann diese Angst, nicht mehr die geforderte Arbeitsleistung erbringen zu können, und damit einen Teil des Lebensinhaltes zu verlieren, immer mehr verunsichern (vgl. Panse / Stegmann, 1998). Diese Entmutigung des Arbeitnehmers sieht Behrens (1999). als ein alterstypisches Merkmal in Unternehmen und fasst die Kosequenzen unter dem Begriff Reputationsverlust zusammen. Rosenmayr und Kolland (1998) beschreiben in ihrem Modell der Dynamik der Selbstwertkrise den Prozess der Entmutigung sehr anschaulich:

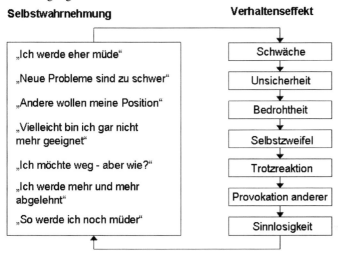

Abb. 11   Prozess der Entmutigung, modifiziert nach Rosenmayr / Kolland, 1998, S. 150)

Das physische Wohlbefinden und die Haltung, die ein Individuum gegenüber seinem eigenen Alterungsprozess einnimmt, werden maßgeblich durch die mentale funktionelle Kapazität beeinflusst (vgl. Ruoppila / Suutama, 1994; Ilmarinen / Tempel, 2002). Die mentale funktionelle Kapazität eines Menschen wird verstanden als die Fähigkeit verschiedene Aufgaben wahrzunehmen, die intellektuelle und andere Formen geistiger Anstrengungen benötigen (vgl. Ilmarinen/Tempel, 2002).
Ein Grund für Erkrankungen oder einen Leistungsabfall kann ein Missmanagement mit den eigenen Ressourcen sein. Situationsmerkmale wie Stress, Konflik-

te mit Kollegen, machen stellenweise eine realistische Einschätzung der eigenen Ressourcen unmöglich. Auch sind die Individuen unterschiedlich sensibel in der Wahrnehmung des eigenen Befindens und unsicher, wie beispielsweise die Realisierung von Kurzpausen von außen bewertet werden könnte.

Die Möglichkeit, nach Wunsch eine Pause einlegen zu können, wird als wichtige Grundlage gesehen, physische und psychische Kräfte einzuteilen. Allerdings wird die Notwendigkeit für eine Kurzpause zwar teilweise gesehen, doch nicht realisiert, da Kollegen oder Vorgesetzte dieses als Schwäche oder fehlendes Engagement deuten könnten (vgl. Ilmarinen / Tempel, 2002). Gerade an diesem Beispiel wird deutlich, wie stark die emotionalen, gesundheitlichen und kognitiven Komponenten interagieren. Beispielsweise könnten kognitive Schemata vorherrschen mit dem Inhalt: Ältere sind schwach, weniger belastbar und daraus resultierende Emotonen könnten Angst vor einem Versagen oder fehlender Anerkennung sein. Bei Vorliegen einer derartig negativen Beurteilung sind physiologische Symptome wie z. B ein erhöhter Blutdruck unausweichlich. Auch kann der Mitarbeiter aufgrund eines schlechten Allgemeinbefindens eher zu negativen Arbeitsemotionen tendieren, die dann wiederum Denkprozesse beeinflussen.

Trotz des psychischen Drucks stereotyper Annahmen wird generell davon ausgegangen, dass mit zunehmender Erfahrung, Menschen besser in der Lage sind, die Arbeitssituation, die jeweiligen Anforderungen und die eigenen Möglichkeiten zur Bewältigung dieser Aufgabe einschätzen zu können (vgl. Ilmarinen / Tempel, 2002). Ferner wird postuliert, dass ältere Mitarbeiter über eine stärkere Reifung sozialer Kompetenz verfügen, indem sie eher das WIR – Gefühl in den Vordergrund stellen, unkontrollierte Verhaltenmuster zurückweisen und nützlichere Muster anbieten (vgl. ebd.).

Des weiteren zeichnen sich ältere Menschen häufig durch eine höhere Zufriedenheit mit der eigenen Person, eine positive Lebensführung, Verständnis, Umsicht, Gelassenheit (vgl. Bundesverband der Unfallkassen, 2002, Oktober 07), einer ausgeprägten Selbstverantwortung und einem verringerten Karrierestreben aus.

Widersprüche bezüglich der einerseits zunehmenden Zufriedenheit und andererseits der größeren Angst vor dem Versagen (vgl. Ilmarinen / Tempel, 2002), zeigen, dass generalisierende Aussagen aufgrund der Zunahme interindividueller Unterschiede im Alter ungerechtfertigt sind. Die Angst vor dem Versagen hängt in hohem Maße davon ab, welche Erfahrungen der Einzelne in unterschiedlichen

Situationen gemacht hat. Hat er sie gemeistert, so werden anspruchsvolle, herausfordernde Tätigkeiten eher mit hoher Motivation ausgeführt.

4.4 Kohärenz

Nach Antonowsky (1987) ist das Kohärenzgefühl eine zentrale Ressource, die die Widerstandskraft gegenüber Stressoren erhöht. Die Ausprägung des Kohärenzgefühls wird mit den Komponenten Verstehbarkeit, Handhabbarkeit und Sinnhaftigkeit gemessen. Die Verstehbarkeit (comprehensibility) wird als Vertrauen verstanden, das eine Person durch die Strukturiertheit, Vorhersehbarkeit, Ordnung und Erklärbarkeit bezüglich vorliegender Reize, Ereignisse und Entwicklungen aufbauen kann. Die Handhabbarkeit beschreibt die Einschätzung, in wie weit die eigenen personalen und sozialen Ressourcen hinreichend sind, die inneren und äußeren Anforderungen zu bewältigen. Entscheidend für die Sinnhaftigkeit ist das persönliche Wertesystem des Einzelnen, d.h. ob es lohnend ist, sich für bestimmte Ziele und Anforderungen einzusetzen. Während die ersten Komponenten eher kognitiven Prozessen zuzuordnen sind, wird die dritte Komponente, die Sinnhaftigkeit, eher durch die emotionale Lage des Menschen beeinflusst.

Das Kohärenzgefühl entwickelt sich nach theoretischen Annahmen bis zum 30. Lebensjahr (vgl. Antonovsky, 1987) und stabilsiert sich dann. Bei normaler Lebensbiographie sind danach keine gravierenden Veränderungen zu erwarten. Wenn jedoch unvorhersehbare gravierende Ereignisse eintreten (Partnerverlust, schwere Krankheit, chronische Erkrankungen, Arbeitsplatzverlust etc.) so wird ein geringerer SOC (sense of corporate identity) Wert vermutet.

Dem Kohärenzgefühl wird der größte Einfluss auf die Gesunderhaltung beigemessen (vgl. Sack / Lamprecht, 1998). Es wird angenommen, dass sich ein hohes Kohärenzgefühl positiv auf die subjektive Gesundheit auswirkt, während ein geringeres Ausmaß zu somatoformen Störungen führen kann. Das Kohärenzerleben hat somit eine hohe nachhaltige Relevanz für die Gesundheit im Alter, durch einen guten Umgang mit positiven wie negativen Stressoren (vgl. Schnell-Inderst et al., 2000). Dieser postulierte, positive Einfluss wirkt mittelbar, indem das Bewältigungsverhalten in Belastungssituationen durch das Kohärenzgefühl bestimmt wird (vgl. Becker et al., 1994)

Das Konzept des Kohärenzgefühls wurde sehr häufig inhaltlich und methodisch kritisiert, da nach Meinung einiger Autoren nur die Beschwerden und negativen Gefühle gemessen werden (vgl. Sack et al. 1997). Auch wenn ein direkter Zusammenhang zwischen objektiven Gesundheitsdaten und der Ausprägung des Kohärenzgefühls bisher nicht nachgewiesen werden konnte, so zeigten sich in aktuellen Studien hohe Korrelationen zwischen dem SOC – Wert und subjektiver Gesundheit, allgemeinem Wohlbefinden, Selbstwertschätzung und Ängstlichkeit (vgl. Callahan / Pincus; 1995; Broda et al., 1996; Stranzl / Egger, 1997; Schnell-Inderst et al., 2000).

Unterschiedliche Ergebnisse ergaben die Untersuchungen zur Altersabhängigkeit des SOC Wertes: In einer Studie mit einer repräsentativen Bevölkerungsstichprobe zeigten die über 60 jährigen ein signifikant niedrigeres Kohärenzgefühl als die 18 – 40 jährigen also eine Abnahme des Kohärenzgefühls mit zunehmendem Alter (vgl. Schumacher et al., 2000), während in einer Untersuchung von Rimann und Udris (1998) mit Angestellten im Dienstleistungssektor ein leichter Anstieg des SOC Wertes im Alter festgestellt werden konnte.

5   Arbeitsfähigkeit als zeitabhängiger, individueller Prozess

Die Arbeitshandlung wird durch verschiedene Reizkonstellationen im Arbeitsleben ausgelöst. Das Verhaltensmuster folgt in allgemeiner Form aus dem Zusammenhang von Reiz, Dechiffrierung und Aktivierung. Für das Verständnis interindividueller Unterschiede im Entwicklungsprozess über das gesamte Arbeitsleben, ist die Tatsache, dass objektiv gleiche, aber subjektiv unterschiedlich interpretierte Reize eine entsprechend unterschiedliche Aktivierung initiieren von immenser Bedeutung (vgl. Kroeber-Riel / Weinberg, 2003). Somit hat die Aktivierung „…keine feste Beziehung zur physikalischen Ausprägung des Reizes, sondern ist zum Beispiel abhängig von der …Erfahrung des Individuums" (Kröner, 1976, S. 628).

Die zeitliche Stabilität des Arbeitsverhaltens wird von mehreren Determinanten bestimmt. Sie zeigt sich, wenn die zugrunde liegenden Einstellungen für das Individuum von immenser Bedeutung oder ein fester Bestandteil des individuellen Einstellungssystems sind. Deutlich instabiler sind Einstellungen, die nur peripher eine Bedeutung für den Einzelnen haben oder isoliert betrachtet werden (vgl. Kröber-Riel / Weinberg, 2003).

Im konkreten Arbeitskontext hieße das, dass eine motivierte, zeitstabile Grundhaltung dann zu erwarten ist, wenn die individuell mit der Arbeit verbundenen Möglichkeiten der Zielerreichung für den Mitarbeiter von großer Bedeutung sind. Bei Tätigkeiten, mit denen keine Bedeutungsinhalte verknüpft sind, oder keine eindeutige Zuordnung in das individuelle Einstellungssystems der Arbeit stattfinden kann, ist eine deutlich instabilere Motivationslage und letztlich eine geringere Arbeitsleistung zu erwarten.

Daher können die aktuelle Arbeitsfähigkeit und Arbeitsleistung nie nur als das Resultat gegenwärtiger kognitiver, physiologischer und emotionaler Entwicklungsprozesse betrachtet werden, sondern sind lediglich Zwischengrößen eines, sich über das gesamte Leben erstreckenden Entwicklungsprozesses. Die individuellen Bedeutungen und Konsequenzen bestimmter Lebensereignisse für spätere Situationen soll anhand der Themen „Stress" und „Erfahrung" näher beschrieben werden.

5.1 Stress

Grundsätzlich kann angenommen werden, dass Stress abhängig ist von der Person, die ihn erlebt. Während einige Situationen für den Einen Stress auslösen, fühlen sich andere Personen kaum oder gar nicht gestresst (vgl. Comer, 2001). Eine sehr komplexe Arbeit kann bei entsprechender Struktur der Person und ihres Umfeldes negativ zu bewerten sein, während sie bei hoher Leistungsfähigkeit der Person oder bei stark unterstützender Umwelt positive Auswirkungen erwarten lässt. Es gibt somit keinen objektiven Stress, sondern es handelt sich um ein vollkommen subjektives Phänomen.

Die von Lazarus eingeführte Unterscheidung zwischen primärer und sekundärer Bewertung (primary und secondary appraisal) eines stressauslösenden Ereignisses ist dabei von besonderer Bedeutung und von dem subjektiven Zustand wie auch von individuellen Erfahrungen mit ähnlichen Situationen abhängig. Die primäre Beurteilung bezieht sich darauf, ob das Ereignis angenehm bzw. unangenehm oder einem bestimmten Ziel dienlich ist („The process of primary appraisal is the evaluation of every transaction or encounter for its significance for well-being", Lazarus et al., 1980, S.193). Die sekundäre Bewertung ist davon abhängig, inwieweit sich die Person in der Lage fühlt, aufgund ihrer Fähigkeiten, ihrer Ressourcen oder ihrer Macht die Situation erfolgreich bewältigen zu können („Secondary appraisal is the process of evaluating coping resources and options that might be available in a stressful encounter", ebd., S.193). Des weiteren führen die Autoren an (vgl. ebd.), dass das Stressempfinden Resultat eines kontinuierlichen Bewertungsprozesses ist, bei dem wiederholte Bewertungen („re-appraisals") erste Eindrücke korrigieren und damit die resultierenden Emotionen ständig verändern („Emotions are complex, organized states [...] consisting of cognitive appraisals, action impulses, and patterned somatic reactions" (ebd., S. 198). Durch den Prozess des Reappraisals können sowohl primäre als auch sekundäre Bewertungen verändert werden, mit Folgen für zukünftige emotionale Reaktionen.

Gerade in der modernen Arbeitswelt führen verstärkte Arbeitsteilung, erhöhte Arbeitsintensität, gesteigertes Arbeitstempo sowie stärkere Beanspruchung der Sinne und Nerven zu psychischen und physischen Belastungen, die häufig unter dem Begriff Stress subsummiert werden. Ein negatives Stressempfinden (Distress) tritt häufig in Verbindung mit Nervosität oder einem gewissen „Angstgefühl" auf (vgl. Schanz et al., 1995). Schon in den 30er Jahren hat der ungarisch-kanadische Arzt Hans Selye den Stressbegriff als Anpassungsreaktion des Organismus auf seine Umwelt geprägt (vgl. Selye, 1988). Auslösende Faktoren sind die objektiven Merkmale der Umwelt und das subjektive Erleben und Bewerten des einzelnen Menschen. Generell sind Stressoren als allgegenwärtig anzusehen; sie können sowohl pathogen als auch neutral oder salutogen wirken (zur salutogenetischen Perspektive: vgl. Antonovsky, 1989; Schüffel u.a. 1998). In der Arbeitswelt werden Anspannung und Stress insbesondere solchen Arbeitssituationen zugeordnet, die vom Einzelnen die Verarbeitung vielfältiger, gleichzeitiger Informationen, schnelles Reagieren und dabei das Erfüllen besonderer Qualitätsmaßstäbe erfordern. Auch die Ausprägung des sozialen Umfeldes am Arbeitsplatz kann unter bestimmten Bedingungen zum belastenden Stressor werden. Zu denken ist dabei an so unterschiedliche und gleichzeitig so alltägliche Phänomene wie Konflikte mit Kolleginnen und Kollegen, offene oder versteckte Diskriminierungen, fehlende Anerkennung durch Vorgesetzte, Abgeschnittensein von Informationen und vieles mehr.

In ganz anderer Weise hat sich Wheaton (1996) den Stressoren genähert. Er unterteilt die Stressoren zunächst danach, ob sie einen klaren Anfang und ein klares Ende haben, wie der Verlust eines Arbeitsplatzes, oder ob sie einen schleichenden Beginn und kein eindeutiges Ende aufweisen, also eher einen chronischen Charakter haben. Des weiteren unterscheidet dieser Autor Traumata (extrem schädigende Ereignisse), kritische Lebensereignisse und Systemstressoren, die nicht indivduell bedingt sind, sondern durch Entwicklungen im Makro-System verursacht werden wie z.B. wirtschaftliche Probleme einer Region oder eine ungenügende Infrastruktur. Als daily hassles werden kleine alltägliche Ärgernisse bezeichnet. Darunter fallen alle relativ kleine Belastungen des täglichen Lebens, die als ärgerlich, frustrierend und störend erlebt werden (vgl. Kanner et al., 1981). Als Nichtereignisse bezeichnet Wheaton (1996) Geschehnisse, die herbeigesehnt werden und als Stress empfunden werden, weil sie nicht eintreten und deshalb belasten. Als Beispiele sind die ausbleibende Beförderung oder die ausbleibende Chance, an einer Qualifizierungsmaßnahme teilnehmen zu können, zu nennen.

Mit der Unterscheidung der Stressoren nach der Art des Auftretens, ihren Konsequenzen und zu erwartenden kurzfristigen oder langfristigen Effekten macht Wheaton (1996) darauf aufmerksam, dass zum einen sehr große Unterschiede zwischen den Stressoren bestehen und zum anderen sie sich je nach ihrer inhaltlichen Qualität gegenseitig stützen, behindern oder Nachfolgestressoren erzeugen können. So kann ein Arbeitsplatzverlust Einkommenseinbußen nach sich ziehen, und diese Ereignisse können wiederum zu einem Statusverlust führen.

Ob solche ungünstigen oder günstigen Auswirkungen in einem konkreten Fall auftreten, hängt von dem betroffenen Individuum und von dessen sozialer Integration ab. An dieser Stelle wird deutlich, dass jedem Stressempfinden eine individuelle Geschichte mit individuellen Wirkungsketten vorausgeht.

Präventive Stress-Strategien konnten in der Umweltpsychologie (vgl. Gifford, 1987; Bell et al., 1996) und insbesondere in der Arbeitsplatzgestaltung (vgl. Frieling / Sonntag, 1999), mehrfach nachgewiesen werden. Auch die soziale Umwelt als Coping Ressource wurde bereits in vielen Untersuchungen bestätigt (vgl. Vaux, 1988; Weitkunat et al., 1997). Eine emotional geprägte Coping Strategie ist die von Snyder (2000) vorgelegte "Hoffnungstheorie" (theory of hope). Nach ihm ist Hoffnung "ein kognitiver Set, bestehend aus einer gegenseitig gewonnenen Überzeugung erfolgreicher Zielerreichung (zielgerichteter Bestimmung) und Pfade (Pläne, wie Ziele zu erreichen sind)" (ebd., S. 8, 9).

Generell ist Coping ein dynamischer Prozess, der von den überdauernden Eigenschaften der Person abhängt, von ihren jeweils aktuellen Zuständen, aber auch von ihrer sozialen und physikalischen Umgebung. In Abhängigkeit von den jeweils vorhandenen internen und externen Ressourcen wird eine Person die Prozessfolge der Wahrnehmung, der Bewertung, der Abwägung möglicher Bewältigungsressourcen, der Ausführung der Bewältigungshandlung und die anschließende Beurteilung des Ergebnisses, wie auch die immer möglichen Neueinschätzungen entsprechend in anderer Weise vornehmen. Diese Veränderung zeigt sich in der Art der kognitiven Auseinandersetzung, sowie der emotionalen und physiologischen Reaktionen.

Wenn Copingstrategien nicht dazu beitragen, die Situation zu bewältigen, kann dies auf Dauer zu schweren Erkrankungen führen. Beispielsweise können soziale Beziehungen sogar derart beschaffen sein, dass sich der einzelne Mitarbeiter zeitweilig oder dauerhaft in seiner Würde verletzt fühlt. Dieses Phänomen wird mit dem Begriff „Mobbing" beschrieben. In schweren Fällen handelt es sich dabei um Psychoterror am Arbeitsplatz. Er äußert sich z.B. in Strategien der Nichtbeachtung und Beleidigungen. Besonders ausgeprägte Mobbing-Erscheinungen liegen vor, wenn sich die ganze Arbeitsgruppe oder Abteilung gegen einen einzelnen Mitarbeiter wendet und ihn sozial isoliert. Als Gegenwehr reagiert der Organismus der Betroffenen vielfach mit typischen Stressreaktionen (vgl. Leymann, 1993). Das emotionale Erleben ist häufig gekennzeichnet durch ein unspezifisches Angsterleben, sowie Gefühle des Alleinseins, der Unsicherheit und der Unzulänglichkeit (vgl. Ulich / Mayring, 1992). Im Arbeitsleben werden diese Gefühle häufig zunächst bagatellisiert, als flaues Gefühl im Magen oder als typische Furcht vor Präsentationen. Erst wenn der Stress dauerhaft krankhafte Ausmaße annimmt, fangen viele Menschen an, sich mit ihrer Stresssituation ernsthaft auseinanderzusetzen, während sie vorher noch tabuisiert wurden. Ein Grund dieses Tabus ist, dass Ängste als Schwäche bzw. unangemessene psychische Weichheit ausgelegt werden könnten.

Diese Ängste treten in allen Altersgruppen und Hierarchiestufen auf und beeinträchtigen nicht nur die Leistungsfähigkeit. Vielmehr können die Emotionen zu einer bedrohlichen Gefahr werden, mit der mancher allein nicht mehr fertig wird. Als Ordnungskriterium für Angstarten in Organisationen kann die kognitiv orientierte Einteilung in Existenzängste, soziale Ängste und Leistungs- bzw. Versagensängste dienen (vgl. Panse / Stegmann, 1998).

Als soziale Ängste werden vielschichtige Begleitemotionen eines Individuums in zwischenmenschlichen Stresssituationen bezeichnet (vgl. Schwarzer, 1987). Den Ausgangspunkt für das Erleben bildet hier häufig eine ungewöhnlich stark ausgeprägte Selbstaufmerksamkeit, die durch den bevorstehenden Kontakt zu anderen Menschen ausgelöst wird. Voraus geht ein interner Bewertungsprozess, indem überprüft wird, in wie weit das eigene Verhalten den als normiert angesehenen Erwartungen des sozialen Umfelds entspricht.

Individuelle Ressourcen, Wahrnehmungs- und Vergleichsprozesse, Bewertungen und Emotionen bestimmen insgesamt das Stressgeschehen und verändern sich mit jeder weiteren Stresserfahrung. Die besondere Relevanz von Stress für die Arbeitsfähigkeit liegt vor allem in den nachhaltigen Effekten für die Gesundheit und das Selbstwertgefühl.

5.2 Erfahrungen

Ähnlich dem Stressempfinden, das von früheren Stresserfahrungen abhängt und weitere Stresssituationen positiv oder negativ beeinflusst, ist auch die Erfahrungsbildung ein zeitabhängiger, individueller Prozess.

Erfahrungswissen lässt sich allgemein als ein Wissen bezeichnen, das im praktischen Handeln erworben und angewandt wird. Es ist daher in hohem Maße personengebunden und auf konkrete Situationen bezogen. Mit Erfahrungswissen werden somit nicht besondere Qualifikationen, sondern vielmehr Kompetenzen und Kunstfertigkeiten, die sich in der Praxis ausgebildet haben, angesprochen (vgl. Ahrens, 2003). Oft wird dieser Praxisbezug als das entscheidende Merkmal des Erfahrungswissens herausgestellt. Dies allein ist als Abgrenzung zu anderen Wissensarten allerdings nicht ausreichend. Wesentlich ist, dass Erfahrungswissen über ein besonderes Kontextwissen hinausgeht zugunsten komplexer sinn-lich-körperlicher Wahrnehmungen und Empfindungen (vgl. Böhle, 2002). Hier spielt vor allem das Konzept des „subjektivierenden Handelns" (Böhle / Milkau, 1988) eine entscheidende Rolle. Betont wird damit die Verbindung von Wissen und Handeln, bei der die sinnliche Wahrnehmung und „das Erfahren" bzw. „Er-fahrung machen" eine zentrale Grundlage ist. Während bei einem planmäßig rationalen Handeln die sinnliche Wahrnehmung verstandesmäßig geleitet wird und der Verstand als eigentliches „Werkzeug der Erkenntnis" begriffen wird, vollzieht sich beim subjektivierenden Handeln der Erwerb von Wissen maßgeb-lich über die sinnlich-körperliche Wahrnehmung und damit verbundene Gefühle sowie subjektives Empfinden (vgl. Böhle, 1999). Die Erfahrungsbildung besteht im Wesentlichen aus der „Aufnahme, Verarbeitung und Verknüpfung von Wahrnehmungsinhalten" (Echterhoff, 1992, S. 86), die von stets gegenwärtigen Emotionen begleitet werden. Somit muss die Erfahrungsbildung als ganzheitli-cher individueller Prozess gesehen werden, der implizit oder explizit Reaktionen auf der emotionalen, physiologischen und kognitiven Ebene auslöst.

Erfahrung bildet sich im Sich-Aneignen von Handlungsmöglichkeiten, im Sich-Einlassen auf bestimmte Situationen, beim Erproben von Möglichkeiten und Handlungen, im Nachempfinden und Nachvollziehen, im Akzeptieren und im Vertraut Machen (vgl. Echterhoff, 1998) und kann daher individuell verschieden sein. Erfahrungswissen basiert folglich auf der Kenntnis verschiedener Situatio-nen und der Erinnerung an diese („Erfahrung haben").

Der Aufbau von Erfahrungswissen kann aktiv vom Individuum beeinflusst wer-den. Je öfter sich eine Person bewusst einer Situation aussetzt, desto differen-zierter kann sie die unterschiedlichen Situationen der Vergangenheit wahrneh-men und beurteilen. Derboven und seine Kollegen sprechen in diesem Kontext von einer „natürlichen Einstellung" (Derboven et al., 2002, S. 11), in der man mit und in seiner Umwelt agiert. Damit wird die Erfahrungsbildung als indivi-dueller Prozess in den Vordergrund gerückt. Auch Fischer kommt zu dem Schluss, dass Erfahrung an das „persönliche Erleben von Dingen, Personen und Situationen gebunden" ist (Fischer, 1996, S. 228).

Der Prozess des Erfahrungsaufbaus, ist ein Kreislaufprozess, in dem bestehende Erfahrungen nie endgültig sind und immer wieder in neuerliche Prozesse der Erfahrungsbildung einfließen. Somit ist „Erfahrung als Ergebnis der Erfah-rungsbildung,..., ein korrigierbarer und kein stationärer Endzustand" (Echter-hoff, 1992, S. 90). Die resultierende Konsequenz dieser Sichtweise ist, dass die Erfahrungsbildung stark von den bereits gemachten Erfahrungen abhängt, und somit interindividuell stark differieren kann. Auch die Erfahrungstheorie von Husserl (vgl. Bruggmann, 2000), geht davon aus, dass jeder Erfahrung ein Vorwissen vorausgeht, das selbst der Erfahrung entspringt. Nach dieser Auffassung werden im Prozess der Erfahrungsbildung neue Erlebnisse stets in schon bestehende Erfahrungen integriert und die bestehenden Erfahrungsinhalte auf ihre Aktualität hin überprüft und gegebenenfalls korrigiert. Demnach ist die Erfahrungsbildung als ein Lernprozess zu verstehen. Echterhoff unterscheidet dabei zwei unterschiedliche Lernformen: Das interpretative Lernen stellt Echterhoff (1992) die „eher evaluative Form der Erfahrungsbildung" dar. Das Individuum versucht hierbei, sich selbst Zusammenhänge zu erklären und so eine persönliche Logik zu entwickeln. Diese eigens überdachte Logik wird benutzt, um die Denkinhalte zu kategorisieren, um so auch in Zukunft durch Transferleistungen auf sie zurückgreifen zu können. Durch diese Wertung der Zusammenhänge schafft das „interpretative Lernen [...] Kontingenzen, während kognitives Lernen Kontingenzen übernimmt" (Echterhoff, 1992). Beim kognitiven Lernen wird dementsprechend die Logik übernommen, man beschäftigt sich gedanklich nur mit dieser. Aus diesem Sachverhalt heraus ist zu schließen, dass das kognitive Lernen hierarchisch eher unter dem interpretativen Lernen anzusiedeln ist. Interessant ist in diesem Zusammenhang, dass ältere Menschen besser als ihre jüngeren Pendants interpretativ lernen können. Dies liegt daran, dass die fünfhundert Billionen Synapsen als Schaltstellen des Gehirns, die den gesamten Informationsfluss im Gehirn regeln, mit dem Alter wesentlich besser und vielfältiger untereinander verknüpft sind (vgl. Vester, 1984). Somit sind die Assoziationsmöglichkeiten unter anderem beispielsweise zu bereits existierenden, vielfachen Erfahrungen und damit eben die Möglichkeiten, interpretativ zu lernen, bei älteren Individuen ungleich größer. Gerade in der interpretativen Lernform zeigen sich mögliche Erklärungsansätze für die Zunahme interindividueller Differenzen im Alter. Da frühere assoziative Verknüpfungen individueller kognitiver Prozesse und Emotionen weitere Erfahrungen beeinflussen, sind im Jugendalter bereits Ursachen für Unterschiede angelegt. Soziale, kulturelle und strukturelle Einflüsse von außen können diese Entwicklung noch verstärken.

Insbesondere im Handlungsprozess verändern oder intensivieren sich kognitive Repräsentationen, Strukturen und kognitive Prozesse, die das zukünftige Handeln und Erleben von Situationen beeinflussen. Die Planung und Ausführung von Handlungsvollzügen sind dabei nicht getrennt, sondern unmittelbar miteinander verknüpft. Böhle (2002, S. 13) bezeichnet dieses Vorgehen als „dialogisch-interaktiv" wie auch „explorierend" und „herantastend". Damit ist ein

Vorgehen gemeint, bei dem weder einseitig aktiv agiert noch passiv reagiert wird, vielmehr ist dafür ein wechselseitiger Austausch charakteristisch. Da auch ebenso affektive wie evaluative Komponenten Einfluss auf den Erfahrungsprozess haben, können durch Erfahrung auch Persönlichkeitscharakteristika verändert werden (vgl. Brousseau, 1984). In Abhängigkeit von individuellen Attributionen können Misserfolgserlebnisse einerseits zu Affekten führen, wie z.B. Schuld und Resignation, die das Selbstwertgefühl wie auch das zukünftige Leistungsverhalten prägen. Andererseits können erfolgreiche Handlungen das Selbstvertrauen stärken. So stehen „Am Anfang jedes Erfahrungsprozesses der Erlebnisstrom des Einzelnen" (Derboven et al., 2002, S. 11), bzw. die „Wahrnehmungsinhalte des Individuums sowie deren Verarbeitung und Verknüpfung" (Echterhoff, 1998, S. 236) oder anders formuliert das stetige Umweltgeschehen des Individuums.

Daraus folgt, dass „Erfahrung [...] an das persönliche Erleben von Dingen, Personen und Situationen gebunden" (Fischer, 1996) ist. Da das Erleben des Einzelnen auch zum Teil von unbewussten Vorgängen beeinflusst wird, spricht Fischer in diesem Zusammenhang von einer Begrenzung der Erfahrung in zwei Richtungen, die „Nicht – Erfahrbarkeit" und die Personenabhängigkeit. (vgl. dazu auch Polanyi, 1985)

Ein weiteres wichtiges Kriterium für die Erfahrungsbildung ist die „subjektive Nähe" zur Umwelt (vgl. Böhle, 2002). Dies gilt sowohl im Umgang mit Personen als auch mit Gegenständen und materiellen Prozessen. Der Handelnde erlebt gleichsam eine Einheit zwischen Subjekt und Objekt. So werden auch materielle und ideelle Dinge als nicht vollständig berechenbar, sondern als „lebendig" und „sich selbst steuernd" wahrgenommen. Folglich wird der Umgang z.B. mit der Maschine weniger als eine „instrumentelle Nutzung", sondern eher als eine gemeinsame „Kooperation" verstanden (vgl. ebd.). Genau dieses empathische Einfühlen in eine Situation wurde bereits von Dreyfus und Dreyfus (1986, 1987) unter der Bezeichnung „Intuition" als die Fähigkeit bezeichnet, die bei einem Experten für seine überlegene Performanz verantwortlich ist.

Somit sind die Konsequenzen, die aus den jeweiligen Situationen gezogen werden von den individuellen Erinnerungs- und Speicherprozessen abhängig. Die Teilinformationen durch die Sinne und ihre Verknüpfung „lösen neurophysiologische Erregungsmuster aus, deren Bedeutung durch kognitiv – rationale Interpretation entsteht" (Böhle / Milkau, 1988, S. 13). Diese Art des Erfassens der Gesamtsituation ist für die Erfahrungsbildung grundlegend, denn „ohne eine kognitiv – rationale Interpretation und Steuerung der sinnlichen Wahrnehmung bleibt die Erfahrung [...] blind" (ebd., S. 14).

Neuere Forschungsansätze gehen von Wechselwirkungen zwischen Gedächtnis und Affekt aus. Informationen werden um so eher behalten, je stärker sie mit Emotionen verknüpft sind (vgl. Markowitsch 1997, 2002). Daraus folgt, dass während des Denkprozesses Vorstellungsbilder oder frühere Ereignisse mit den parallel vorhandenen Empfindungen des physischen Zustandes im Gehirn verknüpft, bewertet und so die kognitiven Prozesse und resultierende Reaktionen beeinflussen. Handelt es sich um sehr gefühlsbeladene Reize (z.B. Gefahr) werden die Reaktionen fast unmittelbar (z.B. in Form von Flucht oder Angriff) ausgelöst. Diese direkte, zeitliche Abfolge von Reiz und Reaktion ist vor allem in lebensbedrohlichen Situationen sinnvoll.

Die kognitiven Strukturen, die für das Feststellen der Bedeutung der Situation notwendig sind, entstehen jedoch nicht nur aufgrund von Abbildern der in der äußeren Welt wahrgenommenen Strukturen. Sie werden vielmehr vom Individuum selbst von innen heraus konstruiert, indem inadäquate Vorstellungen von Dingen ständig durch neue, stimmigere ersetzt werden.

So können Sinneseindrücke beispielsweise erst als ein Automobil (und eben nicht als ein undefinierbarer Haufen Stahl) wahrgenommen werden, wenn die Informationen der Sinneswahrnehmungen „als Vorstellung erinnert und zu der subjektiv hergestellten Einheit eines Gegenstandes reproduziert" (Fischer, 1996) werden können. Diese (Re-)Produktion von Vorstellungen über den Erfahrungsgegenstand beschränkt sich in diesem Sachverhalt nicht nur auf bereits Wahrgenommenes, sondern umfasst auch Assimilationen. So erkennt man ein neues Modell eines Automobils als solches, obwohl man es noch niemals zuvor gesehen hat.

Diese aktive Rolle des Individuums wird auch als „natürliche Einstellung" (Derboven et. al, 2002, S. 11) beschrieben, in der man mit und in seiner Umwelt agiert. Diese Interaktion ist jedoch lediglich auf das Fundament einer möglichen Erfahrung beschränkt und noch unabhängig von jeder möglichen Erfahrungsbildung. Der Dienstälteste eines Unternehmens ist somit nicht zwangsläufig derjenige mit der größten (unternehmensrelevanten) Erfahrung. Wäre dieses der Fall, so wäre Erfahrung letztlich nichts anderes als ein Produkt einer kontinuierlichen Begegnung mit der Umwelt, der man mehr oder weniger passiv ausgesetzt wäre. In diesem Fall wäre der Begriff des Erfahrens mit dem des Erlebens gleichzusetzen. In der heutigen Diskussion herrscht allerdings weitestgehend Einigkeit darüber, dass zwischen diesen beiden Begriffen ein wesentlicher Unterschied besteht (vgl. Bollnow, 1981).

Daher ist nicht das biologische Alter eines Mitarbeiters entscheidend für sein unternehmensrelevantes Erlebtes und somit für eine mögliche unternehmensspezifische Erfahrungsbildung, sondern die Dauer seiner Betriebsangehörigkeit, in der er sich einem unternehmensspezifischen Erlebnisstrom aussetzt.

Die angeführten Argumente und Thesen lassen nochmals deutlich werden, dass der Erfahrungsbildungsprozess nicht personenunabhängig sein kann. Es existieren interindividuelle Unterschiede sowohl in der Wahrnehmung und im Empfinden von objektiv gleichen Ereignissen als auch in deren Verarbeitung und neurophysiologischen Reaktionen (vgl. Abb. 12).

Aufbau von Erfahrung

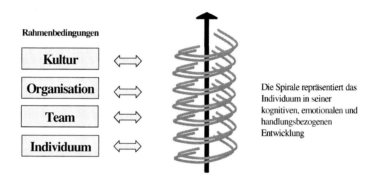

Abb. 12   Zusammenhang zwischen emotionalen, kognitiven und handlungsbezogenen
Elementen des Erfahrungstransfers und der Rahmenbedingungen (Karl, 2005)

In dem dargestellten Bedingungsgefüge der den Erfahrungsbildungsprozess beeinflussenden Faktoren und ihrer Wechselwirkungen werden erklärende Momente für spätere interindividueller Differenzen aufgezeigt.

6 Gestaltungsebenen der Arbeitsfähigkeit

Eine hohe Arbeitsfähigkeit ist noch kein Garant für eine gute Arbeitsleistung. Die in Kapitel 3 und Kapitel 4 beschriebenen Determinanten und individuellen Wahrnehmungsprozesse können von der Unternehmensseite nicht direkt beeinflusst werden. Individuumzentrierte Maßnahmen sind zwar eine wertvolle Unterstützung für den Erhalt und die Förderung der Arbeitsfähigkeit, jedoch entfalten sie nicht alleine ihre volle Wirksamkeit. Erst wenn diese Maßnahmen in eine Kultur eingebettet sind, die konsequent den arbeitenden Menschen fördert und fordert (vgl. Katenkamp, 2003) und sowohl in der Personal-, als auch in der Organisationsentwicklung Berücksichtigung finden, kann ein Management der Arbeitsfähigkeit erfolgreich sein.

6.1 Unternehmenskultur

Der Unternehmenskulturbegriff existiert seit Anfang der 1980er Jahre. Aber bereits in den 30er Jahren wurde dieses Thema erörtert, wenngleich nicht unter der Begrifflichkeit der Unternehmenskultur. So thematisierten Mayo (1945) und Barnard (1938) die Bedeutung der „informellen Organisation" – der Organisationskultur – für das Funktionieren von Unternehmen. 1973 prägte Geertz (1973) den semiotischen Kulturbegriff, der als nicht statisch anzusehen ist und der dem handelnden Individuum Sicherheit in einem sozialen System gibt. Des Weiteren bewirkt dieser Kulturbegriff eine Wahrnehmung der Einzigartigkeit des Individuums und dadurch auch der Abgrenzung von anderen Gruppen. Dieser soziale Bezug ist auch in der Definition von Greverus (1978) anzutreffen, so ist Kultur ein „[...] Orientierungsmuster, das Verhaltenssicherheit und Anerkennung im sozialen Untereinander gewährleisten soll" (Greverus, 1978, S. 298).

„Seit Mitte der 80er Jahre beschäftigt sich, angestoßen durch die wirtschaftlichen Erfolge japanischer Unternehmen, die deutschsprachige Betriebswirtschaftslehre mit Fragen der Unternehmenskultur, was zu einer inzwischen kaum überschaubaren Fülle empirischer und theoretischer Untersuchungen geführt hat" (Beschorner et al., 2004, S. 40). Doch trotz der mannigfaltigen Untersuchungen und Theorien ist der Begriff Unternehmenskultur bis heute ein vager Begriff, der nur schwer zu umreißen ist (vgl. Schein, 1997; Vedder, 2004).

Mit dem betriebswirtschaftlichen Ansatz stand jedoch meist der Leistungs- und Qualitätssicherungsgedanke im Vordergrund. „Deshalb ist die Diskussion um Unternehmenskultur eng verbunden mit Ansätzen zu leistungsorientierten Managementkonzepten wie Qualitätsmanagement, Total Quality Management, Lean Management, Reengineering bzw. Change Management, Symbolisches Management oder Organisationsentwicklung" (Schmidt, 2004, S. 24f.). Dementsprechend werden mit einer durch Vielfalt, z.b. verschiedene Altersklassen, Nationalitäten und Einstellungen, geprägten Unternehmenskultur ökonomische Vorteile assoziiert. Neben Antidiskriminierung, Gerechtigkeit und Chancengleichheit können durch die Vielfalt im Unternehmen eindeutige Wettbewerbsvorteile erzielt werden. Cox und Blake (1991) nennen sechs Argumente, die zu diesen Wettbewerbsvorteilen führen.

- Das Kreativitäts-Argument: Eine Vielfalt von Perspektiven und weniger Betonung auf Konformität kann die Kreativität erhöhen.
- Das Marketing-Argument: Die Perspektive und kulturelle Sensibilität, die Mitarbeiter mit Wurzeln in anderen Ländern mitbringen, unterstützt die Marketinganstrengungen sowohl auf den internationalen als auch auf dem heimischen Markt.
- Das Flexibilitäts-Argument: Das System des Unternehmens wird weniger vorausbestimmt und standardisiert und damit beweglicher darin sich veränderten Umweltbedingungen anzupassen.
- Das Personalakquisitions-Argument: Das Unternehmen zeigt sich offen für Minderheiten und Frauen und wird dadurch im Wettbewerb um das beste Personal in Zeiten sinkender Erwerbsfähigenzahlen besser bestehen.
- Das Problemlösungs-Argument: Heterogenität in Arbeitsgruppen kann bessere Resultate durch eine größere Anzahl von Perspektiven und effektiverer Analyse der Probleme erzielen.
- Das Kosten-Argument: Diejenigen, die es schaffen, die Mitarbeiter in das Unternehmen zu integrieren, können dadurch Kostenvorteile erreichen.

Nach Dass und Parker (1999) und Thomas und Ely (1996) lassen sich bei der unternehmenskulturellen Herangehensweise an Vielfalt vier verschiedene Ansätze unterscheiden. Der Resistenzansatz lässt sich durch die Verneinung, Nichtwahrnehmung, Vermeidung von Heterogenität im Unternehmen beschreiben. In Organisationen, in denen dieser Ansatz vorherrscht, wird Vielfalt als Bedrohung gesehen und Heterogenität vermieden (vgl. Dass / Parker, 1999). Bei dem Fairness- und Diskriminierungsansatz dominieren Ziele wie Gleichbehandlung oder Gleichberechtigung und Fairness im Bezug auf benachteiligte Gruppen (vgl. Thomas / Ely, 1996). Dieser Ansatz zeigt Parallelen zu den Ansätzen der traditionellen Förderprogramme. Der Marktzutritt- und Legitimitätsansatz zielt darauf ab, durch Vielfalt unter den Mitarbeitern adäquat auf die zunehmend heterogene Kundschaft zu reagieren. Moralische Aspekte spielen hierbei eine untergeordnete Rolle (vgl. ebd.). Der letzte Ansatz, der die größten ökonomischen Vorteile in einer vielfältigen Belegschaft sieht, ist der Lern- und Effektivitätsansatz. Hierbei wird das Lernen durch die Vielfalt der Belegschaft betont, die Mitarbeiter müssen integriert und respektiert werden, damit sich das Unternehmen und die Unternehmenskultur an den sich verändernden personellen Rahmen anpassen kann und zugleich kundenbezogene Vorteile erzielt.

Mit der Erkenntnis des engen Zusammenhangs dieser Themenbereiche rückte das Individuum als potentiellen Leistungsträger immer stärker in den Fokus der Betrachtung und gleichzeitig wurden zunehmend auch die „weichen Erfolgsfaktoren" für den betriebswirtschaftlichen Erfolg entdeckt (vgl. Deal / Kennedy, 1982; Meffert / Hafner 1988; Goffee / Jones, 1997).

In neueren Definitionen umfasst Unternehmenskultur „[...] die aus marktstrategischer Perspektive weniger steuerbaren ethnischen, ethischen, psychischen, sozialen und kommunikativen Existenzweisen des Unternehmens" (Bungarten, 1994, S. 11). „Unternehmenskultur bildet den Geist eines Unternehmens, spiegelt seine Einmaligkeit wider, schafft die Basis für Identität" (Franken, 2004, S. 206). Diese Erweiterung um den Identitätsaspekt ist von besonderer Relevanz für die in Kapitel 3.2.2 beschriebenen Arbeitsemotionen und das in Kapitel 3.2.3 organisationale Commitment. Nach Schmidt (2004) besitzt demzufolge die Unternehmenskultur die Funktion der Integration der einzelnen beteiligten Personen, der Identitätsbildung, der Kontingenzbegrenzung und die Eröffnung von Lernpotentialen. Dabei ist es wichtig zu betonen, dass „[...] Kultur nicht als Entität, sondern als Ordnung von Prozess-Orientierungen konzipiert wird, die gesellschaftlich zulässige Bezugnahmen auf Wirklichkeitsmodelle reguliert" (Schmidt, 2004, S. 77).

Hieraus wird deutlich, dass die Unternehmenskultur einen Sinnhorizont beschreibt, „[...] in den alle unsere Wahrnehmungen, Deutungen und Handlungen eingebettet sind" (Soeffner, 1988, S. 12).

Auch hier wird die Bedeutung der personenbezogenen Wahrnehmung für die Umsetzung der Unternehmenskultur deutlich. Die Umsetzung wiederum manifestiert sich in dem Verhalten des Einzelnen im Unternehmen (vgl. Osterhold, 2002). „Kultur ist überindividuell, erlernt und anpassungsfähig, sowie verhaltenssteuernd" (Schneck, 2000, S. 949).

Hofstede (1993) sieht Kultur demnach als mentale Programmierung, die der Mensch ein Leben lang erlernt hat und die in seinem Inneren als Muster des

Denkens, Fühlens und Handelns vorhanden ist. Eine Änderung der vorhandenen Programmierung ist nur unter Schwierigkeiten möglich (vgl. Hofstede, 1993). Kultur hängt also nicht von biologischen Faktoren wie Hautfarbe oder Herkunft, sondern von gruppenspezifischen, erlernten Faktoren ab. Die Persönlichkeit ist die ererbte und erlernte individuumsspezifische Kombination von mentalen Programmen, die einen Menschen unverwechselbar macht (vgl. ebd.).

Eine ähnliche Fokussierung ist bei dem Selbstorganisations-Konzept von Klimecki und Probst (1990) anzutreffen. Unternehmenskultur ist in diesem Zusammenhang zu verstehen als ein „[...] erworbenes Wissens- und Erkenntnissystem zur Interpretation der Erfahrungen und zur Generierung von Handlungen. Es ist ein Netz von Werten, Glaubensvorstellungen, kognitiver und normativer Orientierungsmuster, die das System auf geistiger Ebene zusammenhalten" (Klimecki / Probst, 1990, S. 42). Hierbei dienen Symbole, Werte und Normen als Grundlage einer gemeinsamen interpretativen Wahrnehmung.

Im Rahmen kulturtheoretischer Ansätze (z.B. von Sackmann 1989, 1990a, 1990b, 1991 und 2000) erscheint der Metaphern- und dynamische Ansatz im Zusammenhang mit Diversity Management als relevant. Der Metaphernansatz impliziert eine Orientierungsfunktion der Unternehmenskultur in den Bereichen der Kommunikation und des Verhaltens. Kritisch zu sehen ist hierbei jedoch, dass Veränderungs- und Gestaltungsaspekte keine Rolle spielen. Der dynamische Ansatz hingegen integriert konkrete Gestaltungsmöglichkeiten der Unternehmenskultur. Zu beachten ist bei dieser Perspektive die Spezifität des Unternehmens, d.h. die spezifische Sichtweise und die zugrundeliegende personenbezogene Wahrnehmung des sich entwickelnden Kultursystems (Elmerich, 2007). So ist der dynamische Ansatz durch sein pluralistisches Paradigma, der Wahrnehmung der Komplexitätsreduktion und der relevanten Umwelt und jedes Organisationsmitglied als Quelle für Kultur gekennzeichnet (vgl. Sackmann, 2000). Sackmanns integratives Verständnis umfasst das kollektive Phänomen, die Verankerung der Kultur in Gruppen und die Gefahr der Subkulturen und spezifischen Wirklichkeitskonstruktionen. Die „[...] spezifische Kultur, wenn einmal vorhanden, wirkt im Unternehmen verhaltenssteuernd wie auch systemerhaltend und wird dabei noch emotional positiv belegt und verankert – eine dreifache Herausforderung für die Unternehmenspraxis" (Sackmann, 2000, S. 149).

Diese Aspekte werden im Rahmen dieser Arbeit als äußerst relevant angesehen und verdeutlichen die zuvor dargestellte Relevanz emotionaler, kognitiver und wahrnehmungsbezogener Prozesse.

Im strukturfunktionalistischen Konzept von Schuh (1989), welches auf dem Ansatz von Hofstedes Konzept (1981) basiert, wird Kultur als kollektive Programmierung des menschlichen Denkens interpretiert. „Organisationskultur ist das implizite Bewusstsein einer Organisation, das sich zum einen aus dem Verhalten der Organisationsmitglieder ergibt und das selbst als kollektive Programmierung die Verhaltensweisen der Organisationsmitglieder beeinflusst" (Scholz, 1987, S. 88). Ebenso berücksichtigt dieses Konzept den dynamischen Charakter der Unternehmenskultur in steter dialogischer Auseinandersetzung zwischen kollektiven und individuellen Kulturträgern und Kulturgestaltern.

Die Relevanz dieser wechselseitigen Beeinflussung für die individuelle Entwicklung wird im Folgenden anhand der Themen Stereotypisierung und Führung näher ausgeführt.

6.1.1 Stereotypisierung

Der Begriff Stereotyp stammt aus dem Griechischen und setzt sich aus den Worten stereos (starr, fest, ständig, unbeweglich) und typos (Muster, Modell) zusammen. Als Stereotyp werden demnach im weiteren Sinne „Bilder in unseren Köpfen" verstanden (vgl. Klineberg, 1966). Etwas differenzierter charakterisiert die Sozialpsychologie Stereotype als Manifestation kollektiver Einstellungen (vgl. Roth, 1967), die sich wiederum durch eine geringe Komplexität und Differenziertheit bei hoher zeitlicher Konsistenz auszeichnen. Somit haben Stereotype „[...] eine Orientierungsfunktion in der sozialen Umwelt. Sie sind die geistigen Schubladen, die das Einordnen von Menschen erleichtern" (Ostermann / Nicklas, 1982, S. 18).

Implizites Ziel der Stereotypisierung ist die Komplexitätsreduktion sozialer Phänomene (vgl. Ashmore / DelBoca, 1981, Stroebe / Insko, 1989). Dieser Reduktionsprozess ist jedoch häufig fehlerhaftet und birgt somit Konfliktpotenziale in sich (vgl. Rattner, 1971). Für die betroffenen Personen gilt: „[…] such an individual is likely to be subtyped, to be functionally isolated from the rest of the group, and therefore to have little or no influence in modifying the group stereotype" (Rothbart / Park, 2004, S. 97f.).

Die relevanten Einflussfaktoren zur Entstehung von Stereotypen sind aus Abbildung 13 zu entnehmen. So bestimmen Erwartungen, die auf einem bestehenden Hintergrundwissen basieren, und die Ähnlichkeit bzw. Verschiedenartigkeit des Individuums bezüglich der Diversity der zu bewertenden Gruppe die Verwendung von Kategorien, die in einem nächsten Schritt in der Differenzierung der eigenen Person oder der eigenen Gruppe münden.

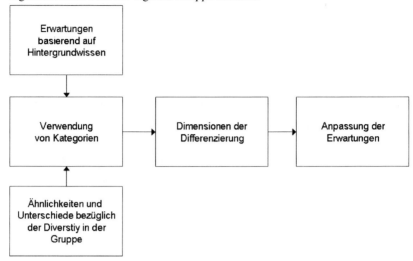

Abb. 13   Einflussfaktoren der Entstehung von Stereotypen (in Anlehnung an McGarty, 2004, S. 173)

Die Differenzierung wird in diesem Zusammenhang dafür verwendet, „[...] um Beobachtungen oder Beschreibungen durchzuführen [...]. Mit anderen Worten, Differenzierungen erlauben im Gebrauch das Setzen asymmetrischer Unterscheidungen" (Schmidt, 2004, S. 73). Letztlich kann durch eine bestenfalls persönliche Erfahrung mit der zu bewertenden Gruppe eine Anpassung der eigenen Erwartungen erfolgen.

Nach Park und Hastie (1987) lassen sich zwei Arten des Erwerbs von Stereotypen unterscheiden: der „instance-based" und der „abstraction-based" Erwerb. Instance-based erworbene Stereotype werden durch einen direkten Kontakt mit Gruppenmitgliedern vermittelt und haben einen intrinsischen Charakter. Die abstraction-based Stereotype werden nur durch indirekten Kontakt, d.h. Weitergabe von Wissen und Erfahrung bezüglich einer bestimmten Gruppe über Dritte, erworben, so dass diese Form der Stereotypenerwerbung einen eher verallgemeinernden Charakter aufweist. Dieser Ansatz ist vergleichbar mit der induktiven und deduktiven Kategorie von Stereotypisierungen nach Schäfer und Six (1978).

Die Einteilung nach Gruppen erfolgt hierbei anhand soziodemografischer Daten, wie ethnische Zugehörigkeit, Alter, Glaubensrichtung, Geschlecht (vgl. Markefka, 1990) und Bildung (vgl. Hradil, 2001). Anhand des Merkmals Alter ist dieser Sachverhalt anschaulich zu erklären, denn gerade hinsichtlich der Themenfelder „Arbeitsfähigkeit" und „Arbeitsleistung" trifft man in der Praxis häufig stereotype Bilder von älteren Mitarbeitern an. Im angloamerikanischen Sprachgebrauch wurde der Begriff „ageism" für das Aufzeigen von Diskriminierung und Voreingenommenheit gegenüber älteren Menschen geprägt (vgl. Palmore, 1991; Illhard, 1993).

In der folgenden Tabelle sind Beispiele für häufig angenommene Vor-, und Nachteile der älteren Mitarbeiter aufgelistet

Tab. 6   Stereotype Einstellungen gegenüber älteren Mitarbeitern

Vorteile	Nachteile
- Zuverlässigkeit	- Sinkende Arbeitsproduktivität
- Pünktlichkeit	- Höhere Unfallhäufigkeit
- Größere Ausgeglichenheit	- Geringe Mobilität
- Größere Erfahrung	- vermehrte Fehlzeiten
- Sorge um den Betriebsfrieden	- Mangel an Kreativität
- Größere Einsatzbereitschaft	- Nachlassen der Körperkräfte
- Verantwortungsbewusstsein	- Nachlassen geistig-intellektueller Kräfte

Stereotypisierungen zeigten sich auch im Urteilsverhalten der Führungskräfte, in Abhängigkeit von Eigenschaftsmerkmalen. So zeigte eine Studie von Bungard und Fischer (1983), dass das Lebensalter des Vorgesetzten ein wesentlicher Faktor für die Leistungsbeurteilung älterer Mitarbeiter war.

Das Urteil jüngerer Führungskräfte ist meist negativer als das der Führungskräfte, die älter sind oder Erfahrung in der Zusammenarbeit mit älteren Mitarbeitern haben (vgl. Niederfranke, 1991; Menges, 2000). Eine mögliche Erklärung hierfür kann die Theorie der sozialen Identität (vgl. Brown, 2002; Fischer / Wiswede, 2002) geben. Die Theorie besagt, dass basierend auf einem Bedürfnis nach positiver Selbstbewertung, Angehörige der eigenen Gruppe positiver bewertet bzw. aufgewertet werden und Angehörige einer Fremdgruppe negativer bewertet bzw. abgewertet werden. Die Zugehörigkeit zu einer bestimmten Altersgruppe kann damit das Urteil von Führungskräften gegenüber Mitgliedern der eigenen und anderen Altersgruppen beeinflussen. Es ist jedoch auch denkbar, dass Führungskräfte ihren eigenen Alterungsprozess durchaus positiv sehen, aber dennoch bei ihren älteren Mitarbeitern vor allem deren Schwächen im Leistungsbereich wahrnehmen. Einen möglichen Ansatzpunkt zur Erklärung kann hier die Attributionstheorie liefern. Der fundamentale Attributionsfehler bezeichnet die Tendenz, „die Personenattribution gegenüber der Attribution auf die Situation oder das Ereignis zu bevorzugen" (Fischer / Wiswede, 2002, S. 302). Sowohl stereotype Einstellungen als auch kognitive Verzerrungen spielen also eine Rolle, wenn sich bei den Führungskräften bestimmte negativ behaftete Vorstellungen vom älteren Mitarbeiter manifestieren.

Auch Ilmarinen und Tempel (2002) gehen in ihren Erläuterungen zum Führungsverhalten gegenüber älteren Mitarbeitern davon aus, dass die Haltung des Vorgesetzten gegenüber seinem eigenen Alterungsprozess einen Einfluss auf die Wahrnehmung der Arbeitsfähigkeit der älteren Mitarbeiter hat. „Ist die Haltung des Vorgesetzten negativ, besteht die Gefahr oder Tendenz, dass er bei älteren Mitarbeitern überwiegend negative Veränderungen wahrnimmt" (Ilmarinen / Tempel, 2002, S. 246). Ist die Haltung zu dem eigenen Alterungsprozess jedoch grundsätzlich positiv, und verfügt die Führungskraft über eine realistische Einstellung gegenüber dem Älterwerden, so beeinflusst dies auch den Blick auf den älter werdenden Mitarbeiter. Das Erkennen, Verstehen und Akzeptieren von altersbedingten negativen wie positiven Faktoren und Veränderungen wird möglich. Bestehen jedoch Vorurteile, d.h. „negative Einstellungen über die Mitglieder einer sozialen Gruppe" (Brown, 2002, S. 547), können diese Attributionen negativer Art bewirken, die sowohl individuelle wie auch kollektive emotionale und kognitive Veränderungen nach sich ziehen. Vorurteilsbildung basiert auf bestehenden Stereotypen, sie wird auch als affektive Komponente stereotypisierter Einstellungen verstanden (vgl. Fischer / Wiswede, 2002). Stereotype können als subjektiv erwartete Korrelation zwischen Gruppenmitgliedschaft und bestimmten Eigenschaften angesehen werden (vgl. Fiedler, 1996). Vorurteile und Stereotype „zeigen ihre unmittelbare Wirkung in der Wahrnehmung und Bewertung von Leistungen älterer Arbeitnehmer durch verantwortliche Vorgesetzte" (Niederfranke, 1991, S. 254; Köster, 2001, S. 23). So ist ein gängiges Vorurteil im Umgang mit älteren Mitarbeitern, dass mit dem Älterwerden ein Nachlassen der Leistungsfähigkeit einhergeht. Dieses Vorurteil basiert auf dem Defizitmodell des Alterns, das generell von einem mit dem Älterwerden verbundenem Leistungsabfall ab etwa dem 30. Lebensjahr ausgeht (vgl. Gussone et al., 1999). Negative Einstellungen können für die älteren Mitarbeiter unterschiedliche Folgen haben. Zum einen werden ihre Erwartungen gegenüber ihrer eigenen Person davon beeinflusst, was zu vermindertem Selbstvertrauen in die eigene Lern- und

Leistungsfähigkeit führen kann. Zum anderen können die negativen Erwartungen zu einer unmittelbaren Benachteiligung seitens der Führungskräfte führen (vgl. Dittmann-Kohli / Heijden, 1996). Die Bildung von Vorurteilen wird stark durch das soziale Umfeld, also auch durch die Unternehmenskultur und Personalpolitik beeinflusst. Während amerikanische Manager ihre Mitarbeiter bis zum 60. Lebensjahr für voll leistungsfähig halten, trauen deutsche Vorgesetzte dies ihren Mitarbeitern nur bis zum 51. Lebensjahr zu (vgl. Wolff et al., 2001). Eine weitere interessante Beobachtung wird in der Literatur durch den „Alters- Bias" in der Wahrnehmung und Bewertung von älteren Arbeitnehmern beschrieben: „Ältere Vorgesetzte und solche mit häufigem direkten Kontakt zu älteren Mitarbeitern beurteilen die Leistungsfähigkeit Älterer positiver als jüngere Vorgesetzte und solche mit weniger direkten Kontakten zu älteren Arbeitnehmern" (Lehr / Niederfranke, 1995, S. 7).

Zusammengefasst können Stereotype folglich als spezifische und zeitlich andauernde Manifestationen von Einstellungen, die durch eine reduzierte Komplexität dieses Einstellungssystems und somit einer ökonomischen Strukturierung sozialer Phänomene gekennzeichnet sind, beschrieben werden. Hierbei können sowohl positive als auch negative affektiv-evaluative Bedeutungen beinhaltet sein (vgl. Burbiel, 1989).

6.1.2 Führung

Ein Unternehmen hat und lebt Kultur. Gerade in der Vermittlung kultureller Normen und Werte nimmt die Führungskraft eine besondere Rolle ein, denn sie repräsentiert mit ihrem Verhalten die gültige Managementkultur einer Organisation.

In vielen Veröffentlichungen wird die Bedeutung der strukturellen und interaktiven Unternehmensführung schon seit langem betont, aber nicht näher untersucht (vgl. Ahrend / Konietzko, 1995; Lehr / Niederfranke, 1995; Nienhüser, 1995; Wörth, 1997; Behrens et al., 1999; Georg / Frerichs, 1999; Gravalas, 1999; Gussone et al., 1999; Ilmarinen, 1999; Buck / Dworschak, 2003; BAuA, 2004; Regnet, 2004; Morschhäuser et al., 2005). Beispielhaft sollen zwei Studien kurz erwähnt werden: Eine richtungsweisende Studie auf diesem Gebiet ist eine 11 jährige Längsschnittstudie (vgl. Ilmarinen, 1999), in der gezeigt werden konnte, dass altersgerechtes Führungsverhalten der einzige hochsignifikante Faktor zur Verbesserung der Arbeitsfähigkeit älterer Mitarbeiter ist. Diese „gute" Führung älter werdender Mitarbeiter wird durch eine realistisch-positive

Einstellung und Haltung der Führungskraft zum eigenen Älterwerden und zu älteren Mitarbeitern, durch individualisierte Organisation der Arbeitsabläufe, durch eine kooperative Führung und altersgerechte Kommunikationsfähigkeit maßgeblich bestimmt (vgl. Ilmarinen / Tempel, 2002). In einer weiteren explorativen Interviewstudie (im deutschsprachigen Raum) „Führung über Fünfzig" wird herausgearbeitet, dass die Führung jüngerer und älterer Mitarbeiter unterschiedlich sei. Junge Mitarbeiter seien einfacher zu führen als ältere. Begründet wird dies mit einer offeneren Haltung, einer begeisterungsfähigeren Einstellung und einem unbelasteterem Erfahrungswissen der jüngeren Mitarbeiter (vgl. Götz/Hilse, 2000).

Die Rolle der Führungskraft für die Förderung und den Erhalt der Arbeitsfähigkeit älter werdender Mitarbeiter ist aus praktischer wie auch aus wissenschaftlicher Sicht ein interessantes Forschungsgebiet, das bis jetzt eher wenig untersucht ist.

Wenn auch eine Fülle von verschiedenen Definitionen des Begriffs „Führung" existieren, so ist doch fast allen gemeinsam, dass Führung als eine Form von Interaktion verstanden wird, die dadurch gekennzeichnet ist, dass über Prozesse der sozialen Einflussnahme bestimmte Ziele erreicht werden (vgl. Chemers / Ayman, 1993; von Rosenstiel, 2001; Weibler, 2001; Wunderer, 2001; Neuberger, 2002). Als besonderes Beispiel ist an dieser Stelle Feedback zu nennen. Durch präzises, ehrliches und prozessnahes Feedback wird die Leistungsfähigkeit gefördert (vgl. Ilgen et al., 1979). Die Qualität und Wirkung des Feedbacks wird maßgeblich von den Fähigkeiten der Führungskraft und ihrer Beziehung zu den Mitarbeitern beeinflusst (vgl. Ashton, 2004).

Grundsätzlich ist zwischen der strukturellen und der interaktionalen Führung zu unterscheiden. Die strukturelle Führung geschieht in Organisationen über Kontextgestaltung und Strukturen, auch Führungssubstitute genannt. Die interaktionale Führung wird als das interaktive Zusammenspiel zwischen Führendem und Geführten verstanden (vgl. Kieser et al., 1995; Rosenstiel, 2001; Wunderer, 2001). Die Führung wird außerdem von gesellschaftlichen, kulturellen und politischen sowie von wirtschaftlichen, technischen und rechtlichen Umweltfaktoren beeinflusst (vgl. Steinle, 1995).

Die Kulturabhängigkeit der Führung ergibt sich durch die Prägung der Führungspraxis und durch die Beeinflussung der Vorkonzeptionen der Führungsforscher durch in einer Gesellschaft vorherrschende Paradigmen, gesellschaftliche Werte und Normen (vgl. Müller, 1995). In den deutschsprachigen betriebswirtschaftlichen Führungslehren wird die Unternehmensführung gerne als ein betriebswirtschaftliches, ganzheitliches Managementkonzept verstanden. Die Menschenführung (interaktionale Führung) ist als Teil dieses Konzeptes zu verstehen. Als Konzepte der Menschenführung im Rahmen sozialer Kontrolle fanden die Situationstheorien der Führung (vgl. Fiedler, 1967; Vroom / Yetton 1973; Hersey / Blanchard, 1969) schnelle Akzeptanz und rasche Verbreitung. Für den deutschsprachigen Raum besonders hervorzuheben ist die große Bedeutung struktureller Regelungen für die Steuerung und institutionelle Legitimation von Verhalten. Hintergrund dieser Präferenzen könnte die niedrige Toleranz für Machtgefälle oder Ungewissheit im deutschsprachigen Kulturraum sein (vgl. Müller, 1995). Dieses führte in der Führungspraxis zu einer großen Akzeptanz der transaktionalen Führung und der strukturellen Dimension der Führung. In der aktuellen Diskussion ist eine verstärkte Verbindung transaktionaler und transformationaler Führung (vgl. Wunderer, 2002) zu bemerken.

Zunehmende Globalisierung, demografischer Wandel, Einflüsse von internationalen, insbesondere amerikanischen Führungsleitlinien wie z.B. diversity Management prägen auch das Führungsverständnis in Deutschland. Insbesondere durch die demografischen Veränderungen in Deutschland und Europa ist die Notwendigkeit eines individualisierten, altersgerechten Führungskonzeptes deutlich erkannt worden „Auf Besonderheiten der Führung älterer Mitarbeiter wird seit langem hingewiesen" (Menges, 2000, S. 206). So forderte die Bundesvereinigung der Deutschen Arbeitgeberverbände (vgl. BDA, 1980) bereits 1980 eine unvoreingenommene Haltung gegenüber älteren Arbeitnehmern, offene Kommunikation über altersbedingte Probleme und entsprechende arbeitsgestalterische Maßnahmen.

Da das Thema „Individualisierung" einen hohen Stellenwert für diesen geforderten Führungsstil einnimmt, soll auf dieses kurz näher eingegangen werden.

Den Anstoß für die gesellschaftliche Individualisierung verbunden mit der Individualisierung der Arbeitswelt gab der Wertewandel (vgl. Pietschmann / Niclas, 2003; Struck, 1998). Die Individualisierung ist durch das menschliche Streben nach Selbstbestimmung und Autonomie gekennzeichnet. Im Berufleben wirkt sich dieses durch eine individuelle Gestaltung der Berufs- und Lebensläufe und Individualisierung eine Anpassung an die Lebensphasen der Mitarbeiter aus (vgl. Hornberger, 2005). Auch lässt sich eine Entwicklung von einer kollektiven zu einer individualisierten und an Lebensphasen orientierter Personalpolitik feststellen (vgl. Wollert, 1998). Befunde zu Motivations- und Führungstheorien und die Unterschiedlichkeit von Menschen und Situationen sprechen für eine individuelle Verhaltensbeeinflussung der Mitarbeiter und gegen eine vereinheitlichte

Personalführung. Eine Individualisierung der Führung stellt damit eine konsequente Weiterentwicklung dar (vgl. Drumm, 1993; Sprenger, 2001; Drumm, 2005). Diese zunehmende Individualisierung ist ein entscheidender Einflussfaktor für ein neues Führungsverständnis. Nach Drumm (2005) prägt Individualisierung die gesamte Führungssituation: Vorgesetzter und Mitarbeiter werden als Akteure der Führungssituation gesehen in der individuelle Werte und Bedürfnisse diese Situation maßgeblich beeinflussen. Führungsleitlinien und Führungsinstrumente sind nach Auffassung des Autors dem jeweiligen Mitarbeiter entsprechend einzusetzen und an die Situation anzupassen. „Eine situative Differenzierung nach Alter und Geschlecht wäre Bestandteil einer Individualisierung der Führung" (Drumm, 2005, S. 580; vgl. Drumm, 1989). Ungeklärt bleibt nach dieser Auffassung jedoch, warum einerseits die primäre Beachtung individueller Werte und Bedürfnisse wiederum in eine Klassifizierung wie z.B. in Altersgruppen mündet. Aufgrund der bereits in vielen Studien nachgewiesenen Zunahme interindividueller Differenzen im Alter scheint dieser Ansatz fragwürdig.

Individualisierte, interaktive Führung und damit das individuelle Eingehen auf Mitarbeiter und Situationen erfordern hohe soziale Fähigkeiten des Vorgesetzten. Realisierbar scheint daher eher den Anfang für eine individuelle Führungsausrichtung in bestimmten Themenbereichen, wie beispielsweise Kommunikation zu setzen.

Eine sensibilisierte Unternehmenskultur, gemeinsame Werte und eine klare Zielstruktur unterstützen die individualisierte, interaktive Führung des Vorgesetzten. Individuelle Führung und Förderung der Mitarbeiter wird des Weiteren als Vorstufe zur Selbstführung „im Sinne einer Hilfe zur Selbsthilfe" (Wunderer, 2001, S. 88; vgl. Drumm, 2005) verstanden. Die Forderung nach Individualisierung des Vorgesetztenverhaltens erfordert von Führungskräften eine Führung im Spannungsfeld von Individualisierung und Generalisierung, im Sinne der Gleichbehandlung. Letztere ist jedoch nicht mit einer identischen Behandlung der Mitarbeiter gleichzusetzen (vgl. Fritsch, 1994; Hornberger, 2005; Kramer, 1995).

Dem individualisierten Führungsverhalten kommt insbesondere für den Erhalt und die Förderung der Arbeitsfähigkeit eine zentrale Rolle zu: „Erhöhte Zufriedenheit mit dem Verhalten des Vorgesetzten/Vorarbeiters verbesserte die Arbeitszufriedenheit im Vergleich mit denjenigen, die damit unzufrieden waren, um das 3,6-Fache" (Ilmarinen / Tempel, 2002, S. 246). Eine altersgerechte Führung ist nach Ilmarinen durch eine aufgeschlossene (nicht stereotype) Einstellung gegenüber dem Alter, Bereitschaft zu kooperieren, Fähigkeit zur individuellen Arbeitsplanung und Kommunikationsfähigkeit gekennzeichnet (vgl. Il-marinen / Tempel, 2002). Die Fähigkeit zur Kooperation zeigt sich nach Auffassung der Autoren durch die Bereitschaft der Führungskraft zur Mitarbeit im Team, die Bevorzugung kooperativer gegenüber hierarchischen Arbeitsmethoden und die Teamorientierung. Die Forderung nach individuellen Arbeitslösungen sieht eine Anpassung der individuellen Arbeitsplanung und -organisation an die Arbeitsfähigkeit des Mitarbeiters vor. Diese individuellen Lösungen müssen Vorgesetzte, betroffene Mitarbeiter und Teamkollegen zusammen entwickeln. Im Umgang mit Beschäftigten, die z.b. mehr Zeit brauchen, um sich an Veränderungen anzupassen (vgl. ebd.), wird eine entsprechend offene, frühzeitige Kommunikation und eine intergenerative Arbeitskultur empfohlen.

Für die Erarbeitung eines unternehmensspezifischen, individualisierten, Führungskonzeptes müssen sowohl die strukturelle als auch die interaktive Dimension von Führung betrachtet werden. Führung wird also nicht auf die Mitarbeiterführung, d.h. die Interaktion zwischen Vorgesetzten und Mitarbeitern beschränkt, sondern wird bewusst auf das strukturelle Umfeld der Organisation und auf die Umweltfaktoren ausgedehnt, da wechselseitige Beeinflussungsprozesse vorliegen. So prägt die Führungskraft durch Interaktionsprozesse den Mitarbeiter und die Unternehmenskultur, wie auch die Mitarbeiter und die Kultur Einfluss auf die Einstellung und das Verhalten der Führungskräfte nehmen.

Ergebnisse von Mitarbeiterbefragungen zum Thema Führung zeigen deutlich Handlungsnotwendigkeiten auf (vgl. Stegmann, 1999): 94,2% der Mitarbeiter sind der Meinung, dass ihre Leistung nicht ausreichend anerkannt wird und 83,9% wünschen sich, dass ihre Vorgesetzten ihnen gegenüber offener, hilfsbereiter und ehrlicher sind. Auch andere Studien kamen zu dem Ergebnis, dass die Beziehungen zu Kolleginnen und Kollegen häufig positiv beurteilt wird, jedoch das Vorgesetztenverhalten deutlich kritischer. Diese Ansicht wurde mit fehlender Zeit für wichtige Anliegen und fehlender Anerkennung und Unterstützung begründet (vgl. Vetter / Redmann, 2005). Auch zeigten sich Hinweise, dass aus Sicht der Mitarbeiter die vorherrschende Kultur als belastend empfunden wurde und dieses die Bewältigung von neuen Arbeitsanforderungen und betrieblichen Umstrukturierungen deutlich erschwere.

Ein erster Hinweis zur Unternehmenskultur findet sich in den jeweiligen Leitbildern. Die folgende Abbildung (vgl. Abb. 14) fasst die wichtigsten funktionalen Merkmale eines Unternehmensleitbildes zusammen, in das sich die beschriebenen Anforderungen sowohl an die Unternehmenskultur als auch an die

Führungskultur integrieren lassen, durch die eine gezielte individuelle Unterstützung möglich ist.

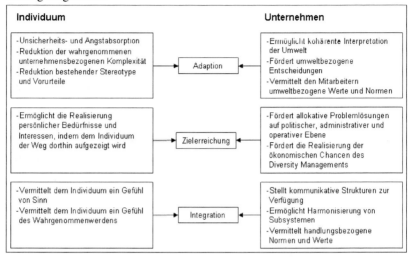

Abb. 14   Funktionen des Unternehmensleitbildes in der Umsetzung (Elmerich, 2007)

Obwohl zahlreiche Autoren das Handlungsfeld „Kultur" zur Förderung der Arbeitsfähigkeit benennen (vgl. Ahrend / Konietzko, 1995; Lehr / Niederfranke, 1995; Morschhäuser et al., 2005), ist bislang ungeklärt wie daraus abgeleitete Einzelmaßnahmen konkret den Gesamtprozess des Älterwerdens positiv beeinflussen können.

6.2 Arbeitsgestaltung

Das derzeitige Arbeitsleben ist durch eine Zunahme arbeitsbedingter gesundheitlicher Risiken gekennzeichnet, deren Ursache in einem Anwachsen psychischer und mentaler Belastungen zu finden ist (vgl. Brödner, 2002).

Entgegen früherer Annahmen, dass ein höherer Autonomiegrad psychische und mentale Beanspruchungsfolgen reduzieren und intrinsische Arbeitmotivation erhöhen kann (vgl. Hackman / Oldham, 1974), konnte in vielen Untersuchungen nachgewiesen werden, dass es auch gerade in Berufen mit hohem Autonomiegrad häufig zu Beeinträchtigungen kam wie beispielsweise Depressionen, Ermüdungs- und Erschöpfungszuständen oder Burnout – Syndromen (vgl. Kalikowske et al. 1995; Trautwein/ Kalms 1995; Moldaschl, 2001). Bereits 1993 bezeichnete Kadritzke dieses Phänomen als „Preis der Autonomie" (Kadritzke, 1993).

Die Betrachtung der Arbeitsgestaltung und ihres Stellenwertes für die Arbeitsfähigkeit macht es notwendig zwei Entwicklungstendenzen in der heutigen Zeit näher zu betrachten: Die Entgrenzung der Arbeit und die Internalisierung des Marktes.

Während in früheren tayloristischen Formen der Arbeitsgestaltung sowohl die Arbeitsaufgaben wie auch Tätigkeitsabfolgen genauestens festgelegt waren, so sind zwar heute Arbeitsaufgaben immer noch inhaltlich umschrieben, nicht aber im Einzelnen festgelegt oder abgegrenzt. Die Mitarbeiter sind häufig verunsichert, da das Arbeitsaufkommen oft nicht genau vorhersehbar ist, personale Zusammensetzungen sich während der Durchführung ändern können oder die Aufgabe an unterschiedlichen Orten erledigt werden muss (vgl. Hatuschel, 2001). Organisatorische und technische Störungen können Gründe für weitere Verunsicherungen liefern.

Durch die Internalisierung des Marktes (vgl. Moldaschl, 1998; Moldaschl / Sauer, 2000) werden wertschöpfende, planende und koordinierende Tätigkeiten in begrenztem Umfang immer mehr in selbststeuernde Einheiten der Organisation integriert. Die Arbeitspersonen selbst sind somit dem steigenden Wettbewerbsdruck spürbar stärker ausgesetzt. Desweiteren findet man in flexiblen, dezentralisierten Organisationsformen der Arbeit immer häufiger, dass Handlunsspielräume erweitert werden, während Verhandlungsspielräume schrumpfen (vgl. Glißmann / Peters, 2001).

Gerade die jüngeren Mitarbeiter sind diesem zunehmenden Druck deutlich länger ausgesetzt als ihre älteren Kollegen. Der daraus resultierende psychische Druck ist unter dem Aspekt, dass psychische Gesundheitsprobleme mit Beeinträchtigung der Arbeitsfähigkeit drastisch zunehmen (vgl. Kap. 3.3.2), ein sehr ernst zunehmendes Risiko.

Im Folgenden werden Arbeitsbedingungen vorgestellt, die das Wohlgefühl des Mitarbeiters positiv unterstützen können.

6.2.1 Arbeitsatmosphäre

Eine positive Arbeitsatmosphäre hat einen positiven Einfluss auf den einzelnen Mitarbeiter wie auch auf interindividuelle Austauschprozesse am Arbeitsplatz. Befunde zeigen, dass besonders gute Leistungen in einem Zustand mittlerer Anspannung, d.h. „einer Balance aus Angespanntheit und Entspanntheit"

(Schulze / Witt, 1997, S.10) erzielt werden. Die Angespanntheit resultiert aus der erforderlichen Leistungsmotivation, die durch das Team und den Vorgesetzten forciert wird. Dabei sollten aber immer das Gefühl von Sicherheit und Vertrauen sowie ein einfaches Wohlfühlen im Team vorherrschen. Nur so ist es möglich, Schwierigkeiten bei der Aufgabenerfüllung oder Fehler als Entwicklungschance zu begreifen. Darüber hinaus ist eine vertrauensvolle Atmosphäre die Voraussetzung dafür, dass die erlebten Phänomene, die das Arbeitshandeln begleiten, auch thematisiert werden können. Das gleiche gilt für Feedback, das nur in einer positiven Arbeitsatmosphäre konstruktiv stattfinden kann. So dient die Arbeitsatmosphäre als ein „[...] Orientierungsmuster, das Verhaltenssicherheit und Anerkennung im sozialen Untereinander gewährleisten soll" (Greverus, 1978, S. 298).

6.2.2 Lernen am Arbeitsplatz

Vor dem Hintergrund einer zunehmend sinkenden Halbwertszeit von Wissen, einer dynamischen Umwelt und des damit verbundenen ständigen organisatorischen Wandels ist die Lernfähigkeit und –bereitschaft der Mitarbeiter als Metakompetenz eine Voraussetzung für die zukünftige Leistungsfähigkeit der Unternehmen (vgl. Bruggmann, 2000).

Das Gemeinsame neuerer Lerntheorien ist die Annahme, dass der Lernprozess ein reflektives Prozessgeschehen ist, das vom Lernenden aktiv gestaltet werden kann, so z.B. das Erfahrungslernen nach Kolb (1984) oder das Lernen als Problemlöseprozess nach Kluge und Schilling. Einigkeit besteht auch weitestgehend darüber, dass die individuelle Motivation, sich interessiert und strukturiert mit einem Gegenstandsbereich auseinanderzusetzen, entscheidend für die Entwicklung eines tieferen Verständnisses, eines Expertentums ist (vgl. Hacker, 1992; Gruber / Ziegler, 1996; Röben, 2001).

Bisher war die betriebliche Sicht, dass Weiterbildungsmaßnahmen für Ältere sich nicht rechneten, „weil diese a) dem Unternehmen nicht mehr so lange zur Verfügung standen und b) man von einem mit Vorurteilen besetzten „Defizit-Modell" ausging" (Schott, 2005, S. 10). Der prognostizierte Mangel an jüngeren Arbeitskräften und die Zunahme des prozentualen Anteils älterer Menschen werden jedoch dazu führen, dass ältere Arbeitnehmer länger eingebunden werden müssen (vgl. Schott, 2005). Lindemann ist der Auffassung, dass durch die Heraufsetzung der gesetzlichen Altersgrenze auf das vollendete 67. Lebensjahr die Qualifikation eines 50-Jährigen eine lohnende Investition ist, wenn dieser mindestens noch 15 Jahre im Unternehmen bleibt (vgl. Lindemann, 2005). Lebenslanges Lernen ist zum Erhalt wirtschaftlicher Produktivität und Wettbewerbsfähigkeit notwendig (vgl. Kolland, 2005). Somit ist es erforderlich, die Qualifikationen aller Erwerbstätigen zu erhalten bzw. zu verbessern. „Die Motivation zum kontinuierlichen lebenslangen Weiterlernen muss gefördert werden" (Lindemann, 2005, S. 16), indem Führungskräfte selbst mit gutem Beispiel vorangehen und „die Lernbereitschaft und Lernwilligkeit bei ihren Mitarbeiterinnen und Mitarbeiter unterstützen" (Lindemann, 2005, S. 17). Da Bildung zudem „als Möglichkeit, auf Bedürfnisse und Erwartungen der je gegenwärtigen Lebenssituation zu reagieren" (Kolland, 2005, S. 5) verstanden werden kann, ist Lernen zu jeder Lebensphase sinnvoll.

Darüber hinaus dient lebenslanges Lernen einem positiven Selbstbild und einer positiveren Sichtweise bezüglich des eigenen Älterwerdens, „denn Interessen zu haben, noch lernen zu können und zu wollen, ist mit positiven Selbsteinschätzungen verbunden, mit der Einschätzung noch nicht alt zu sein" (Tews, 1993, S. 239). Geeignete unterstützende Maßnahmen sind Information und Interaktion, denn „...mit Informationen können Vorurteile richtig gestellt werden. (…) Auch die Interaktion bei gemeinsamen Begegnungen von Alt und Jung korrigiert falsche Vorstellungen" (Witterstätter, 2003, S. 70).

Die folgenden Ausführungen beziehen sich auf die Angaben des Statistischen Bundesamtes zur Bildung und beruflichen Weiterbildung in Westdeutschland (2003). Dabei werden subjektive und objektive Indikatoren zu beruflichen Weiterbildungsaktivitäten in Deutschland betrachtet. Es werden drei Qualifikationsniveaus (Personen ohne abgeschlossene Berufsausbildung, Personen mit abgeschlossener Berufsausbildung und Personen mit einem Fachhoch- oder Universitätsabschluss) und zwei Altersgruppen (20 bis unter 45 Jahre, 45 bis unter 65 Jahre) unterschieden.

In der folgenden Tabelle (Tab. 7) wird der Zusammenhang zwischen beruflicher Weiterbildung und Erwerbstätigkeit aufgezeigt.

Es ist anzunehmen, dass die Teilnahmequote vom Niveau der beruflichen Erstausbildung abhängig ist, da die Quoten mit zunehmendem Qualifikationsniveau steigen. Zudem weisen jüngere Personen höhere Teilnahmequoten als ältere Personen auf. Gründe für eine deutlich geringere Teilnahme der Nicht-Erwerbstätigen können z.B. wenige Angebote oder fehlende Anreize im sozialen Umfeld sein.

Tab. 7 Teilnahme an beruflicher Weiterbildung nach Erwerbsstatus (Statistisches Bundesamt, 2003, S. 484)

Strukturmerkmale	Altersgruppe								
	20 bis unter 45 Jahre				45 bis unter 65 Jahre				Tot.
	Qualifikationsniveau								
	oaB	maB	FHS/HS	Tot.	oaB	maB	FHS/HS	Tot.	
	in % (Spalten)								
Westdeutschland									
Anteil der Weiterbildungsteilnehmer unter den Erwerbstätigen	12	35	46	33	8	27	44	26	30
Anteil der Weiterbildungsteilnehmer unter den Nicht-Erwerbstätigen	(4)	11	(16)	9	(2)	4	/	4	5
Anteil der Erwerbstätigen	64	84	89	81	48	63	81	61	71

Stichprobe umfasst Wohnbevölkerung in Deutschland, sofern die Personen nicht in einer betrieblichen Ausbildung/Lehre, einer betrieblichen Umschulung oder in Vollzeitausbildung sind. Hinweis:
Alle Angaben beziehen sich auf einen Drei-Jahres-Zeitraum vor der Befragung.
Legende zum Qualifikationsniveau:
oaB: ohne abgeschlossene Berufsausbildung;
maB: mit abgeschlossener Berufsausbildung (Lehre, Berufsfachschule/Handelsschule, Schule
des Gesundheitswesens, Fachschule, Beamtenausbildung oder »sonstiger (beruflicher)
Ausbildungsabschluss«);
FHS/HS: Fachhochschule/Ingenieurschule oder Universität/Hochschule.
(x) Geringe Fallzahlen. – / Kein Nachweis.
Vorläufige Hochrechnungsfaktoren.

Tabelle 8 zeigt unterschiedliche Motive für eine Weiterbildung, unabhängig davon, ob die Befragten bereits an einer solchen teilgenommen haben oder nicht.

Tab. 8 Motive, die für eine Teilnahme an beruflicher Weiterbildung sprechen (Statistisches Bundesamt, 2003, S. 486)

Motive	Altersgruppe								
	20 bis unter 45 Jahre				45 bis unter 65 Jahre				Tot.
	Qualifikationsniveau								
	oaB	maB	FHS/HS	Tot.	oaB	maB	FHS/HS	Tot.	
	in % (Spalten); Mehrfachnennungen möglich								
Westdeutschland									
Anpassung an neue Entwicklungen	30	63	84	61	19	48	71	46	55
Weiterqualifikation	31	57	63	54	7	21	24	19	40
Kenntnisse auffrischen	19	45	52	42	13	33	54	32	38
Neue Gebiete kennen lernen	26	35	52	36	16	19	30	20	30
Umschulung	19	18	13	17	3	5	4	5	12
Abschlussprüfung nachholen	11	5	8	6	3	1	0	1	4

„Es zeigt sich …, dass die Bedeutung der beruflichen Weiterbildung mit zunehmendemQualifikationsniveau steigt" (Statistisches Bundesamt, 2003, S. 485). Ebenso ist zu erkennen, dass berufliche Weiterbildung bei jüngeren Erwerbstätigen eine größere Rolle spielt als bei älteren. Für Ältere sind die Aspekte „Anpassung an neue Entwicklungen" sowie „Kenntnisse auffrischen" relevant, wohingegen „Weiterqualifikation" und „Neue Gebiete kennen lernen" einen geringen Stellenwert besitzen. Umschulungen und das Nachholen einer Abschlussprüfung werden zudem eher von Jüngeren und Personen mit einem geringeren Qualifikationsniveau wahrgenommen.

Die vom Bundesamt erfassten Ursachen für die Nicht-Teilnahme an Weiterbildungsmaßnahmen waren vor allem finanzielle Gründe und fehlende Zeit, wobei diese Motive mit zunehmendem Qualifikationsniveau an Bedeutung verlieren.

Der Grund, dass sich die Berufschancen durch eine Weiterbildung nicht verbessern, wurde insbesondere von Älteren genannt. Die Tatsache, dass ältere Mitarbeiter weniger durch externe Anreize motiviert werden an einer Weiterbildung teilzunehmen, erklären Funk et al. dadurch, „dass die Amortisationszeit für Humankapitalinvestitionen mit zunehmendem Alter sinkt" (Funk et al., 2005, S. 211).

Abschließend kann festgehalten werden, dass Jüngere und besser Qualifizierte höhere Teilnahmequoten aufweisen. Die Weiterbildungsmaßnahmen scheinen sich somit auf die leistungsfähigsten Erwerbstätigen zu konzentrieren.

Die Motivation zum lebenslangen Lernen muss sowohl vom Individuum selbst, wie auch von aussen unterstützt werden. So betont auch Senge, dass eine gute Organisationsentwicklung und eine lernende Organisation nur dann möglich sind, wenn Betroffene zu Beteiligten werden (vgl. Senge, 1990). Das Individuum selbst hat dann die Verantwortung diesen Rahmen eigeninitiativ entsprechend seiner Interessen und Ziele zu nutzen (vgl. Fuchs, 1999).

Für die externe Unterstützung der Mitarbeiter ist der Aufforderungscharakter durch die Struktur der Arbeitsorganisation wichtig. Unternehmen, denen dieses bewusst ist und die Wissensträger gezielt fördern, auch wenn mit der Förderung kurzfristig eine Vernachlässigung der Finanzziele einhergeht, werden zu den Gewinnern zählen (vgl. Probst / Raub, 2003). Die Lernförderlichkeit am Arbeitsplatz und seine Konsequenzen wurden bereits vielfach erforscht und Verbesserungspotenziale herausgearbeitet. Dieses belegen auch Studien auf Basis des Lernförderlichkeitsinventares (LFI) mit den folgenden Dimensionen: Selbstständigkeit, Partizipation, Variabilität, Komplexität, Kommunikation/Kooperation, Feedback und Information (umfassende Darstellung: Frieling et al., 2006).

Insgesamt führen Weiterqualifikationen zu höheren interindividuellen Differenzen. Je höher die Qualifikation der Mitarbeiter, um so höher auch die Ansprüche an Entwicklungschancen, Autonomie, und Identifikationsmöglichkeiten bei der Arbeit (vgl. Dierkes et al., 1993).

Die Unternehmen stehen vor der Herausforderung, Lösungen für das Spannungsfeld zwischen Unternehmensinteressen und den jeweiligen Mitarbeiterinteressen zu finden (vgl. Scholz, 2000).

6.2.3 Lern- und Fehlerkultur

Der Gedanke des lebenslangen Lernens bildet die Basis einer Lernkultur in Unternehmen. Im Rahmen dieser Kultur sollen die Aktivität des Lernens genauso gefördert werden wie Selbststeuerung und Kooperation. Es muss einsichtig werden, dass geteiltes Wissen mehr zählt als einzeln gehortetes Wissen. Diese Forderung impliziert eine neue Kultur individuellen und organisationalen Lernens, in der lebenslanger Wissenserwerb, Erfahrungsaustausch und kooperative Zusammenarbeit zur Selbstverständlichkeit für jeden werden.

Für das Lernen im Arbeitsprozess ist es wichtig, dass die Mitarbeiter ihren Handlungsspielraum aktiv ausnutzen und neue Lösungsstrategien ausprobieren (vgl. Kap. 3.1.3). Ein solches Handeln, das auf Experimentieren, d.h. Versuch und Irrtum basiert, kann auch immer beinhalten, dass das gewünschte Ziel nicht oder nicht vollständig erreicht wird bzw. Fehler gemacht werden. „Eine fördernde Wissenskultur sollte das Bewusstsein stärken, dass Fehler einen Teil des Lernprozesses darstellen." (Herbst, 2000, S.34). Eine Unternehmenskultur, die keine Fehler zulässt, wird prinzipiell ein Ausprobieren neuer Verhaltensweisen behindern. Wird in einer Kultur jedoch offen und konstruktiv mit Fehlern umgegangen und werden Fehler als potenzielle Lernchance aufgefasst, wird die Motivation der Mitarbeiter tendenziell höher sein, Neues auszuprobieren und somit aktiv Erfahrungen zu sammeln.

Gerade bei schwierigen Problemen sind Fehler nicht selten eine notwendige Voraussetzung für die erfolgreiche Suche nach der richtigen Lösung. So nehmen auch Erpenbeck und Heyse (1999) an, dass gerade negative Erfahrungen z.B. mit Fehlern bei der Gewinnung und Erschließung neuen Wissens über den Lerngegenstand und über die eigene Handlungskompetenz entscheidend für die individuelle Entwicklung sind. Eine erfahrungsförderliche Unternehmenskultur sollte daher durch das Zulassen von Fehlern und einen offenen und konstruktiven Umgang mit Fehlern gekennzeichnet sein. Fehler dürfen nicht mit Sanktionen bestraft werden, sondern müssen als Lernchance verstanden werden. Montessori (1989, S. 222) drückt dies in den Worten aus, wir sollen „dem Fehler gegenüber ein freundschaftliches Verhalten an den Tag legen und ihn als einen Gefährten betrachten, der mit uns lebt und einen Sinn hat."

Nach Waibel und Wehner (1997) können Fehler Handlungsalternativen darstellen und so das Handlungsrepertoire erweitern, um Fehler nicht nur zu korrigieren, sondern auch durch ausreichende Reflexion neue vergleichbare Fehler zu vermeiden. Der konstruktive Umgang mit Fehlern erfordert demnach Zeit zum nochmaligen Nachdenken und zu einer Analyse des Fehlers. Das Richtigstellen und Verbessern von aufgetretenen Fehlern sind wichtige Bestandteile jedes Lerngeschehens (vgl. Hammerer, 1999). Ein eigenverantwortliches Lernen ist erst dann abgeschlossen, wenn auch die Kontrolle und Korrektur statt gefunden haben. Erfahrene Mitarbeiter können besonders dann beratend begleiten und individuelle Hilfestellung geben, wenn Fehler nicht von den Individuen erkannt und korrigiert werden können. Die Unterstützung durch die Arbeitsgruppe und durch Erfahrene erleichtert den weniger Erfahrenen, neue Verhaltensweisen aktiv auszuprobieren, da sie sich im Umfeld wohl fühlen, was die Angst vor dem Scheitern und dessen Folgen herabsetzt. In einer angstfreien, entwicklungsfördernden Umgebung kann offen über die Fehler gesprochen und es können gemeinsam Lösungsmöglichkeiten gefunden werden. Eine positive Arbeitsatmosphäre, die durch gegenseitiges Vertrauen gekennzeichnet ist, ist dabei von entscheidender Wichtigkeit. Nur so wird dem Mitarbeiter die Angst genommen, die gemachten Fehler als solche zu akzeptieren. Hammerer (2001) betont, dass derjenige, der Angst vor Fehlern haben muss, kein Risiko eingeht und sich auf nichts Neues einlässt. Im Zuge der derzeit statt findenden Entlassungswellen in Unternehmen und der dadurch ausgelösten „Furcht vor Ausmusterung" nimmt auch der Mut ab, Risiken einzugehen (vgl. Naegele, 2004). Keiner probiere mehr neue Ideen aus – ein Misserfolg könnte schließlich den Job gefährden. Jeder Mitarbeiter sollte daher einen positiven Vertrauensvorschuss bekommen und dieses auch spüren.

Insgesamt bietet die Verknüpfung von Arbeit und Lernen im Team den Nährboden für den für den Lernprozess notwendigen Perspektiv- und Situationswechsel zwischen Leistungserbringung und Reflektieren der Arbeitssituation. In der kollektiven Reflexion können zum Einen die eigene Einsicht in eine ressourcenorientierte Bewältigung gefördert werden und zum Anderen soziale Beziehungen aufgebaut oder intensiviert werden, die dann wiederum als Ressource dienen können (vgl. Brödner, 2002).

Neben den positiven Konsequenzen, die aus Fehlern resultieren, ist auch zu beachten, dass manche Fehler kein Lernpotenzial enthalten und als sinnlos und unproduktiv bezeichnet werden müssen. Wenn es etwa durch mangelndes Fachwissen zu Fehlern kommt, kann man nicht von einer produktiven Fehlersituation sprechen. Unproduktiv ist das Fehlermachen auch dort, wo dieselben Fehler immer wieder gemacht werden, ohne dass gelernt wird, diese Fehler zu erkennen, zu korrigieren und letztendlich zu vermeiden.

Aus unternehmenskultureller Sicht sind somit an erster Stelle Strategien gefragt, mit denen eine positive Einstellung zu Fehlern aufgebaut und ein Bewusstsein für Fehler als Lernchancen entwickelt werden können. In diesem Sinne stellt der offene und konstruktive Umgang mit Fehlern eine notwendige Voraussetzung für den Erhalt und den Aufbau von Ressourcen dar.

6.2.4 Situationsvielfalt

Zur Berücksichtigung der in Kapitel 3 und 4 dargestellten Bedeutung des individuellen Erlebens der eigenen emotionalen, kognitiven und körperlichen Ressourcen und Fähigkeiten ist die Situationsvielfalt ein wichtiges Gestaltungselement. Durch sie wird dem Individuum eine ganzheitliche und komplexe sinnliche Wahrnehmung ermöglicht. Beispielsweise kann sich im Dienstleistungsbereich dieser Gestaltungspunkt eher auf die Wahrnehmung nonverbaler Anteile in der Kommunikation konzentrieren – sei es mit Kunden oder mit Teamkollegen. Diese Art der Wahrnehmung kann in der traditionellen Weiterbildung geschult werden, indem u.a. die Sensitivität für soziale Prozesse gefördert wird. Ein Beispiel ist das klassische Sensitivitätstraining, in welchem Methoden zur Selbsterfahrung und Selbstreflexion im Vordergrund stehen. Die Teilnehmer sollen dabei eine sensiblere Selbst- und Fremdwahrnehmung entwickeln und mehr Verständnis für Einstellung und Verhalten der anderen Teilnehmer entwickeln (vgl. Goldstein, 1986). Ein weiterer Vorteil dieses Trainings ist es, durch Fallbearbeitung und Supervision Einblicke in unterschiedlichste Arbeitssituationen erlangen zu können.

Die Umsetzung der Gestaltungsdimension Situationsvielfalt kann durch die Gewährleistung einer hinreichenden Bandbreite und Differenziertheit der Arbeitssituationen realisiert werden. Wie in Kapitel 4 dargelegt, sind die individuellen Wahrnehmungsfilter ein wesentliches Moment zur Einschätzung der eigenen Arbeitsfähigkeit. Eine Vielfalt sowohl neuer als auch vertrauter Arbeitssituationen bei gleichzeitiger Reflexion der Erlebnisse fördert die Fähigkeit für eine realistischere Selbsteinschätzung und dient gleichzeitig der Kompetenzentwicklung, denn „die Entwicklung von Kompetenz ist davon abhängig, wie oft Situationen mit Neuigkeitscharakter auftreten, in denen sich der Beschäftigte angemessen verhalten muss." (Frieling / Sonntag, 1999, S.164). Auch die Konfrontation mit zu bewältigenden Herausforderungen und kritischen Ereignissen wirkt sich förderlich auf den Kompetenzerwerb aus. Je größer die Veränderung in den Anforderungen, je schwieriger die zu lösenden Probleme und je überraschender die Ereignisse eintreten, desto mehr Lernmöglichkeiten ergeben sich (vgl. McCall et al., 1988) dadurch, dass die Reflexion angeregt wird. Beispiele für die praktische Umsetzung dieser Gestaltungsdimension sind Modelle wie Job Rotation oder Job Enrichment.

Neben der Situationsvielfalt sollte die Arbeitsgestaltung zur präventiven Förderung der individuellen Kompetenzentwicklung, der Selbstwertschätzung und des Kontrollerlebens möglichst vollständige und anforderungsvielfältige Tätigkeiten mit entsprechenden Handlungs- und Entscheidungsspielräumen generieren (vgl. Fritsch, 2003). Hervorzuheben ist jedoch, dass der Handlungsspielraum genau den Kompetenzen des Einzelnen anzupassen ist, also keine Überforderung darstellt. Nach Rosenstiel (2003) bietet ein großer Handlungsspielraum die Möglichkeiten zum persönlichen Wachstum dadurch, dass er jedem Arbeitenden die Chance lässt, sein Arbeitsgebiet als „Lernfeld" zu interpretieren und dort neue Erfahrungen zu sammeln (vgl. Rosenstiel et al., 2003). Ein großer Handlungsspielraum ermöglicht dem Arbeitenden, das angestrebte Arbeitsziel auf verschiedene Arten und Weisen zu erreichen. Eine wertvolle Basis zur Nutzung des Handlungsspielraums und zur Förderung des aktiven Experimentierens ist eine wie bereits in Kapitel 6.2.3 beschriebene positive Fehlerkultur.

Die Bedeutung dieser Gestaltungselemente für die persönliche Entwicklung über das gesamte Arbeitsleben kann anhand von Mitarbeitern mit geringem Entscheidungsspielraum aufgezeigt werden. Zwar können sie eine persönliche Zufriedenheit mir ihrer Arbeit entwickeln, zeigen aber kein Interesse an einer Höherqualifikation oder an einer Veränderung oder Ausweitung ihres Entscheidungsspielraums (vgl. Ilmarinen / Tempel, 2002). Ein weiteres Phänomen, das im Zusammenhang mit einförmigen Arbeitsaufgaben diskutiert wird, ist die „psychische Sättigung" (Schulz-Hardt et al., 2001). Diesem Konzept zufolge führen ständige Handlungswiederholungen, bei einer hohen Ich–Involviertheit und damit einhergehender stärkeren Vertrautheit, zu einem Nachlassen der intrinsischen Motivation. Wenn die Handlungen ausschließlich von extrinsischen Motivatoren abhängig sind, so ist ein Sättigungseffekt erreicht, der sich in einer Abneigung gegenüber dieser Handlung niederschlägt. Die Folge für diese Personengruppe ist, im Falle notwendiger Veränderungsmaßnahmen, eine erhöhte Wahrscheinlichkeit für erhebliche physische, psychische und soziale Schwierigkeiten, die sich vordergründig als vegetative Störungen, Versagensängste und Depressionen darstellen.

Insgesamt sind die Situationsvielfalt, eine positive Fehlerkultur sowie ausreichende Handlungs- und Entscheidungsspielräume wichtige Gestaltungselemente für die Bewältigung der Arbeitsaufgaben. Die Größe des positiven Einflusses hängt jedoch von individuellen wie kollektiven Kompetenzen ab, diese Bedingungen entwicklungsförderlich zu nutzen.

6.2.5 Arbeitszeit

Die Arbeitszeitgestaltung ist ein weiterer Schlüsselfaktor zur Förderung und zum Erhalt der Arbeitsfähigkeit. Im Folgenden werden die wichtigsten arbeitszeitbezogenen Forschungsfelder dargestellt.

Dauer der Arbeitszeit

Die Gestaltungsvariabilität dieses Kriteriums erstreckt sich von einem Tag, einer Woche, einem Monat, einem Jahr bis hin zum gesamten Berufsleben. Die Arbeitszeit in den verschiedenen Phasen des Berufslebens sollte so gestaltet werden, dass sie erstens den unterschiedlichen Bedürfnissen und Wünschen entgegen kommt und zweitens die Möglichkeiten eröffnet, länger im Erwerbsleben zu bleiben.

Die meisten vorliegenden Untersuchungen beziehen sich auf die tägliche Arbeitszeit. Da im Zuge einer zunehmenden unternehmensorientierten Flexibilisierung der Arbeitszeit mit einer phasenweisen Ausdehnung der täglichen Arbeitsdauer zu rechnen ist, sind die möglichen negativen Auswirkungen von langen täglichen Arbeitszeiten, z. B. neun, zehn oder in Sonderfällen zwölf Stunden, von Bedeutung.

Als wichtige negative Effekte einer längeren täglichen Arbeitszeit ergaben sich in verschiedenen Untersuchungen (z. B. Jung et al., 1998; Knauth, 2000; Spencer et al., 2000; Nachreiner, 2001; Knauth / Hornberger 2005, Knauth, 2007):

- überdurchschnittliche Ermüdung, Schläfrigkeit
- schlechtere Leistung
- erhöhtes Unfallrisiko
- Akkumulation von toxischen Arbeitsstoffen
- erhöhte Krankheitsrate

Von diesen Problemen sind jüngere und ältere Mitarbeiter gleichermaßen betroffen. Wenn jedoch der Mitarbeiter kognitive, emotionale oder gesundheitliche

Probleme hat, ist die Wahrscheinlichkeit negativer Effekte bei überlangen täglichen Arbeitszeiten erhöht. Ilmarinen (1999) empfiehlt daher prinzipiell, die Dauer der täglichen Arbeitszeit mit zunehmendem Alter in Abhängigkeit früherer und aktueller Arbeitsbelastung stärker zu reduzieren. Beispiele wie die „Sonderrotte" im ÖPNV-Bereich zeigen, „dass schon eine Verkürzung der Arbeitszeit um ein paar Stunden pro Tag sehr viel an Belastungsabbau bewirken kann" (Marstedt et al., 2003). Gerade für Mitarbeiter mit schweren psychosozialen Symptomen ist eine Vollzeittätigkeit kein realistisches Ziel. Für diese Personengruppe sind Maßnahmen wie z.B. Teilzeitbeschäftigung, flexible Arbeitszeiten und Überbrückungshilfen erforderlich. Allerdings gehen mit der Realisierung verschiedener Teilzeitstufen bei Schichtarbeit, vor allem bei kontinuierlicher Arbeit, relativ große organisatorische Probleme einher.

Bezüglich der Berufsarbeitszeit beschreiben Peter und Strohm (2000) ein erfolgreiches Stafettenmodell im Schweizer Gesundheitswesen, bei dem ältere Mitarbeiter mit stufenweise verringerter Arbeitszeit aus dem Arbeitsprozess aussteigen, während jüngere Mitarbeiter sukzessive in den Arbeitsprozess hineinwachsen. Husemann et al. (2003) haben Modelle für eine stufenweise Verringerung der Arbeitszeit gegen Ende des Berufslebens für die folgenden Tätigkeiten vorgeschlagen: Lokführer, Pflegedienst im Krankenhaus, mechanische Metallbearbeitung in der industriellen Fertigung sowie Bürotätigkeiten. Sehr interessante, individuelle Altersteilzeitmodelle im ÖPNV werden von Kohlfelder et al. (2001) beschrieben.

Auf Seiten der Mitarbeiter gibt es jedoch in vielen Betrieben Widerstände gegen ein freiwilliges stufenweises Ausscheiden aus dem Berufsleben. Einige Gründe, die nach Ansicht älterer Mitarbeiter gegen dieses Modell sprechen, sind (vgl. Frerichs, 1998; Zimmermann et al., 1999; Wolff et al., 2001):

- Die älteren Arbeitnehmer möchten ihren Arbeitsplatz nicht mit einem jüngeren Kollegen teilen.
- Sie haben ihr ganzes Arbeitsleben in einem rigiden Vollzeitjob gearbeitet und haben Probleme, mit reduzierten oder flexibilisierten Arbeitszeiten zurechtzukommen.
- Die Teilzeitarbeit bedeutet Statusverlust
- Spezielle Sonderregelungen für ältere Mitarbeiter können sie als problematische Gruppe stigmatisieren
- Sie fühlen sich fit genug für Vollzeitarbeit.
- Die finanziellen Auswirkungen sind nicht zu verkraften.

Unterbrechung der Arbeitszeit

Ältere Mitarbeiter brauchen vor allem bei körperlich anstrengender Arbeit i. a. mehr Zeit für Erholung von der Arbeitsbelastung als jüngere. „Recovery mechanisms at the cell level slow down with age (...) the need for rest accumulates during work life" (Ilmarinen, 1999, S. 197).

Zahlreiche klassische Untersuchungen (Übersicht z.b. Knauth, 1998) haben gezeigt, dass Kurzpausen eine Reihe positiver Auswirkungen haben können:

- Erholung von der Arbeitsbelastung
- Verhinderung von Ermüdung, Reduzierung von Beanspruchungsempfinden
- Leistungssteigerung vor und nach der Kurzpause
- Aufrechterhaltung eines ausreichenden Wachsamkeitsniveaus
- Zeit für Nahrungsaufnahme, informelle Kommunikation, Ausgleichsgymnastik.

Die klassische Studie von Sheperd und Walker (vgl. Jansen und Haas, 1991) zeigte die folgenden Effekte von Pausen: Erstens nahm der Anteil der Fehltage mit der Schwere der Arbeit zu. Zweitens war der Anteil der Fehltage bei den über 45jährigen höher als bei den unter 45jährigen. Drittens nahm der Anteil der Fehltage von „ununterrochener Arbeit" über „einige Pausen" bis „häufige Pausen" deutlich ab.

Neben Kurzpausen sind auch die Ruhezeiten zwischen Arbeitsschichten von besonderer gesundheitlicher Bedeutung. So zeigten z.B. Studien bei Druckereiarbeitern, Fluglotsen und Polizisten, dass Ruhezeiten von nur 11 Stunden oder sogar mit noch kürzeren Zeiträumen zu dramatischen Schlafverkürzungen führen können (Literaturübersicht bei Knauth / Hornberger, 1997).

Gerade im Erwachsenenalter konnten Schlafdefizite festgestellt werden mit Folgekosten, die auf fast eine Milliarde Euro geschätzt werden (vgl. Sallinen / Härmä, 2000). Die Häufigkeit des Auftretens liegt zwischen 15 und 35%.

Beginn und Ende der Arbeitszeit

Wenn Arbeitsbeginn und –ende individualisiert werden, kann dies positive Auswirkungen auf die Zufriedenheit, Gesundheit und Leistung der Betroffenen haben. So ergab eine Studie bei Wartungsingenieuren einer britischen Fluggesellschaft, dass die Gesundheitsbeeinträchtigungen umso geringer ausfielen, je mehr Kontrolle die Mitarbeiter über Beginn und Ende ihrer Arbeit hatten (vgl. Folkard, 2003). Eine Längsschnittstudie bei Fahrern im ÖPNV führte zu ähnlichen Ergebnissen. Es zeigte sich, dass eine Individualisierung der Dienstpläne nicht nur zu einer größeren Zufriedenheit der Mitarbeiter führte, sondern es kam auch zu einer Abnahme der Unfälle um 20,3% und der Kundenbeschwerden um 52%, während diese Messwerte in der Kontrollgruppe in demselben Zeitraum leicht zunahmen (vgl. Knauth et al., 1999; Gauderer und Knauth, 2004).

Lage der Arbeitszeit, Schichtarbeit
Da Schichtarbeiter sowohl gegen den Rhythmus ihrer „inneren Uhr" als auch gegen den Rhythmus des sozialen Umfeldes arbeiten müssen, kann Schichtarbeit – vor allem Nachtarbeit – zu folgenden Problemen führen (Literaturübersicht z. B. Knauth / Hornberger, 1997):

- Schlafstörungen
- Appetitstörungen
- Erkrankungen (z. B. des Herz-Kreislauf-Systems oder im Magen-Darm-Bereich)
- Störungen des sozialen Lebens (Familienleben, weiteres soziales Umfeld)
- Fehlleistungen, Unfälle

Viele Schichtsysteme in der Bundesrepublik Deutschland entsprechen nicht neueren arbeitswissenschaftlichen Empfehlungen (vgl. Knauth / Hornberger, 1997; Knauth, 2003). Untersuchungen von Bøggild und Jeppesen (1999) zeigen jedoch, dass je mehr dieser Empfehlungen bei der Schichtplangestaltung berücksichtigt wurden, desto geringer waren die Risikofaktoren für Herz-Kreislauferkrankungen ausgeprägt.

Arbeitszeitautonomie
Baillod (1997) unterteilt sein Konstrukt der Autonomieorientierung in das der kurzfristigen und das der langfristigen Kontrolle. Unter kurzfristiger Kontrolle versteht er die Einflussnahme der Mitarbeiter auf die Arbeitszeit, um aktuelle Bedürfnisse zu befriedigen. Die langfristige Kontrolle dient der Beeinflussung der Arbeitszeit nach längerfristigen Bedürfnissen, z. B. Lebensphasen.
Ferreira (2001) differenziert nach „Arbeitszeitautonomie" (z.B. Pausen, Urlaub, Beginn/Ende der Arbeitszeit) und „Restzeitautonomie" (z.B. Einkaufen, Freunde, Hobby, Vereine). Diese Einteilung ist auch methodisch sehr sinnvoll, da die speziellen Effekte der unterschiedlichen Autonomiebereiche besser untersucht werden können. Gerade durch eine unternehmensorientierte Flexibilisierung der Arbeitszeit und durch bestimmte Schichtsysteme wird die Restzeitautonomie erheblich eingeschränkt.

In einer Literaturzusammenstellung stellt Knauth (2002) die folgenden Risiken einer rein unternehmensorientierten Flexibilisierung dar:

- schlechtere Planbarkeit der Freizeit
- Desynchronisation vom sozialen Umfeld
- Erschwerung der Betreuung von Kindern und Pflegebedürftigen
- Widerspruch zu Arbeitszeitpräferenzen
- Störung der circadianen Rhythmik
- Müdigkeit und Schlafstörungen
- psychische Beanspruchung, Burn-out
- Gesundheitsbeeinträchtigungen
- Fehler, Unfälle
- geringere Zufriedenheit mit Arbeitszeit
- Beeinträchtigung von Karriere und Erwerbsbiographie
- Sicherheit des Arbeitsplatzes
- Einkommenseinbuße
- Statusverlust

Die mitarbeiterorientierte Erhöhung des Autonomiegrades kann dagegen zu folgenden positiven Auswirkungen führen (vgl. Knauth, 2002):

- bessere Vereinbarkeit von Beruf und Familie
- Anpassung der Arbeitszeit an Präferenzen, an Biorhythmus
- besser für soziale Kontakte, spezielle Hobbies
- Erhöhung der Zeitsouveränität
- größere Zufriedenheit mit der Arbeitszeit
- höhere Arbeitsmotivation
- mehr Zeit für Weiterbildung, außerberufliche Verpflichtungen
- Verstetigung des Einkommens trotz variabler Arbeitszeiten
- bei gesundheitlichen Einschränkungen längere Regenerationsphasen durch Teilzeit
- mehr Beschäftigungssicherheit, Zugang zum Arbeitsmarkt

Gerade wenn ein mangelndes positives soziales Klima vorherrscht, wird eine hochgradige Fremdbestimmung als besonders belastend empfunden (vgl. Pekruhl, 2000). In einigen Studien konnte gezeigt werden, dass es möglich ist, bei einer Flexibilisierung der Arbeitszeit sowohl betriebliche Ziele als auch Wünsche der Mitarbeiter und arbeitswissenschaftliche Empfehlungen gleichzeitig zu realisieren (z. B. Knauth et al, 1999; Knauth, 2000; Knauth et al., 2003)

Lebensphasen

Fasst man eine Destandardisierung der Lebensarbeitszeit unter dem individuellen Aspekt ins Auge, so muss man sich mit arbeits- und lebensweltlichen Belastungen innerhalb verschiedener Lebensphasen befassen. Nach einer Übersicht über die Biographie- und Lebenslaufforschung fordert Barkholdt (1998, S. 65) einen ganzheitlichen Ansatzes des Lebensführungskonzeptes und kommt zu folgender Aussage: „Die flexible Reaktion auf sich wandelnde exogene und endogenen Bedingungen und deren dauerhafte Integration in der Lebensführung, d. h. deren Gelingen wird als Vorraussetzung für die Stabilität des Lebenslaufen angenommen".

Barkholdt (1998) unterscheidet zwischen folgenden Lebensphasen:

- Ausbildung
- Familiengründung
- Erziehung
- Pflege
- Übergang

Die Untersuchung des Zeitverwendungsverhaltens in den verschiedenen Phasen macht deutlich, dass nur eine Destandardisierung der Lebensarbeitszeit zu einer besseren Bewältigung der nach Lebensphasen unterschiedlichen arbeits- und lebensweltlichen Belastungen möglich ist.

Die verschiedenen Betrachtungsebenen der Arbeitszeit verdeutlichen die Vielfalt von Auswirkungen auf den gesamten individuellen Lebensraum, wie auch auf das Wohlbefinden des Mitarbeiters. Welche Gestaltungsmöglichkeiten direkt die Motivation und das Selbstwertgefühl positiv unterstützen können, wird im Folgenden näher ausgeführt.

6.2.6 Gesundheitsförderung am Arbeitsplatz

Unter betrieblichem Gesundheitsmanagement ist „die Entwicklung betrieblicher Rahmenbedingungen, Strukturen und Prozesse, die die gesundheitsförderliche Gestaltung von Arbeit und Organisation und die Befähigung zum gesundheitsförderlichen Verhalten der Mitarbeiterinnen und Mitarbeiter zum Ziele haben" zu verstehen (vgl. Badura, 2003). Gesundheitsförderung zielt somit darauf ab, Menschen zur Stärkung ihrer Gesundheit zu befähigen (vgl. World Health Organization, 1993).

Für die Gesundheitsförderung am Arbeitsplatz ist nach Ahrens (2005) zwischen Arbeitsschutz, Gesundheitsförderung und Gesundheitsmanagement zu unterscheiden, wie in Abbildung 15 dargestellt.

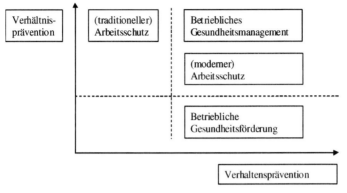

Abb. 15 Zusammenhang von Arbeitsschutz, betrieblicher Gesundheitsförderung und betrieblichem Gesundheitsmanagement (Ahrens, 2005, S. 207)

Verhaltensorientierte Maßnahmen umfassen in der Regel „Information, Instruktion, Motivation und praktisches Training und zielen auf ein generell gesundheitsförderliches Verhalten ab", wohingegen verhältnisorientierte Maßnahmen „eine gesundheitsförderliche Gestaltung der Arbeit und Arbeitsbedingungen mit ihren vielfältigen Aspekten der Arbeitsinhalte, Arbeitsorganisation, Kommunikation, ..." (Ahrens, 2005, S. 206f) beinhalten. Sowohl Maßnahmen des traditionellen Arbeitsschutzes, die der Verhältnisprävention zuzuordnen sind, als auch verhaltenspräventiv ausgerichtete Maßnahmen der betrieblichen Gesundheitsförderung, müssen in ein ganzheilitiches betriebliches Gesundheitsmanagement integriert sein (vgl. Ahrens, 2005).

Eine in der betrieblichen Gesundheitspolitik häufig anzutreffende Kernthese war, dass Arbeit krank mache und daher physische Risiken, Erkrankungen und Unfälle zu vermeiden seien. Nach Badura muss, wie bereits schon von Antonovsky (1997) gefordert (vgl. Kapitel 3.3), diese pathogenetische Sicht durch eine salutogenetische Sichtweise ergänzt werden, „d.h. um die Frage nach den Ursachen guter Gesundheit und nach den Möglichkeiten der Förderung von Wohlbefinden als zentralem Element einer Politik des gesünder Älterwerdens" (Badura, 2003, S. 35). Es geht also darum, beide Sichtweisen in die Gesundheitspolitik zu integrieren.

Eine weitere Herausforderung der sich der Arbeits- und Gesundheitsschutz stellen muss, ist die Frage, wie es möglich sein wird, dass Arbeitnehmer in bestimmten Berufsgruppen bis zum 67. Lebensjahr arbeiten können. Dabei kommt es entscheidend „auf die Stimmigkeit von Leistungsanforderungen in der Arbeit einerseits und dem Leistungsvermögen älterer Beschäftigter andererseits" (Morschhäuser, 2005, S. 127) an. Da die natürliche Leistungsabnahme physischer Funktionen mit dem Alter häufig nicht mit einem entsprechenden Rückgang bei den Arbeitsanforderungen z.b. körperliche Arbeit einhergeht, führte dies bisher zu einem frühen Berufsausstieg der betroffenen Personen (vgl. Ilmarinen, 1995). Daher sollten nach Möglichkeit bei älter werdenden Mitarbeitern bestimmte Belastungsformen reduziert werden, um so die Leistungsfähigkeit und Leistungsbereitschaft dieser Personengruppe zu steigern (vgl. Regnet, 2005).

Da wie in Kapitel 3.3 dargestellt, das Alter aber nur teilweise zur Erklärung physiologischer Veränderungen herangezogen werden kann, ist es zur Ableitung von präventiven, gesundheitsförderlichen Maßnahmen notwendig, das individuelle Belastungs und Beanspruchungsverhältnis über die gesamte Erwerbsbiographie zu beobachten. Auch Naegele und Frerichs sind der Ansicht, dass Maßnahmen „während der gesamten Erwerbsbiographie zum Einsatz kommen und von der „ältere Arbeitnehmer-Politik" zu einer „lebenslaufbezogenen Beschäftigungsförderungspolitik" führen" (Naegele / Frerichs, 2004, S. 85) sollten, um die Beschäftigungsfähigkeit älterer Arbeitnehmer zu verbessern. Dabei müssen die Konzepte so aufgebaut werden, dass sie nicht zu einer Stigmatisierung führen (vgl. Klemusch, 2005; Voelpel / Streb, 2006).

Für die betriebliche Praxis lassen sich daraus folgende Forderungen ableiten (vgl. Klemusch, 2005):

- Schaffung eines guten Betriebsklimas getragen von gegenseitigem Respekt gegenüber Kompetenz und Leistung,
- Verdienste und Leistungen älterer Mitarbeiter stärker schätzen,
- Schaffung von gesunden und leistungsfördernden Arbeitsbedingungen für alle Altersgruppen,
- Gesundheitsgerechte Gestaltung der Arbeit,
- Anpassung der Arbeit an den Menschen – Anpassung des Menschen an die Arbeit,
- Angebote von Maßnahmen für ein gesundheitsbewusstes Verhalten der Mitarbeiter.

Diesen Forderungen ist zu entnehmen, dass für die Nachhaltigkeit eines betrieblichen Gesundheitsschutzes, entsprechend Maßnahmen kulturell eingebettet sein müssen. Für die individuelle Anpassung entsprechender Maßnahmen, ist ein systematisches, modulhaft aufgebautes Gesundheitsmanagementkonzept sinnvoll. Die Information über Gesundheitsangebote sollte für alle Mitarbeiter leicht zugänglich und verständlich aufbereitet sein (vgl. Klemusch, 2005).

Am Anfang eines individuellen Gesundheitsmanagements könnte beispielsweise zunächst eine Gesundheitsprofilanalyse gemacht werden, bei der unter anderem das Bewegungsverhalten und die Ernährungsgewohnheiten analysiert werden, um anschließend Maßnahmen, die auf ein gesundheitsförderndes Verhalten zielen, abzuleiten. In Form von Seminarfolgen könnten schließlich ein individuelles Bewegungsprogramm oder konkrete Ernährungsempfehlungen erarbeitet sowie unterschiedliche Entspannungstechniken eingeübt werden (vgl. Klemusch, 2005). Zur Reduktion negativer physischer und psychischer Belastungen ist die Berücksichtigung arbeitswissenschaftlicher, arbeitspsychologischer und arbeitsmedizinischer Empfehlungen im Arbeitsumfeld notwendig. Maßnahmen zur Reduktion der Belastung sind ergonomische, arbeitsmedizinische Verbesserungen, gesundheitsverträgliche Arbeitszeitgestaltung sowie Berücksichtigung psychischer Belastungskomponenten (vgl. Frerichs, 2005). Da eine vollständige Beseitigung von negativen Belastungen und von Gesundheitsrisiken zwar wünschenswert jedoch nicht realistisch ist, sollte die Verweildauer an besonders belastenden Arbeitsplätzen begrenzt werden (vgl. Morschhäuser, 2005). Eine weitere Möglichkeit besteht darin, einen „Abgleich von Arbeitsplatzanforderungen mit den physischen und qualifikatorischen Eigenschaften der Mitarbeiter" (Voelpel / Streb, 2006, S. 26) vorzunehmen. Ziel dieses so genannten Job-Matchings ist es, dass jeder Mitarbeiter auf den für ihn am besten geeigneten Arbeitsplatz gelangt, um sein Potenzial voll entfalten zu können (vgl. Voelpel / Streb, 2006).

Alle Maßnahmen dienen letztlich dazu, die individuelle Leistungsfähigkeit sowie Innovationsfähigkeit über alle Altersstufen hinweg zu erhalten bzw. zu steigern (vgl. Klemusch, 2005). Zudem können die in Kapitel 3.3 erwähnten physiologischen Symptome durch Präventionsprogramme reduziert werden.

Auch in der Politik wurde die Bedeutung des Themas „Betriebliches Gesundheitsmanagement" erkannt. Die Bundesregierung fördert in diesem Zusammenhang unter anderem zukunftsorientierte Ansätze über die „Initiative Neue Qualität der Arbeit". „Dabei sollen soziale Interessen der Beschäftigten, insbesondere nach gesunderhaltenden und gesundheitsfördernden Arbeitsbedingungen, mit den wirtschaftlichen Interessen der Betriebe verbunden werden" (Drupp et al., 2005, S. 109). Überdies sollen Maßnahmen durch Bonus- und Anreizsysteme unterstützt werden. Weitere Ausführungen dazu sind bei Drupp et al. (2005) zu finden.

Work-Life-Balance

Die Work-Life-Balance ist ein wichtiger Schlüsselfaktor des individuellen Gesundheitmanagments. Unter Work-Life-Balance wird eine bessere Ausbalancierung des Arbeits- und Privatlebens verstanden (vgl. Schuppisser, 2004). Anders formuliert ist es das Ziel, „den Anforderungen im Beruf und im Privatleben gleichermaßen gerecht zu werden" (Bohn, 2005, S. 137).

Eine ausgewogene Work-Life-Balance liegt zunächst im Verantwortungsbereich jedes Einzelnen. Allerdings ist es auch ein arbeitspolitisches sowie gesellschaftspolitisches Thema (vgl. Schuppisser, 2004).

Eine Dysbalance kann entstehen, wenn Mitarbeiter ab einem gewissen Alter nicht mehr entsprechend ihren Fähigkeiten geführt oder gefördert werden. Dies kann zu beruflicher Unzufriedenheit und sinkender Motivation führen (vgl. Bohn, 2005).

Eine Befragung von 111 Personen im Alter von Ende 30 bis Anfang 50, die hauptsächlich in Großunternehmen beschäftigt sind, hat gezeigt, dass bei dieser Personengruppe Sonderprojekte und mehr Freiraum sowie Wissensweitergabe durch Mentorenprogramme zur Motivation beitragen. Zudem besteht ein großes Interesse „an fachlicher und verhaltensorientierter Weiterbildung sowie an dem Erfahrungsaustausch mit Kollegen" (Regnet, 2005, S. 44). Bei der Befragung sollten die Teilnehmer darüber hinaus angeben, welche Aspekte sie ändern würden, um eine bessere Work-Life-Balance zu erreichen. Die Ergebnisse sind in Tabelle 9 abgebildet.

Der zentrale Wunsch der befragten Frauen richtete sich somit auf eine höhere Flexibilisierung der Arbeitszeit, denn diese „bieten die Möglichkeit, Arbeitnehmerpräferenzen und betrieblichen Bedarf miteinander zu vereinbaren" (Funk et al, 2005, S. 210). Neben den in Kapitel 6.2.5 dargestellten Vorteilen, die sich aus einem höheren Maß an Flexibilität ergeben, können moderne Arbeitszeitmodelle ebenfalls dazu beitragen, Mitarbeiter an das Unternehmen zu binden (vgl. Funk et al., 2005). Durch Teilzeitarbeit kann darüber hinaus insbesondere älteren Arbeitnehmern die Vorbereitung auf die Phase nach dem Erwerbsleben ermöglicht werden, indem das Verhältnis von Arbeit und Freizeit nach eigenen Vorstellungen gestaltet werden kann (vgl. Behrend, 2005). „Flexiblere Übergänge in den Ruhestand sind Rahmenbedingungen, welche die Beschäftigung älterer Mitarbeiter erleichtern" (Schuppisser, 2004, S. 65).

Tab. 9   Work-Life-Balance (Regnet, 2005, S. 44)

Änderungswunsch	Nennungen in Prozent bei Antwort „ja"	Frauen (N=54), Anzahl Nennungen	Männer (N=57), Anzahl Nennungen
Abbau von Überstunden	31,5	21	14
Arbeitszeitflexibilisierung	24,3	20	7
Arbeitszeitverkürzung	15,3	7	10
Arbeitsfreie Wochenenden	31,7	15	5
Sabbatical	27	16	14
Telearbeit	26,1	12	17

Insgesamt sind zum Erhalt der Leistungsfähigkeit und zur Unterstützung einer guten Work-Life-Balance „lebenszyklisch unterschiedliche Zeitbedürfnisse und –präferenzen in lebensbiographischer Dimension zu berücksichtigen, ..." (Naegele / Frerichs, 2004, S. 89). Individuelle Präferenzen sind stark von den Motivationsgrundlagen abhängig, die im folgenden Kapitel diskutiert werden.

6.3 Individuelle Unterstützungssysteme

6.3.1 Motivation

Für den Erhalt und die Förderung von Arbeitsleistung und Arbeitsfähigkeit ist die individuelle Bereitschaft, Eigenverantwortung für die emotionale, gesundheitliche und geistige Entwicklung zu übernehmen von elementarer Wichtigkeit. Da die Potenziale der Arbeitsfähigkeit primär im Individuum angelegt sind, beeinflusst die persönliche Motivation maßgeblich den Entwicklungsprozess. Gerade im höheren Lebensalter ist eine unter Umständen nachlassende Leistungsbereitschaft insbesondere auf Motivationsprobleme zurück zu führen (vgl. Koper, 2006), die mit nachlassender Arbeitszufriedenheit. „zu bedeutenden gesundheitlichen Beeinträchtigungen führen" können (Roßnagel / Hertel, 2006, S. 186).

Generell dient die Motivation nicht nur der Leistungssteigerung, sondern auch der Loyalität und Bindung wichtiger Mitarbeiter an das Unternehmen sowie der Einbindung der Belegschaft in Veränderungsvorhaben. Einheitliches Ziel unterschiedlichster Motivationstheorien ist es, nach Möglichkeiten zu suchen, die Leistungsbereitschaft und Leistungsabgabe der Mitarbeiter zu aktivieren bzw. zu fördern. Im Folgenden werden die wichtigsten motivationstheoretischen Ansätze vorgestellt und die individuelle Relevanz für das gesamte Arbeitsleben herausgestellt. Das den weiteren Ausführungen zugrunde liegende Verständnis ist, dass die externe Unterstützung der Motivation nicht nur eine fachliche, sondern vor allem auch eine menschliche Herausforderung an die Führungskräfte stellt (vgl. AFW, 2002), deren inhaltlicher und formeller Handlungsrahmen durch die vorherrschende Unternehmenskultur geprägt sind.

Generell sind hinsichtlich der theoretischen Ansätze zwei Tendenzen zu unterscheiden: die eher personen,- oder inhaltstheoretische und die eher ergebnis,- oder prozesstheoretische Ausrichtung. Stellvertretend für die erstere ist Recklies (2001) zu nennen, nach der eine Person immer dann motiviert ist, wenn sie als Ergebnis bestimmter Handlungen die Erreichung eines bestimmten Ziels erwartet.

Beispiele für die ergebnisorientierte Ausrichtung lassen sich im betriebswirtschaftlichen Kontext finden, wonach die Motivation eine gewichtige Rolle spielt, da sie, gemeinsam mit den geistigen und körperlichen Fähigkeiten des Einzelnen sowie den jeweiligen situativen Einflüssen, das Arbeitsergebnis bestimmt (vgl. Thorn, 2002).

Bekannte inhaltstheoretische Motivationsansätze sind die Bedürfnispyramide von Maslow, die ERG – Theorie von Alderfer, das Zwei - Faktoren - Modell von Herzberg, sowie die Leistungsmotivationstheorie von McClelland et al. (1953).

Während Maslow (1955) und Alderfer (1987) von der Befriedigung individueller Existenz- bishin zu Wachstumsbedürfnissen als Motivationsgrundlage ausgehen, ist die Zwei – Fakoren – Theorie von Herzberg auf die Zufriedenheit bzw. Unzufriedenheit der Mitarbeiter in bestimmten Arbeitssituationen ausgerichtet (vgl. Rheinberg, 2004). Das zentrale Ergebnis seiner Arbeiten war die Generierung von zwei Faktoren, den Hygienefaktoren, die wenn sie in ungenügendem Ausmaß zur Verfügung stehen zu Unzufriedenheit führen, und den Motivatoren, die individuelle Bedürfnisse der Mitarbeiter befriedigen und so Zufriedenheit auslösen.

Im Unterschied zu diesen Theorien gehen McClelland und Jemmott (1980) weniger von angeborenen menschlichen Bedürfnissen aus, die befriedigt werden müssen, sondern ihrer Auffassung nach, werden diese Bedürfnisse über soziale Interaktionen im Laufe des Lebens erworben, wie das Bedürfnis nach Leistung, das Affiliations- oder Zugehörigkeitsbedürfnis und das Machtbedürfnis (vgl. Van de Vliert, 1998).

Entgegen inhaltsbezogenen Motivationstheorien fragen prozessorientierte Motivationsansätze eher danach, wie ein bestimmtes Verhalten des Einzelnen generiert, gelenkt und erhalten oder unterbrochen werden kann.

Die bekanntesten Teorien dieses Ansatzes sind die Austauschtheorie von Adams und die Valenz – Instrumentalitäts – Erwartungstheorie von Vroom (1964).

Nach der Theorie von Adams (1965) ist eine gerechte gerechte Kosten–Nutzen Verteilung nicht objektiv definiert, sondern ergibt sich aus dem Vergleich des eigenen Aufwand-Ertrags-Verhältnisses mit dem anderer Personen. Ungerechtigkeit wird dann erlebt, wenn eine Person wahrnimmt, dass das Verhältnis der Erträge zu den Einsätzen einer Vergleichsperson ungleich ist. Dabei legt die Theorie nicht fest, wie eine Vergleichsperson gefunden wird. Was in die Bilanz, eingeht hängt von den Wahrnehmungen und Gewichtungen des Einzelnen ab. Wird Ungerechtigkeit wahrgenommen, entstehen Spannungen, die als aversiv erlebt werden und nach Lösung drängen. Möglichkeiten zur Spannungsreduktion sind: (1) Veränderung der Ergebnisse, (2) Veränderung der Einsätze, (3) Wahl einer anderen Vergleichsperson und (4) Verlassen des Feldes. Im schlimmsten Falle verlässt demnach der Mitarbeiter, der Ungerechtigkeit empfindet, das Unternehmen.

Da es weder im Sinne des Unternehmens ist, dass sich hochqualifizierte und arbeitsfähige Mitarbeiter von ihm trennen, ist es von besonderer Wichtigkeit, auslösende Faktoren für das subjektive Gerechtigkeitsempfinden stärker zu berücksichtigen.

Im Folgenden sollen einige Beispiele möglicher Anreize dargestellt werden,

- Besondere Anerkennung bzw. Wertschätzung individueller Leistungen seitens der Führungsebene
- Gewähren von Freiräumen, z.B. Besuch von Seminaren nach freier Wahl oder das Ermöglichen von Sabbaticals
- herausfordernde Tätigkeiten und dadurch eigene Horizonterweiterung
- Zeit für den Wissenstransfer am Arbeitsplatz

Anzumerken ist, dass als „Erträge" nicht nur die Entlohnung kalkuliert wird, sondern eine Vielzahl von Anreizen. So konnte Greenberg (1988) zeigen, dass zum Beispiel die Zuweisung von Arbeitszimmern erhebliche Auswirkungen auf die Arbeitsleistung hat: Wurde Mitarbeitern für die Zeit der Renovierung ihrer Zimmer ein Raum zugewiesen, der normalerweise statusniederen Mitarbeitern vorbehalten war, so senkten sie ihre Leistung. Im umgekehrten Fall dagegen – bei Zuweisung von Zimmern, die über dem eigenen Status lagen – steigerten die Mitarbeiter ihre Leistung.

Kernannahme der Valenz – Instrumentalitäts – Erwartungstheorie von Vroom ist, dass ein Mitarbeiter immer dann die Ziele des Unternehmens anstrebt, wenn diese ihm nutzen, seine eigenen individuellen Ziele zu erreichen. Bei unterschiedlichen möglichen Handlungsalternativen wird diejenige ausgewählt, die dem Einzelnen am nützlichsten für das Erreichen des Ziels erscheint und die seiner Meinung nach auch realisierbar ist (vgl. Bading, 2002).

Diese Theorie basiert auf folgenden Grundannahmen:

- Individuen haben unterschiedliche Präferenzen für unterschiedliche Ergebnisse
- Individuen haben Erwartungen über die Wahrscheinlichkeit, dass eigene Handlungen zu einem erwünschten Verhalten führen
- Individuen haben Erwartungen über die Wahrscheinlichkeit, dass einem bestimmten Verhalten ein bestimmtes Ergebnis folgen wird
- In jeder Situation werden die von einem Individuum gewählten Handlungen von seinen momentanen Erwartungen und Präferenzen bestimmt.

Sowohl die Inhaltstheorien als auch die Prozesstheorien der Motivation sind für das grundlegende Verständnis der Einflussnahme auf die individuelle Motivation von Bedeutung. Die Bedürfnisse und Werte der Mitarbeiter unterliegen einem stetigen Wandel über das gesamte Berufsleben. Diese Änderungen sind zum einen durch individuelle Veränderungen geprägt und zum anderen auch durch soziale wie kulturelle Einflüsse von außen geformt. Motivationsanreize zur Unterstützung der Arbeitsfähigkeit können daher nur dann wirksam sein, wenn das individuelle Bezugssystem wie auch die individuelle Wahrnehmung der Kontextfaktoren in der Arbeitswelt in die Erarbeitung entsprechender Maßnahmen einfließen.

So muss die direkte Unterstützung des Erfolgsstrebens die gleiche Wertigkeit haben wie die Förderung der eigenen Gesundheit. Wenn psychische Probleme beispeilsweise tabuisiert werden, kann keine Motivation erwartet werden dieses im Kollegenkreis oder gegenüber der Führungskraft zu äußern oder gar Schritte zur Vermeidung einzuleiten.

6.3.2 Selbstorganisation

Das Individuum muss sich zunächst intensiv mit seinen Motiven, Zielen und Werten beschäftigen, um diese selbst regulieren zu können. Es geht darum, den individuellen Veränderungsprozess bewusst wahrzunehmen und zielorientiert zu gestalten. Die Betonung liegt auf dem Selbstmanagement des Individuums und somit auf dessen aktiver, eigenverantwortlicher Rolle im gesamten Arbeitsprozess.

Erforderlich ist ein hohes Maß an Eigeninitiative, Eigenverantwortung, Selbstorganisation und Selbstmotivation. Diese Schlagworte sollen unter dem Begriff des Selbstmanagements zusammen gefasst werden. Selbstmanagement nach Kanfer et al. (2000) betont die hohe Selbstverantwortung der Individuen, ein hohes Maß an Selbstregulation und Selbstentwicklung. Unter Selbstregulation wird dabei die Tatsache verstanden, „dass eine Person ihr eigenes Verhalten im Hinblick auf selbstgesetzte Ziele steuert" (Kanfer et al., 2000, S.33). Das heißt zum einen, dass die Person ihre Ziele selbst bestimmt und zum anderen beinhaltet Selbstregulation, dass der Mitarbeiter den Weg zum Ziel relativ frei und eigenständig plant und entsprechend vorgeht. So kann das Individuum je nach persönlichem Stil bzw. Persönlichkeit sein Handeln steuern. Die Möglichkeit, den eigenen Weg zu wählen, sowie ein hohes Maß an Autonomie haben eine motivierende Wirkung auf den Mitarbeiter (vgl. Deci / Ryan, 1993).

Voraussetzung für die Entwicklung von Selbstregulation ist die Selbstbeobachtung (vgl. Kanfer et al., 2000; Bandura, 1991). Ausgangspunkt ist die Unterbrechung des routinierten, automatisierten Verhaltens durch Fokussierung auf ein Verhalten, das beeinflusst werden soll. Das Verhalten wird dabei in Bezug zur Situation registriert, und die Beobachtungen werden mit internen Anspruchsniveaus und persönlichen Zielen verglichen. Die Selbstbeobachtung erfüllt dabei zwei Funktionen: Selbstdiagnose und Selbstmotivation. Durch systematische Selbstbeobachtung werden wichtige Informationen über die eigene Person und ihre Wirkung gewonnen, wodurch das eigene Verhalten besser kontrolliert werden kann (vgl. Bandura, 1991). Die selbstmotivierende Funktion entsteht dadurch, dass man sich bei genauer Beobachtung der eigenen Handlungen im Schwierigkeitsgrad steigende Ziele setzt (vgl. Bandura / Cervone, 1983).

In Arbeitsorganisationen müssen Selbstbeobachtungen häufig durch Rückmeldungen aus der Arbeitsumgebung ergänzt werden. Das gilt sowohl für den sozialen als auch für den fachlichen Bereich. Dies kann z.b. im Rahmen eines Mentoren- oder Patensystems geschehen, in dem ein erfahrener Mitarbeiter einem unerfahrenen Kollegen zugeordnet wird. Das Individuum muss sich zunächst intensiv mit seinen Motiven, Zielen und Werten beschäftigen, um diese selbst regulieren zu können. Es geht darum, den individuellen Veränderungsprozess bewusst wahrzunehmen und zielorientiert zu gestalten. Die Betonung liegt auf dem Selbstmanagement des Individuums und somit auf dessen aktiver, eigenverantwortlicher Rolle.

Ein wichtiges individuelles Referenzsystem für das Selbstmanagement sind frühere Erfahrungen. Diese basieren jedoch nicht nur auf Gefühlen, die sich auf ein gewisses Erlebnis beschränken und daraus hervorgehen, sondern ebenso auf Eindrücken, die mit einem Blick auf zukünftige Szenarien, die das aktuelle Erlebnis beziehungsweise künftiges Handeln auslösen könnte, entstehen. Die inhaltliche Beschäftigung mit der Erfahrungsbegebenheit ist von den Intentionen des Einzelnen abhängig (vgl. Echterhoff, 1992). So verspricht sich der Einzelne aus einem gewissen Selbstzweck heraus Fortschritte oder sonstige positive Nützlichkeiten beispielsweise auch im Hinblick auf den Berufsalltag. Speziell in einer Führungsposition könnte sich dieser Selbstzweck noch stärker auf eine mögliche Motivation auswirken. Denn im Vergleich zu anderen Positionen im Unternehmen besitzt eine Führungsposition diesbezüglich Potenziale ungleich stärkeren Ausmaßes. Dieckmann (1994) betont hierzu passend, dass „Selbsttätigkeit auch Selbstsorge heißt" (ebd., S.242).

6.3.3 Wertschätzung

Insbesondere in Bezug auf die Motivation der Mitarbeiter hat Wertschätzung eine herausragende Stellung. Zeigen Mitarbeiter nur eine geringe oder keine Bereitschaft, sich mit ihrer Arbeitsfähigkeit und Arbeitsleistung konstruktiv auseinanderzusetzen, so könnten folgende Gründe dafür genannt werden: mangelnde Übertragung von Verantwortung, fehlendes Vertrauen, vorenthaltene Anerkennung bei erbrachter Leistung, fehlender Respekt, Abwertung der Person und ihrer Fähigkeiten, mangelndes Einfühlungsvermögen etc.. Kurz zusammengefasst gilt: Es fehlt an gelebter und erlebter Wertschätzung. So kommt Bruggmann (2000) zu dem Schluss, dass z.B. die Erfahrung von Mitarbeitern in vielen Fällen nicht als wertvolle Ressource betrachtet wird. „Mangelnde Akzeptanz muss überwunden werden." (Bruggmann, 2000, S. 167), da das Individuum diese spürt und im Sinne der Austauschtheorie von Adams (vgl. Kap.6.3.1) mit negativen Konsequenzen rechnen kann. Um diesen entgegen zu wirken, kann die Wertschätzung der Erfahrung zum einen durch Maßnahmen zur Nutzung des Erfahrungswissens verankert werden. Dadurch wird signalisiert, dass diese als Ressource für die Unternehmung kostbar ist. Zum anderen kann durch den Einbezug erfahrener Mitarbeiter in die tägliche Arbeit deren Wert erlebt werden, beispielsweise in erfahrungsheterogenen Teams. Auch symbolische Handlungen, wie die Zuweisung von Spezialaufgaben an Erfahrene oder Auszeichnungen, prägen das Wertgefüge eines Unternehmens.

Zur Förderung der wechselseitigen Wertschätzung zwischen den Generationen sollte die Arbeitssituation so gestaltet sein, dass jüngere Mitarbeiter ihr vorhandenes Ausbildungswissen durch Kooperation mit erfahrenen Kollegen weiter ausbauen können (vgl. Ilmarinen / Tempel, 2002). Auch die Älteren können in derartigen Kooperationsgemeinschaften von ihren jüngeren Kollegen profitieren.

Öffentliches Lob und Anerkennung sowie zusätzliche Anreizsysteme, die auch die Weitergabe von Erfahrungswissen honorieren, steigern das Selbstbewusstsein der Mitarbeiter und darüber hinaus die Motivation, ein aktiveres Rollenverständnis zu entwickeln (vgl. Wuppertaler Kreis e.V., 2000).

7 Empirische Untersuchungen zu zentralen Gestaltungsfeldern

Mit dem demografischen Wandel und der sich daraus ergebenden Frage nach der Leistungsfähigkeit älterer Arbeitnehmer erfuhr und erfährt das Thema Arbeitsfähigkeit eine Renaissance. Dieses spiegelt sich auch in den folgenden Projekten wider. Bezugnehmend auf die dargestellten Gestaltungsebenen werden im Folgenden auszugsweise Ergebnisse demografiebezogener Projekte vorgestellt und Unterschiede zwischen Altersgruppen näher betrachtet.

7.1 Digero

7.1.1 Einleitung

Der Titel des Forschungsprojektes DIGERO lautete „Diversity und Gender in Unternehmensleitbildern – Individualität und Vielfalt im Unternehmen als Erfolgsfaktoren nutzen" [1].

Das Projektziel wurde vor dem Hintergrund des wirtschaftlichen Wandels formuliert: Unternehmen in Deutschland werden seit einiger Zeit mit umfangreichen Veränderungen der wirtschaftlichen Rahmenbedingungen konfrontiert. Die durch den wissenschaftlich-technischen Forschritt und die zunehmende Globalisierung hervorgerufene Dynamik wird verstärkt durch einen gesellschaftlichen Wandel. Erforderlich sind Management-Instrumente, die eine Integration der zunehmenden Heterogenität der Beschäftigten hinsichtlich Geschlecht, Alter, ethnischer Herkunft und unterschiedlicher Wert- und Lebensvorstellungen in den Unternehmen ermöglichen. In diesem Zusammenhang werden seit einigen Jahren das Diversity Management, welches die Wertschätzung und Nutzung der Vielfalt der Mitarbeiter als Wettbewerbsvorteil propagiert und das Gender Mainstreaming, welches auf die Gleichberechtigung der sozialen Geschlechter abzielt, in Forschung und Praxis diskutiert.

Gegenstand des Projektes DIGERO war die Untersuchung des Bekanntheits- und Umsetzungsgrades dieser Konzepte in der Privatwirtschaft (vgl. hierzu und zum Folgenden Elmerich / Watrinet, 2006). Dabei lag der Fokus insbesondere auf der Art und Weise der Berücksichtigung der Ansätze in den Unternehmensleitbildern und deren Umsetzung im Unternehmensalltag. Es ging zum einen darum, die von den Unternehmensführungen beabsichtigte Wirkung der Leitbilder zu erfassen, als auch die Akzeptanz bei den Mitarbeitern zu untersuchen.

---

[1] gefördert durch das Sozialministerium Baden-Württemberg (Laufzeit 12/2002 bis 11/2004)

Besondere Berücksichtigung fand neben anderen Diversity-Merkmalen das Merkmal des sozialen Geschlechts und der tatsächlichen sowie angestrebten Integration von Frauen in das Erwerbsleben. Zu diesem Zweck wurden zunächst die Leitbildinhalte von 25 Unternehmen anhand eines eigens hierfür entwickelten Strukturierungsleitfadens analysiert, um die im Hinblick auf Gender und Diversity formulierten Aspekte zu erfassen. Die Unternehmen kamen aus den Bereichen Automotive, Konsumgüter und Handel, Pharma und Chemie, Banken, Versicherungen, Dienstleistung, Maschinenbau und Elektrotechnik. Ergänzend zu den Leitbildanalysen wurden 57 Führungskräfte der ersten und zweiten Ebene aus 15 in Deutschland ansässigen Unternehmen interviewt. Sie wurden zu den in den Leitbildanalysen ermittelten Themenfeldern und weiteren Kategorien bezüglich der Konzepte des Gender Mainstreamings und Diversity Managements befragt. Aufbauend auf dieser qualitativen Erhebung wurde ein Fragebogen für die Befragung der Mitarbeiter in drei der 15 Unternehmen erarbeitet. Insgesamt wurden 1057 Mitarbeiter schriftlich befragt.

Das Konzept Gender Mainstreaming

Gender Studies sind in den 1970ern in den USA aus den Women's Studies hervorgegangen (u.a. Pasero, 1994; Teubner, 2001). Sie beschäftigten sich mit den Unterschieden zwischen den Geschlechtern, der Geschlechterordnung und den – verhältnissen. Dabei wird Geschlecht als soziokulturelle Konstruktion von Sexualität (Gender) und nicht als biologisches Geschlecht verstanden. Das soziokulturelle Geschlecht kann erlernt und somit auch verändert werden (vgl. Bundesministerium für Senioren, Familie und Jugend, 2005). Bei der Unterscheidung der sozialen Geschlechter werden die Unterschiede nicht als etwas Gegebenes, sondern als etwas Gemachtes betrachtet (vgl. Krell, 2004). Die Ungleichheit der Geschlechter ist auf natürliche und historisch-gesellschaftliche, d.h. verändernde Ursachen zurückzuführen. Verdeutlicht wird dieser Aspekt durch de Beauvoirs viel zitiertem Satz: „Man kommt nicht als Frau zur Welt, man wird es" (de Beauvoir, 1968, S.265). Insbesondere im Zusammenhang mit dieser Aussage erfährt die Wahrnehmung des Geschlechts durch „Dritte" (z. B. Kollegen, Vorgesetzte) eine besondere Gewichtung.

Ziel der Gender Studies ist die „Denaturalisierung" von Geschlecht. Sie bilden die Grundlage der Strategien des Gender Mainstreamings (vgl. Peters, 2003).

Der europäisch geprägte Begriff „Gender Mainstreaming" beinhaltet die politische Strategie zur Durchsetzung von Geschlechtergerechtigkeit und deren Institutionalisierung (vgl. Krell, 2004). Ziel des Konzeptes ist die Gleichstellung der Geschlechter in der Gesellschaft und Wirtschaft.

Die offizielle Definition des Europarates lautet wie folgt: „Gender Mainstreaming ist die (Re-)Organisation, Verbesserung, Entwicklung und Evaluierung grundsätzlicher Prozesse, mit dem Ziel, eine geschlechterspezifische Sichtweise in alle politischen Konzepte auf allen Ebenen und in allen Phasen durch alle an politischen Entscheidungsprozessen beteiligte Akteure einzubringen" (Europarat, 1998).

Gender Mainstreaming kann als „[...]ein normatives Konzept (bezeichnet werden, welches [...] die Zielsetzung verfolgt, die Perspektive des Geschlechterverhältnisses in alle Entscheidungsprozesse einzubeziehen und damit alle Entscheidungsprozesse für die Gleichstellung der Geschlechter positiv zu nutzen" (Peters, 2003, S.192). Danach sind bei allen gesellschaftlichen Vorhaben die unterschiedlichen Lebenssituationen und Interessen von Frauen und Männern von vorneherein und regelmäßig zu berücksichtigen, da es keine geschlechtsneutrale Wirklichkeit gibt (vgl. Krell et al., 2001).

So hebt sich dieses Konzept zum einen deutlich von der herkömmlichen Frauenförderung ab. Der Ansatz kann nicht als klassischer Ansatz zur Gleichberechtigung gesehen werden. Quoten oder gesetzliche Maßnahmen werden abgelehnt, da sie sich als untauglich erwiesen haben. „Bundesregierung und Wirtschaft sind sich im Zusammenhang mit der Bilanz 2003 einig, dass gesetzliche Regelungen auf diesem Gebiet an der betrieblichen Realität wenig ändern und sogar kontraproduktive Wirkungen entfalten würden. Es kommt vielmehr darauf an, durch Anstrengungen in Politik und Wirtschaft die Rahmenbedingungen für Beschäftigung generell zu verbessern. Davon profitieren Frauen und Männer gleichermaßen" (Bilanz 2003, S.39).

„In Deutschland ist Gender Mainstreaming seit 1999 als strukturierendes Leitprinzip von der Bundesregierung anerkannt" (Schnatmeyer, 2003, S.17). Das Konzept soll in allen öffentlichen Verwaltungen verbindlich umgesetzt werden. Auch für die Privatwirtschaft liegt eine Vereinbarung zwischen der Bundesregierung und den Spitzenverbänden der deutschen Wirtschaft zur Förderung der Chancengleichheit von Männern und Frauen vor, die aber weder bekannt ist noch berücksichtigt wird (vgl. Bilanz 2003). Die unzureichende Umsetzung liegt mit in der Unausgewogenheit des Konzeptes begründet, denn Gender-Gruppen können nicht als homogen angesehen werden. Stereotypisierungen auf das Geschlecht sollen vermieden werden. Sinnvoll ist daher nach Krell (2000a) eine Verknüpfung des Ansatzes mit Aspekten eines Diversity Managements.

Für eine Kombination der Konzepte sprechen folgende Gründe (vgl. ebd.):

- Der Gender-Aspekt wird als Dimension von Diversity angesehen, da mittels Diversity Management Chancengleichheit umgesetzt werden kann.
- Diversity Management berücksichtigt alle potenziell diskriminierten Gruppen.
- Es wird nicht pauschal aufgrund der Geschlechtszugehörigkeit stereotypisiert. Damit werden die Gender-Gruppen nicht als homogen betrachtet, sondern es wird ihrer Individualität Rechnung getragen.
- Der Entwicklungsbedarf wird nicht nur einseitig, sondern umfassend gesehen und impliziert demnach Entwicklungsbedarf hinsichtlich der Organisation, der betrieblichen Personalpolitik sowie der Führungskräfte.

Das Konzept Diversity Management

Weder für das Konzept des Diversity Managements, noch für den Begriff der Diversity und des Gender Mainstreamings liegen einheitliche Definitionen vor (vgl. Krell, 2000a; Sepehri, 2002; Vedder, 2005).

Traditionelle Diversity-Definitionen beziehen sich auf die Abweichungen und das „Anders sein" bezüglich eines dominanten, homogenen Ideals, der Beschäftigtengruppe der deutschen, weißen und männlichen Personen (vgl. Sepheri, 2002). Abweichungen von diesem Ideal werden als Unterschiede definiert. Aus dieser Perspektive entwickelten sich seit den 1970er Jahren in den USA die ersten Definitionen von Diversity. Dabei waren Rasse und Geschlecht die ersten Dimensionen, die erforscht wurden (vgl. Cox 1993; Plummer, 2003). Heutige Definitionen sind weiter gefasst. Sepheri (2002) beschreibt diese Entwicklung wie folgt: „Zu beobachten ist [...], dass in der US-amerikanischen Diversityforschung die Ausprägungen bzw. Erscheinungsformen von Diversity im Laufe der letzten Jahre immer weiter gefasst wurden. Der Grad der Verschiedenartigkeit hat sich auf immer mehr Dimensionen bzw. Ausprägungen erweitert" (Sepheri, 2002, S.84). Thomas (1991) bezog als erster weitere Merkmale zu den klassischen Dimensionen wie Rasse, Geschlecht und Ethnizität mit ein: „Diversity includes everyone; it is not something that is defined by race or gender. It extends to age, personal and corporate background, education, function, and personality. It includes lifestyle, sexual preference, geographic origin, tenure with the organization, exempt or nonexempt status, and management or nonmanagement" (Thomas, 1991, S.10).

Sowohl in der amerikanischen als auch in der europäischen Literatur werden die verschiedenen Merkmale von Diversity in zwei Kategorien eingeteilt, und zwar in die Primär- und Sekundärdimensionen bzw. in direkt und indirekt wahrnehmbare Merkmale (vgl. u.a. Thomas, 1991; Loden / Rosener, 1991; Milliken / Martin, 1996).

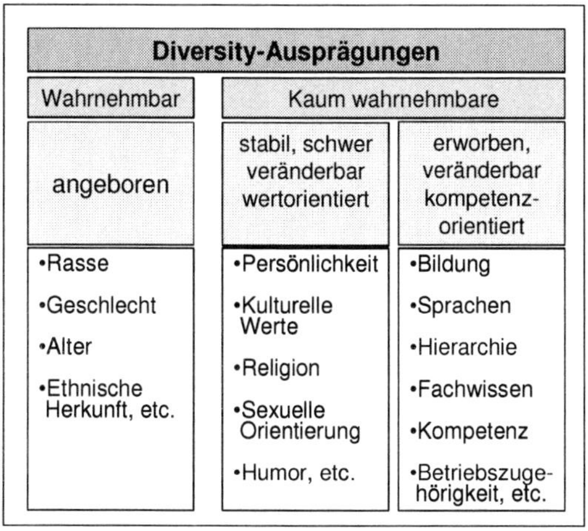

Diversity-Ausprägungen		
Wahrnehmbar	Kaum wahrnehmbare	
angeboren	stabil, schwer veränderbar wertorientiert	erworben, veränderbar kompetenz- orientiert
•Rasse	•Persönlichkeit	•Bildung
•Geschlecht	•Kulturelle Werte	•Sprachen
•Alter		•Hierarchie
	•Religion	
•Ethnische Herkunft, etc.		•Fachwissen
	•Sexuelle Orientierung	•Kompetenz
	•Humor, etc.	•Betriebszuge- hörigkeit, etc.

Abb. 16   Einteilung von Diversity-Ausprägungen (Watrinet in Vorbereitung, S. 13)

Die Primärdimensionen oder direkt wahrnehmbaren Merkmalen stellen die Kerndimensionen einer Identität dar. Hierzu gehören offensichtliche Merkmale wie beispielsweise Alter, Geschlecht, Rasse, ethnische Herkunft und körperliche Behinderung. Demgegenüber zählen zu den Sekundärdimensionen die nicht offensichtlichen Merkmale wie z. B. Einkommen, beruflicher Werdegang, Familienstand. Die Betrachtung dieser Merkmale zeigt „[...] offenkundig, dass sich Diversity nicht auf Rasse oder Geschlecht oder sonstige Gegensatzpaare beschränkt, sondern es eine komplexe, sich ständig erneuernde Mischung von Eigenschaften, Verhaltensweisen und Talenten darstellt" (Thomas, 2001, S.27). Bei dem Konzept des Diversity Managements handelt es sich demnach um einen permanenten Prozess, der sowohl den Unterschieden, d.h. der Vielfalt, als auch den Gemeinsamkeiten innerhalb der Unternehmen Rechnung tragen muss. Folglich kann es nicht Ziel führend sein, so viel Vielfalt wie möglich zu erhalten, sondern zu entscheiden, wie viel Vielfalt notwendig und letztendlich für eine Organisation tragbar ist (vgl. Elmerich, 2007).
Dem in dem Projekt verwendeten Forschungsverständnis liegt nach der entsprechenden Einordnung von Thomas und Ely (1996) der Lern- und Effektivitätsansatz zugrunde. Thomas und Ely (1996) unternahmen den Versuch, die komplexen und unübersichtlichen Diversity-Ansichten in drei Hauptkategorien einzuordnen.

Der Fairness- und Diskriminierungsansatz basiert auf einem sozio-moralischen Verständnis von Diversity Management. Ökonomische Begründungen werden bewusst ignoriert. Diversity Management dient als Instrument zur fairen Behandlung aller Beschäftigten unter Berücksichtigung der sichtbaren Erscheinungsformen von Vielfalt (vgl. Sepehri, 2002).

Demgegenüber vertritt der Marktzutrittsansatz ein ökonomisches und marktorientiertes Verständnis von Diversity Management. Dieser Ansatz ignoriert bewusst die moralischen Begründungen. Das Diversity Management wird mit dem Ziel genutzt, die Beschäftigungsgruppen an die Kundenstruktur anzupassen (vgl. ebd.).

Der Lern- und Effektivitätsansatz basiert auf einem ökonomischen Verständnis von Diversity Management, bei dem es gilt, die Vielfalt der Beschäftigungsgruppen zu respektieren, zu motivieren und zu integrieren. Dabei geht dieser Ansatz grundsätzlich von einer Redefinition der Unternehmenskultur aus: Bei der Anpassung der Unternehmenskultur an die personalstrukturellen Rahmenbedingungen sollen sowohl moralische als auch ökonomische Aspekte mit berücksichtigt werden (vgl. Thomas / Ely, 1996).

Thomas und Ely (1996) betonen diesbezüglich insbesondere die wahren Vorteile von Diversity Management, welche Folgendes ermöglichen: „to incorporate employees perspectives into the main work of the organization and to enhance work by rethinking primar tasks and redefining markets, products, strategies, missions, business practices, and even cultures. Such companies are using the learning and effectiveness paradigm for managing diversity and, by doing so, they are tapping diversity´s true benefits" (Thomas / Ely, 1996, S. 85).

Die Unterschiede innerhalb und zwischen den Beschäftigungsgruppen sollen in Form von Lernchancen wahrgenommen werden und die Lerneffekte für die Stärkung der Innovationsfähigkeit sowie Kreativität der Beschäftigten herangezogen werden (vgl. Wagner / Sepehri, 1999).

Fragestellungen

Basierend auf den theoretischen Ausgangsüberlegungen lauteten die Forschungsleitfragen des Projektes DIGERO folgendermaßen:

- Ist der Aspekt Diversity und Gender expliziter Bestandteil von Unternehmensleitbildern?
- Entspricht das in den Unternehmensleitbildern konstruierte Menschenbild hauptsächlich dem homogenen Ideal?

- Beinhaltet das grundlegende Verständnis von Diversity und Diversity Management in den Unternehmen den Aspekt Gender?
- Welche weiteren Handlungsfelder sind neben der normativen Ebene bei der Umsetzung eines praktikablen Diversity Managements mit dem Fokus Gender zu berücksichtigen?
- Welcher Zusammenhang besteht zwischen der Bewertung der einzelnen Handlungsfelder und dem Aspekt Gender?

Im Rahmen des Projektes wurden die Fragestellungen um die explizite Berücksichtigung des Diversity-Merkmals Alter durch folgende Fragen erweitert:

- Wird Alter in der Praxis als relevantes Diversity Merkmal zur Differenzierung zwischen Beschäftigten angesehen?
- Inwieweit ist die Zugehörigkeit zu einer bestimmten Altersgruppe relevant für die Wahrnehmung des angestrebten und gelebten Leitbildes sowie der dahinter liegenden Unternehmenskultur und deren Gestaltungsfaktoren?

Methoden und Vorgehensweise, Stichprobenbeschreibung

Da es sich sowohl beim Diversity-Management als auch beim Gender Mainstreaming um bisher in der Praxis wenig erforschte Themengebiete handelt, wurden die erforderlichen Instrumente für die empirische Erhebung innerhalb der verschiedenen Projektphasen neu entwickelt. Lediglich für die Erfassung einiger weniger Aspekte, wie z.B. Arbeitszufriedenheit (vgl. Bruggemann et.al, 1975) und Stereotypisierung (vgl. Bem, 1974, 1981) wurde auf standardisierte Instrumente zurückgegriffen. Im Rahmen des Projektes wurden ein Strukturierungsleitfaden für die Leitbildanalyse, ein Interviewleitfaden und ein Fragebogen erstellt.

Interviewleitfaden der qualitativen Analyse

Für die Durchführung der Interviews wurde ein umfassender, teilstandardisierter Interviewleitfaden entwickelt. Neben der Unternehmenskultur wurden als weitere besonders relevante Themenfelder für die Umsetzung eines Diversity Managements ebenso wie zur Leitbildanalyse die Führung, die Organisationsstruktur, die Information und Kommunikation, die individuellen Wahrnehmungen sowie die Berücksichtigung von expliziten Diversity- und Genderaspekten mit in die Betrachtungen einbezogen. Diese Kategorien wurden sowohl mit offenen als auch geschlossenen Fragen hinsichtlich der Bedeutung, die ihnen im jeweiligen

Leitbild zugeschrieben wird und ihrer Relevanz, die ihnen im Tagesgeschäft der Unternehmen zukommt, in den Interviews genauer hinterfragt. Unter dem Aspekt Führung wurden beispielsweise die Themen Zusammenarbeit, Mitsprache und Delegation, gezielte Mitarbeitergespräche, explizite Erwartungen an das Individuum sowie die Wertschätzung des Bereiches Work-Life-Balance von Seiten der Führungskräfte behandelt.

Hinsichtlich des Aspektes der Organisation und Organisationsstruktur wurde nach Personalentwicklungsmaßnahmen, Aspekte der unternehmerischen Flexibilität und der Lohn- bzw. Gehaltsstruktur gefragt, um die für das Diversity Management und Gender Mainstreaming notwendige Rahmenbedingungen zu erfassen.

Grundlegende Unternehmensvisionen, Normen und die Identifikation mit denselben wurden der Kategorie Unternehmenskultur zugeordnet. In Bezug auf die Gestaltungsfaktoren der Unternehmenskultur wurden die Kommunikations-, und Informationsstrategien genauer hinterfragt.

Der Bereich Individuum bzw. individuelle Wahrnehmungen umfasste Fragen zur Arbeitszufriedenheit, Motivation, zur individuellen Einstellung und zu spezifischen Persönlichkeitsmerkmalen. Darüber hinaus wurden die von den Führungskräften wahrgenommenen Zusammenhänge sowohl zwischen dem Unternehmensleitbild, Diversity Management und Gender Mainstreaming als auch zwischen den Bereichen Unternehmenskultur, Führung, Kommunikation und dem Individuum thematisiert (vgl. Abb. 17).

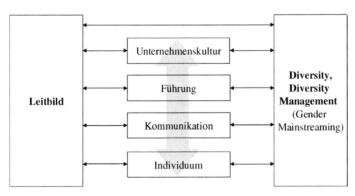

Abb. 17   Wechselwirkungen zwischen den Untersuchungskategorien (Elmerich / Watrinet, 2006, S. 102)

Der Interviewleitfaden schließt mit einem sehr umfangreichen persönlichen Datenteil, der die sozio-demografische Situation der interviewten Personen abbildet. Im Rahmen der Auswertung der Interviews konnte die Relevanz der Kategorien Leitbild, Unternehmenskultur, Information- und Kommunikation, Führung, Diversity Management sowie Gender Mainstreaming vorläufig bestätigt werden.

Aufbauend auf den Ergebnissen der Leitbildanalyse und der Interviews wurde ein Fragebogen für die schriftliche Befragung der Pilotgruppen entwickelt.

Fragebogen der quantitativen Analyse

Mit insgesamt 119 Items wurden die für den Interviewleitfaden beschriebenen Kategorien in dem Fragebogen abgedeckt. Der Fragebogen umfasst ebenfalls einen umfangreichen Teil für die Erfassung der demografischen Daten, denn ohne diese Daten wäre eine Auswertung unter Diversity- und Gender- Gesichtspunkten nicht möglich gewesen.

In den meisten Fällen wurden die Items in Form von Aussagen formuliert und die Zustimmung zu denselben anhand der fünfteiligen Likert-Skala erfasst. Die Zustimmungsmöglichkeiten reichten dabei beispielsweise von „trifft voll und ganz zu" bis zu „trifft überhaupt nicht zu".

7.1.2 Beschreibung der Stichprobe

Aufgrund der Zielsetzung der vorliegenden Arbeit wird die Ergebnisdarstellung auf zwei der in dem Projekt DIGERO untersuchten Unternehmen beschränkt. Bei diesen Unternehmen handelt es sich um ein Handelsunternehmen (Unternehmen 1, N = 399) und ein produzierendes Unternehmen (Unternehmen 2, N=442). Es werden im Folgenden die beiden Stichproben aus diesen Unternehmen anhand des Diversity-Merkmals Alter beschrieben. Wie die Abbildungen 18 und 19 zeigen, ist das Durchschnittsalter in Unternehmen 2 höher als in Unternehmen 1. Die Belegschaft in Unternehmen 1 ist hinsichtlich des Diversity-Merkmals Alter heterogener als in Unternehmen 2, wie im Boxplot der Abbildung 18 dargestellt.

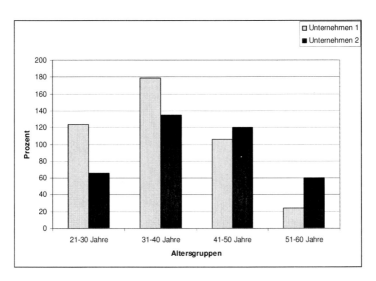

Abb. 18   Prozentuale Altersverteilung in den Unternehmen 1 und 2

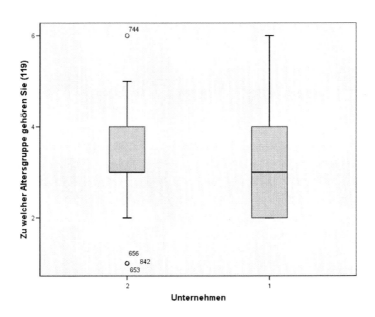

Abb. 19   Boxplot Item 119 Unternehmen 1 und Unternehmen 2 (2= 21 – 30 Jahre, 3 = 31-40 Jahre, 4 = 41-50 Jahre, 5= 51-60 Jahre, 6 = älter als 60 Jahre)

7.1.3 Ausgewählte Ergebnisse

Entsprechend den Ergebnissen der qualitativen Analyse, ergaben sich im Rahmen der quantitativen Analyse eindeutige Handlungsfelder für die Umsetzung eines Diversity-Managements, die durch eine Faktorenanalyse ermittelt wurden. Hierbei handelt es sich um die Oberkategorien:

- Unternehmenskultur
- Unternehmensleitbild
- Führung
- Kommunikation

Im Rahmen weitergehender Untersuchungen mittels konfirmatorischer Faktoranalysen konnten die Kategorien bestätigt und darüber hinaus genauer spezifiziert werden. Es ergaben sich folgende reliable und valide Faktoren:

- Faktor 1: Wahrgenommener Umgang mit der Diversity
- Faktor 2: Wahrgenommenes Diversity-Klima hinsichtlich der nur schwer oder nicht-veränderbaren Diversity-Merkmale
- Faktor 3: Wahrgenommene Leitbildumsetzung und Funktion
- Faktor 4: Wahrgenommenes Führungsverhalten
- Faktor 5: Wahrgenommenes Diversity-Klima hinsichtlich der veränderbaren, erworbenen, organisationsspezifischen Diversity-Merkmale

Anhand der Faktoren und der darauf aufbauend entwickelten Indikatoren für die Ausprägung einer diversity-gerechten Unternehmenskultur konnten zwischen den beiden Unternehmenskulturen hinsichtlich ihrer Diversity-Gerechtigkeit eindeutig Unterschiede differenziert werden. Unternehmen 1 verfügt über eine signifikant diversity-gerechtere Unternehmenskultur als Unternehmen 2. Die Beschäftigten in Unternehmen 1 fühlen sich stärker integriert und eingebunden als die Mitarbeiter des Unternehmens 2.

Dabei ist die Wahrnehmung der Faktoren des Diversity Managements in den Altersgruppen nicht signifikant unterschiedlich, d.h. das Diversity-Merkmal Alter besitzt in diesen beiden Unternehmen keine Bedeutung für die Wahrnehmung der Handlungsfelder des Diversity Managements. In weiteren Analysen der Daten von Unternehmen 1 konnte die Relevanz der Diversity-Merkmale: Dauer der Betriebszugehörigkeit, Erfahrung, Kind(er) und Personalverantwortung auf die Wahrnehmung des Konzeptes des Diversity Managements aufgezeigt werden (vgl. Elmerich, 2007). Im Rahmen einer Clusteranalyse konnten vier eindeutig voneinander trennbare Cluster bezüglich dieser personenbezogenen Merkmale identifiziert werden. Aus den Ergebnissen konnte eindeutig die

Bedeutung der personenbezogenen Wahrnehmung für das Diversity Management aufgezeigt werden, wobei sich eine Fokussierung auf ein einziges Merkmal, wie z.b. das Alter oder Geschlecht als nicht zielführend erwies. Nur die Kombination verschiedener personenbezogener Merkmale führte zu signifikanten Unterschieden bei der Wahrnehmung der Führung, der Kommunikation, der Unternehmenskultur und des Leitbildes.

Auch wenn das Diversity-Merkmal Alter nur eine geringe Bedeutung für die Wahrnehmung der Umsetzung eines Diversity Managements besitzt, weisen die Ergebnisse dennoch auf die Notwendigkeit einer diversity-gerechten und damit auch altersgerechten Unternehmenskultur hin. Zur Veranschaulichung werden die Ergebnisse bezüglich der Items (Tab. 10) des Faktors „Wahrnehmung der Führung" für die unterschiedlichen Altersgruppen in den beiden Unternehmen dargestellt.

In Tabelle 10 werden die relevanten Items, die den Faktor „Wahrnehmung des Führungsverhaltens" beschreiben, dargestellt.

Tab. 10   Items des Faktors „Wahrgenommenes Führungsverhalten"

Item (Nr.)	Faktor
Mein/e Vorgesetzte/r traut mir zu, Verantwortung zu übernehmen (5)	
Ich werde von meiner/m Vorgesetzten als Mensch und nicht als Untergebene/r wahrgenommen (6)	
Meine besonderen Fähigkeiten werden von meiner/m Vorgesetzten wahrgenommen (34)	Führungs-verhalten
Mein/e Vorgesetzte/r und ich vereinbaren Ziele zu meiner persönlichen Weiterentwicklung (8)	
Wenn ich ungerecht behandelt werde und dagegen protestiere, bin ich überzeugt, dass mein Anliegen ernst genommen wird (31)	

In Abbildung 20 ist ein Unternehmensvergleich nach Altersgruppen dargestellt. Die Unterschiede im Antwortverhalten sind diesbezüglich nicht signifikant zwischen den Altersgruppen. Allerdings sind die Streuungen im Antwortverhalten in der Altersgruppe der 51-60 jährigen höher als die der jüngeren Mitarbeiter im Unternehmen 2. In Abbildung 21 sind die Unterschiede des Antwortverhaltens auf das Item 5 der verschiedenen Altersgruppen dargestellt. Der Unterschied zwischen beiden Unternehmen ist in der Gruppe der 51-60 jährigen deutlich höher als in den übrigen Altersgruppen.

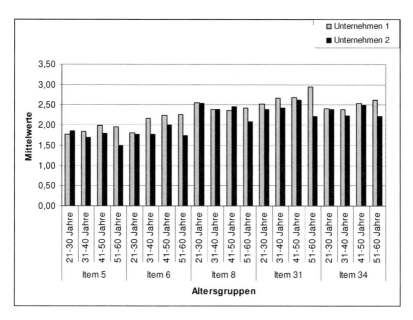

Abb. 20 Antwortverhalten zum Faktor „Wahrgenommenes Führungsverhalten" (siehe
Items in Tab. 10 (1 = trifft voll und ganz zu, 5 = trifft überhaupt nicht zu)

Trotz der höheren Altersheterogenität in Unternehmen 1 gelingt die Integration
der älter werdenden Beschäftigten besser als in Unternehmen 2, wie durch den
Boxplot in Abbildung 22 visualisiert wird. Die Streuung in der Gruppe der 51-
60 jährigen ist ebenso wie in der Gruppe der 20-30 jährigen sehr niedrig, was
auf eine gute Integration und Potenzialförderung in diesen Altersgruppen in einer diversity-gerechten Unternehmenskultur schließen lässt.

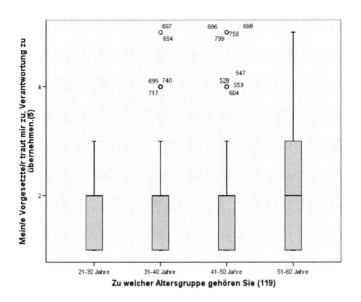

Abb. 21   Boxplot Item 5, Unternehmen 2

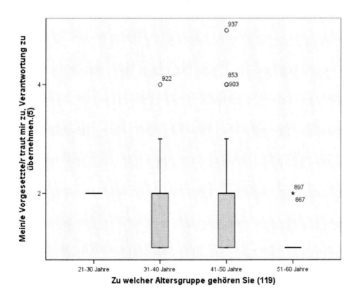

Abb. 22   Boxplot Item 5, Unternehmen 1

7.2 RESPECT

7.2.1 Einleitung

Das europäische Forschungsprojekt RESPECT fand im sechsten Rahmenprogramm statt und wurde von der Abteilung Arbeitswissenschaft des Instituts für Industriebetriebslehre und Industrielle Produktion an der Universität Karlsruhe (TH) koordiniert. RESPECT steht für: Research action for improving Elderly workers Safety, Productivity, Efficiency and Comtepetence Towards the new working environment. Das zentrale Ziel des Gesamtprojektes war die Verbesserung der Gesundheit, der Arbeitsfähigkeit und des Wohlbefindens älterer Mitarbeiter (älter als 45 Jahre).

Sechs Partner aus der Wissenschaft und sechs Partner aus der Industrie aus den Ländern Deutschland, Finnland, Frankreich, Griechenland und der Schweiz waren an dem Projekt beteiligt:

- DaimlerChrysler AG, Deutschland
- Finnish Institute of Occupational Health (FIOH), Finnland
- Finnair Technic Division (FINTECHDIV), Finnland
- Deutsche Bank AG, Deutschland
- Centre National de la Recherche Scientifique (CNRS DR 10), Frankreich
- Institut für Arbeits- und Sozialhygiene (IAS), Deutschland
- TransEuropean Consulting Unit of Thessaloniki S.A. (TRUTh), Griechenland
- Institute of Communication and Computer Systems (ICCS), Griechenland
- Therapeutic Centre of Chronic Diseases (TCCD), Griechenland
- Centre of Applied Technologies in Mental Health (COAT), Schweiz
- Civil Aviation Administration (CAA), Finland.

Im Rahmen des Projektes wurden Bewertungskriterien für den Umgang mit einer älter werdenden Belegschaft theoretisch deduktiv hergeleitet, bestehende Modelle ausgewertet und neue Modelle sowie Messinstrumente entwickelt. Die Forschungsgrundlage bildeten die Themenfelder: Unternehmenskultur und Führung, Gesundheit, Arbeitsorganisation, professionelle Kompetenz und Qualifizierung (vgl. Abb. 10).

Abb. 23 Themenfelder des Forschungsprojektes RESPECT

Im Folgenden werden drei Studien vorgestellt, die bei drei Projektpartnern (Unternehmen A, B und C) durchgeführt wurden.

7.2.2 Ausgewählte Ergebnisse

Fallstudie im Unternehmen A

Die erste Studie wurde in einem Großunternehmen der Automobilindustrie durchgeführt. Ziel dieser Untersuchung war die Überprüfung der Arbeitsplätze hinsichtlich einer alternsgerechten Gestaltung. In diesem Zusammenhang wurden 53 Mitarbeiter in der Vormontage zu folgenden Themenbereichen befragt (vgl. Knauth et al., 2005): Gesundheit, Arbeitsplatzgestaltung, Einstellung zum Management, Einstellung zum Team, Einstellung zu den Kollegen, Teamfähigkeit, Veränderungsbereitschaft, berufliche Entwicklung, Stress, unternehmensbezogene Fragen und allgemeine Fragen bezüglich der Einstellung und der Arbeitszufriedenheit.

Die Forschungshypothese lautete: Die Mitarbeiter unterscheiden sich nicht in ihren Einstellungen in Abhängigkeit vom Alter.

Insgesamt wurden 53 Arbeitnehmer der Vormontage (22 weiblich, 41 männlich) befragt. Das Durchschnittsalter betrug 42,43 Jahre (Minimum 30, Maximum 60 Jahre). Mehr als die Hälfte der Befragten hat einen Hauptschulabschluss, 8 Teilnehmer haben lediglich die Volksschule bzw. die türkische Grundschule absolviert. Das Gymnasium oder eine berufsbildende höhere Schule wurde nur von 10 Personen besucht, so dass insgesamt von einem niedrigen Bildungsniveau in der Stichprobe gesprochen werden kann.

Die Ergebnisse der Faktorenanalyse nach der Varimax-Rotation sind in Tabelle 11 dargestellt.

Tab. 11   Ergebnisse der Faktorenanalyse nach der Varimax-Rotation (Unternehmen A)

	Kommu-nalitäten	Ladung auf Faktor		
		Stabilität	Karriere	Kommunikation
Gutes Arbeitsklima	0,69	0,83	--	--
ein gesicherter, krisenfester Arbeitsplatz	0,63	0,79	--	--
Ansprechpartner für soziale Fragen un Bezug auf den späteren Ruhestand	0,70	0,75	--	-0,32
Achtung älterer Mitarbeiter und ihrer Erfahrung	0,57	0,73	--	--
gegenseitige Achtung	0,69	0,73	--	0,36
Ansprechpartner für rechtliche Fragen in der Altersteilzeit	0,63	0,71	0,30	--
Gleichbehandlung jüngerer und älterer Mitarbeiter	0,60	0,69	--	0,33
schnelle, spontane Hilfe unter Kollegen	0,59	0,61	--	0,45
Mitbestimmung bei wichtigen Entscheidungen	0,60	--	0,77	--
gute Aufstiegsmöglichkeiten	0,63	--	0,76	--
eine sinnvolle berufliche Tätigkeit	0,59	--	0,71	--
gleiche Chancen für alle Altersstufen bei Auswahl der Teilnehmer für Weiterbildungsprogramme	0,50	--	0,66	--
Karriereberatung während der beruflichen Laufbahn	0,59	0,33	0,65	--
gute Aufstiegschancen	0,59	0,41	0,63	--
die Meinung meines Vorgesetzten zu meiner Leistung	0,35	--	0,59	--
Lernmöglichkeiten	0,52	0,31	0,55	0,34
Anerkennung meiner Arbeit	0,18	--	0,41	--
Austausch mit Kollegen aus anderen Abteilungen	0,51	--	--	0,66
gemeinsame Unternehmungen außerhalb der Arbeitszeit	0,47	--	--	0,65
Wir-Gefühl	0,59	0,46	--	0,61
gute Gestaltung der Pausenräume	0,37	--	--	0,56
Austausch mit Kollegen am eigenen Arbeitsplatz	0,36	--	--	0,55
Möglichkeiten zu einem Gespräch unter Kollegen am Arbeitsplatz	0,57	--	0,52	0,53
Eigenwerte der rotierenden Faktoren		5,11	3,89	2,15
durch Faktoren aufgeklärter Varianzanteil		22,21	16,89	9,33
			Σ Varianz	48,43

Die Faktoren können folgendermaßen interpretiert werden:

Der erste Faktor beinhaltet Items, die den Wunsch nach Stabilität im Berufsleben und Sorge um die Zeit danach ausdrücken. Hierunter fällt mit einer Faktorladung von 0,79 beispielsweise der Wunsch nach einem „gesicherten, krisenfesten Arbeitsplatz" sowie nach einem „Ansprechpartner für soziale Fragen in Bezug auf den späteren Ruhestand" und „für rechtliche Fragen in der Altersteilzeit" mit einer Faktorladung von 0,75 bzw. 0,71.

Karriere- und Aufstiegswünsche werden in einem zweiten Faktor zusammengefasst. „Mitbestimmung" (0,79), „Gute Aufstiegsmöglichkeiten" (0,77) sowie das Streben nach „einer sinnvollen beruflichen Tätigkeit" (0,71) sind für diesen Faktor kennzeichnend.

Zuletzt können Fragen zur Kommunikation in einen dritten Faktor integriert werden. Hierzu gehören sowohl Fragen der Kommunikation innerhalb der eigenen Abteilung sowie abteilungsübergreifende Kommunikation (0,55 bzw. 0,66) als auch die Frage nach gemeinsamen Unternehmungen außerhalb der Arbeitszeit (0,65).

Wie aus Tabelle 12 zu ersehen ist, ergaben sich keine signifikanten Korrelationen zwischen den extrahierten Faktoren und dem Alter, d.h. die Forschungshypothese wurde unterstützt.

Tab. 12   Korrelation der extrahierten Faktoren mit dem Alter (r-Korrelation nach Person, p-Wert) im Unternehmen A

		Alter
Stabilität	Korrelation r	0,15
	p-Wert	0,32
Karriere	Korrelation r	-0,13
	p-Wert	0,41
Kommunikation	Korrelation r	-0,06
	p-Wert	0,69

Fallstudie Unternehmen B

Bei der folgenden Studie handelt es sich um eine Längsschnittstudie mit Kontrollgruppe, die in einem technischen Wartungsdienst durchgeführt wurde. Insgesamt waren 137 Mitarbeiter an der Untersuchung beteiligt. In der Pilotgruppe befanden sich 24 und in der Kontrollgruppe 113 Mitarbeiter. Die Aufteilung nach Alter erfolgte in beiden Gruppen nach dem Prinzip: älter oder gleich 45 Jahre und jünger als 45 Jahre. Das Durchschnittsalter in den korrespondierenden Altersgruppen war annähernd gleich (vgl. Tab. 13).

Tab. 13   Merkmale der Personen, die sowohl an der Vor- als auch an der Nachuntersuchung im Unternehmen B teilnahmen (Härmä et al., 2005)

	Pilotgruppe		Kontrollgruppe	
Altersgruppe	< 45 Jahre	≥ 45 Jahre	< 45 Jahre	≥ 45 Jahre
Anzahl	n = 10	n = 14	n = 64	n = 49
Alter (Jahre): Durchschnitt (Min - Max)	36 (24 - 44)	52 (45 - 60)	36 (30 - 43)	50 (45 - 61)
berufliche Tätigkeit in % Wartungsarbeiter Kontrolleur Vorgesetzter	90 10 0	57 21 21	90 3 8	59 7 34
Berufsjahre	14	32	14	30
Erfahrung mit altem Schichtsystem (Jahre)	6	17	8	16
Familiengröße	3	2,8	2,9	2,6
Kinder unter 7 Jahre in %	50	14	33	0

Die Mitarbeiter arbeiteten zunächst nach einem Schichtplan (Abb. 24, linke Seite), der sowohl für die Gesundheit als auch das Sozialleben ungünstig war und nicht neueren arbeitswissenschaftlichen Erkenntnissen (z.B. Knauth / Hornberger, 2003) entspricht. Im rechten Teil der Abbildung 24 ist das neu entwickelte Schichtsystem dargestellt, das generell neueren arbeitswissenschaftlichen Empfehlungen zur Schichtplangestaltung entspricht (z.B. Vorwärtsrotation der Schichten, schnelle Rotation der Früh-, Spät- und Nachtschichten) und speziell auch für ältere Mitarbeiter empfohlen wurde (vgl. Härmä / Ilmarinen, 1999, Härmä et al., 2006). Im Rahmen des EU-Projektes RESPECT wurde eine kontrollierte Längsschnittstudie mit einer Pilotgruppe (n = 24) und einer Kontrollgruppe (n = 116) durchgeführt (vgl. Abb. 25). Eine erste Befragung der Pilot- und Kontrollgruppe wurde vor der Umstellung (2001) und eine zweite nach einer längeren Probezeit (2003) realisiert.

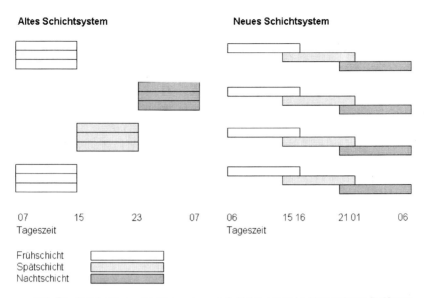

Altes Schichtsystem

Neues Schichtsystem

07   15   23   07
Tageszeit

06   15 16   21 01   06
Tageszeit

Frühschicht
Spätschicht
Nachtschicht

Abb. 24   Beschreibung des alten und neuen Schichtsystems im Unternehmen B (Härmä et al., 2006)

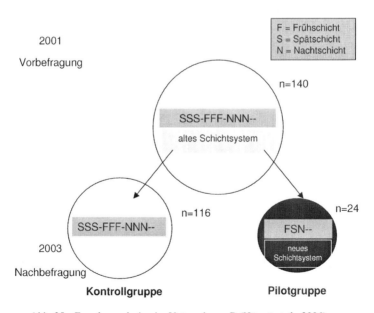

Abb. 25   Forschungsdesign im Unternehmen B (Härmä et al., 2006)

Fragebogen

Die folgenden Schlafprobleme wurden in Zusammenhang mit verschiedenen Schichtformen untersucht: Einschlaf-, Durchschlaf- und Aufwachprobleme. Die Häufigkeit wurde mit einer vierstufigen Skala von „sehr selten" oder „nie" bis „oft" oder „immer" abgefragt. Durch Aufsummierung der drei Skalen ergab sich ein individueller Schlaflosigkeitsindex (insomnia index).

Ähnlich wurden starke Schläfrigkeit (severe sleepiness) bei der Arbeit erfasst. Darüber hinaus wurde die Schlaflänge in Zusammenhang mit Früh-, Spät- und Nachtschicht ermittelt.

In Anlehnung an Barton et al. (1995) wurde sowohl in der Voruntersuchung (2001) als auch in der Nachuntersuchung (2003) gefragt: „Wie wirkt sich das aktuelle Schichtsystem auf a) Ihren Schlaf und Ihre Wachheit (vigilance), b) Ihr Wohlbefinden bei der Arbeit, c) Ihre allgemeine Gesundheit, d) Ihr soziales Leben, 3) Ihr Familienleben und f) Ihre Hobbies aus?" (5-stufige Skala von „verbessert beträchtlich" bis „stört beträchtlich").

Feldmessungen

2001 wurden Feldmessungen während des gesamten Schichtzyklus (1 x 15 Tage) und 2003 während zweier Schichtzyklen (2 x 5 Tage) durchgeführt.

Mit einem Handcomputer (Palm) führte jeder Teilnehmer alle zwei Stunden während der Arbeit Vigilanztests (Psychomotor Vigilance Task, PVT) durch, protokollierte Schlaf- und Sozialleben sowie seine subjektive Schläfrigkeit (KSS Karolinska Sleepiness Scale). Um Lerneffekte zu kontrollieren, wurden die Messungen verschiedener Teilnehmer in unterschiedlichen Phasen des Schichtsystems durchgeführt.

Statistische Methoden

In die Auswertung wurden nur diejenigen Personen einbezogen, die sowohl an der Vor- als auch an der Nachbefragung teilgenommen hatten (n = 24 Pilotgruppe, n = 116 Kontrollgruppe). Bei der statistischen Auswertung wurden die Wechselwirkungen zwischen Gruppen (Pilot- vs. Kontrollgruppe), Zeit (2001 vs. 2003), Altersklassen (44 Jahre und jünger vs. 45 Jahre und älter) und verschiedenen Schichtformen mit Hilfe des „linear mixed model for repeated measurements" (Brown and Prescott, 1999) getestet. Diese Methode kann auch bei fehlenden Werten eingesetzt werden, während bei der klassischen multivariaten Analyse von wiederholten Messungen Personen mit missing values entfernt werden.

Ergebnisse

Die Schichtplanumstellung führte bei der Pilotgruppe zu einer signifikant verbesserten Wahrnehmung der allgemeinen Gesundheit, des Soziallebens, des Wohlbefindens bei der Arbeit und des Familienlebens (vgl. Abb. 26). Dagegen unterschieden sich die Vor- und Nachmessungen in der Kontrollgruppe nicht signifikant. In der Pilotgruppe wurde sowohl bei den unter 45-Jährigen als auch bei den 45-Jährigen und Älteren das neue Schichtsystem positiver bewertet. Während die wahrgenommenen Verbesserungen in der jüngeren Altersklasse bei der allgemeinen Gesundheit und dem Wohlbefinden etwas stärker ausgeprägt waren als bei den Älteren, beurteilten die Älteren die Verbesserungen im Sozial- und Familienleben etwas besser als die Jüngeren.

Schlaf-Fragebogen

Bei der Auswertung des Schlaffragebogens hinsichtlich der Schlaflänge und der Schlafqualität, ergaben sich signifikante Wechselwirkungen zwischen Gruppe und Zeitpunkten bei der Abnahme der Schlaflosigkeit (Insomnia - Index) in allen Schichten (vgl. Tab. 14). Leichte Unterschiede zwischen den Altersklassen zeigten sich in Bezug auf die Schlafdauer an freien Tagen, nach Nachtschichten und vor Spätschichten.

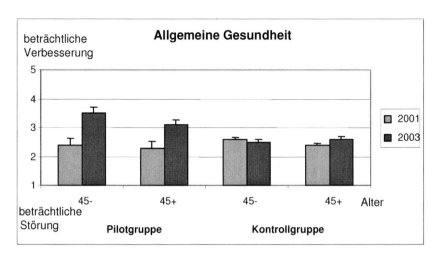

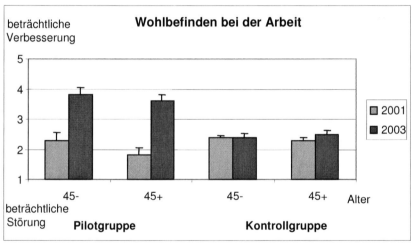

Abb. 26   Die Auswirkungen des neuen Schichtsystems nach Angaben der Befragten auf
die Frage, wie das aktuelle Schichtsystem die Gesundheit, das Wohlbefinden
bei der Arbeit, das Sozialleben und das Familienleben beeinflusst. Die Daten
basieren auf den Schätzungen der Durchschnitte und der „Standard errors" des
verwendeten statistischen Modells bezüglich der Gruppen (Pilot- und Kontrollgruppe), der Zeit (2001/2003) und des Alters (45-/45+) (Härmä et al.,
2006) / Fortsetzung s. folgende Seite

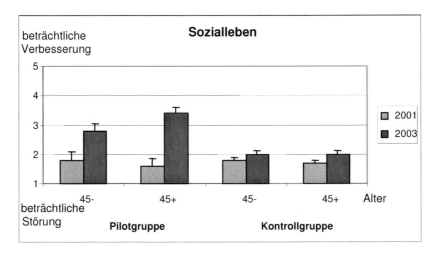

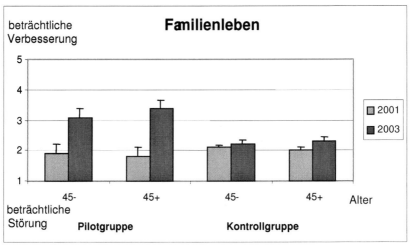

Tab. 14 Auswirkungen des neuen Schichtsystems (nachher) auf die Schlaflänge (Stunden) und die Schlaflosigkeit (Index) an Frühschicht (F)-, Spätschicht (S)- und Nachtschichttagen (N) sowie an freien Tagen im Vergleich zum alten Schichtsystem (vorher)

	Pilotgruppe				Kontrollgruppe			
	< 45 Jahre		≥ 45 Jahre		< 45 Jahre		≥ 45 Jahre	
	Ø	standard error	Ø	standard error	Ø	standard error	Ø	standard error
Schlafdauer vor F								
vorher	4,8	0,28	4,9	0,27	4,8	0,08	4,6	0,09
nachher	5,6	0,25	6,5	0,22	5,6	0,11	6,4	0,13
Schlafdauer vor N								
vorher	2,2	0,21	2,5	0,18	2,2	0,21	2,5	0,18
nachher	2,7	0,28	2,3	0,25	2,7	0,28	2,3	0,25
Schlafdauer nach N								
vorher	5,3	0,57	4,6	0,57	5,5	0,17	4,9	0,18
nachher	6,3	0,51	5,8	0,45	5,7	0,24	4,7	0,30
Schlafdauer vor S								
vorher	8,3	0,46	7,8	0,46	8,2	0,13	7,8	0,14
nachher	7,8	0,42	7,5	0,36	8,3	0,19	7,4	0,22
Schlafdauer freie Tage								
vorher	9,2	0,41	7,9	0,41	8,8	0,12	7,8	0,13
nachher	8,8	0,36	8,7	0,32	8,8	0,17	8,7	0,19
Schlaflosigkeit F								
vorher	7,8	0,64	7,8	0,62	7,2	0,18	7,0	0,20
nachher	5,9	0,57	5,9	0,50	7,1	0,27	6,6	0,30
Schlaflosigkeit S								
vorher	5,8	0,52	5,8	0,49	5,1	0,15	5,4	0,16
nachher	4,4	0,46	4,4	0,41	5,2	0,22	5,5	0,24
Schlaflosigkeit N								
vorher	7,2	0,72	7,1	0,69	6,5	0,21	6,9	0,23
nachher	5,1	0,64	5,3	0,58	6,1	0,30	7,3	0,37
Schlaflosigkeit freie Tage								
vorher	6,3	0,55	5,6	0,52	5,3	0,15	5,2	0,16
nachher	4,4	0,46	4,1	0,43	5,5	0,22	5,3	0,26

	Gruppe		Alter		Zeit		Gruppe x Zeit		Gruppe x Zeit x Alter		df
	F	p	F	p	F	p	F	p	F	p	
Schlafdauer vor F	0,1	ns	6,6	0,011	87,5	0,0001	-	-	4,9	0,0007	1,413; 4,413
Schlafdauer vor N	1,6	ns	0,8	ns	0,1	ns	0,7	ns	1,0	ns	1,127; 3,127
Schlafdauer nach N	1,2	ns	5,5	0,02	3,6	0,06	4,0	0,04	0,34	ns	1,378; 3,378
Schlafdauer vor S	0,2	ns	4,9	0,03	1,4	ns	0,2	ns	0,7	ns	1,408; 3,408
Schlafdauer freie Tage	0,1	ns	7,6	0,006	2,1	ns	-	-	3,0	0,02	1,402; 4,402
Schlaflosigkeit F	0,1	ns	0,4	ns	10,7	0,0012	6,6	0,01	0,2	ns	1,415; 3,415
Schlaflosigkeit S	0,8	ns	0,3	ns	6,3	0,013	8,1	0,005	0,18	ns	1,411; 3,411
Schlaflosigkeit N	2,1	ns	1,3	ns	6,8	0,009	7,4	0,007	0,9	ns	1,386; 3,386
Schlaflosigkeit freie Tage	0,7	ns	1,3	ns	8,6	0,004	-	-	3,1	0,02	1,401; 4,401

Die Schichtplanumstellung führte in beiden Altersklassen zu einer nicht signifikanten (p < 0,07) Verringerung deutlicher Schläfrigkeit während der Nachtschicht (vgl. Abb. 27) und zu einer signifikanten entsprechenden Verbesserung der deutlichen Schläfrigkeit in der Freizeit nach der Nachtschicht (vgl. Abb. 28, Gruppe x Zeit: df 3/385, F = 4,9; p < 0,03).

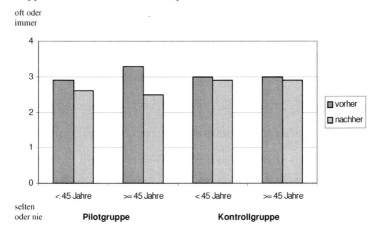

Abb. 27   Schläfrigkeitsuntersuchungen während der Nachtschicht.

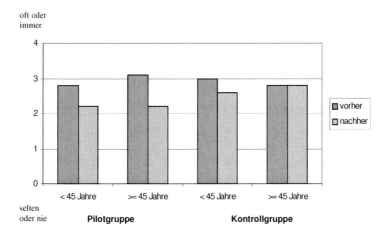

Abb. 28   Schläfrigkeitsuntersuchungen in der Freizeit nach Nachtschichten.

In Bezug auf den Median der Leistung im Psychomotorischen Vigilance Task (PFT) hatte die Intervention signifikante Effekte (Wechselwirkung Gruppe x Zeit, df 1/640, F = 7,47, p < 0,0064). Außerdem war die Wechselwirkung Gruppe x Zeit x Schichtform x Alter signifikant (df 41/590, F = 4,04, p < 0,0001), wobei sich für die Älteren eine Verbesserung der PVT-Leistung am Ende der Nachtschicht und für die Jüngeren am Ende der Morgenschicht ergab (vgl. Abb. 29)

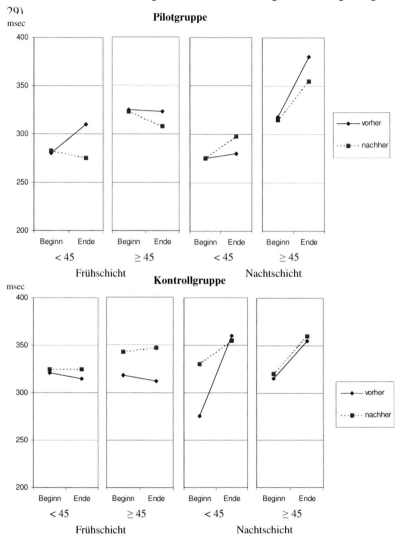

Abb. 29 Auswirkungen des neuen Schichtsystems auf den Median des psychomotorischen Vigilanztests (PVT) während der Früh- und Nachtschicht (Durchschnittswerte und Standard Error)

Insgesamt führte die Einführung eines nach arbeitswissenschaftlichen Empfehlungen gestalteten neuen Schichtsystems sowohl bei den Älteren ($\geq$ 45 Jahre) als auch bei Jüngeren (< 45 Jahre) zu einer Reihe von Verbesserungen.

Fallstudie Unternehmen C

Im Rahmen des EU-Projektes RESPECT wurde zum Thema Qualifizierung eine emprirische Studie mittels Online-Befragung in einer Bank durchgeführt. Ziel war die Herausarbeitung förderlicher Faktoren für den Aufbau und den Transfer von Erfahrungswissen im Arbeitsprozess. So steht die „Erkenntnis, dass Mitarbeiter während ihrer Aufgabenbewältigung Erfahrungen machen, deren Nutzung für den kontinuierlichen unternehmerischen Wandel von hohem Nutzen sein können" (Derboven et al., 2002, S.10), in engem Zusammenhang mit der „Wiederentdeckung des Individuums im Arbeitsprozess" und dem Wunsch, „vernachlässigte oder bewusst ausgegrenzte Kompetenzen zu erschließen, die [...] in der Erfahrung der Mitarbeiter liegen" (ebd., S.10).

Insgesamt wurden 112 Mitarbeiter befragt. Unter den Befragten befanden sich 45 Frauen und 67 Männer; 23 Personen hatten zum Zeitpunkt der Untersuchung eine Führungsposition inne. Dabei gaben die Personen an, dass sie bereits zwischen einem und 23 Jahren Führungsverantwortung tragen, der Durchschnitt lag bei 10 Jahren.

Die durchschnittliche Betriebszugehörigkeit der befragten Stichprobe lag bei 17,1 Jahren. Eine differenzierte Betrachtung der Betriebszugehörigkeit gibt die Abbildung 30 wieder.

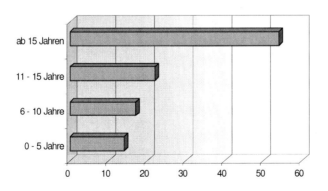

Abb. 30   Dauer der Betriebszugehörigkeit innerhalb der befragten Stichprobe

Ziel einer deskriptiven Analyse war, die Bedeutung von Rahmenbedingungen für den Erfahrungsaufbau und -transfer sowie das Vorhandensein bzw. das Nichtvorhandensein dieser Bedingungen aus Mitarbeitersicht zu erfassen.

Die Rahmenbedingungen, die zum einen als sehr wichtig erachtet werden, aber gleichzeitig als kaum oder gar nicht vorhanden beurteilt werden, können auch als indirekte Wünsche nach Veränderung angesehen werden. Aus diesem Grund wird aus den folgenden Analysen ein direkter Handlungsbedarf abgeleitet.

Die einzelnen Rahmenbedingungen wurden von den Mitarbeitern zweifach beurteilt: Zum einen nach der Wichtigkeit für den Erwerb und den Austausch von Erfahrungswissen (von 1=„unwichtig" bis 5=„sehr wichtig"), zum anderen, ob die jeweilige Rahmenbedingung in der Bank vorhanden ist (von 1=„überhaupt nicht vorhanden" bis 5=„völlig ausreichend vorhanden"). Daneben finden sich zwei offene Fragen im Fragebogen: zum einen zu weiteren erfahrungsförderlichen Rahmenbedingungen und zum anderen zu wichtigen Kompetenzen im beruflichen Alltag des befragten Unternehmens.

Aus Tabelle 15 wird ersichtlich, dass fast alle aufgeführten Rahmenbedingungen als wichtig bis sehr wichtig bewertet werden. Am wenigsten wichtig werden die Bedingungen Job Rotation, Situationen wie „der Sprung ins kalte Wasser" sowie die Teilnahme am Vertriebscoaching beurteilt. Im Gegensatz dazu stehen an oberster Stelle Faktoren wie beispielsweise gegenseitige Akzeptanz im Team, offener positiver Umgang mit Fehlern, eine vertrauensvolle Arbeitsatmosphäre, die Bereitschaft, kontinuierlich dazu zu lernen, die Wertschätzung des Erfahrungswissens von Seiten der Führungskräfte usw..

Die Betrachtung der Einschätzungen bezüglich des Vorhandenseins dieser Rahmenbedingungen zeigt, dass vor allem der fehlende Faktor Zeit ein bedeutsames Hindernis für die Weitergabe von Erfahrung ist. Insbesondere die Rahmenbedingung „Zeit im Tagesgeschäft für Erfahrungsweitergabe und Erfahrungsaustausch" wird von den Befragten als nicht ausreichend vorhanden beurteilt. Weiterhin werden Mentoring, die Mitarbeit in übergreifenden Projekten, möglichst zeitnahes Feedback, persönliche Feedbackgespräche mit Kollegen, regelmäßige Feedbackgespräche mit der Führungskraft, ein offener, positiver Umgang mit Fehlern sowie die Möglichkeit in Tandems zu arbeiten von den Befragten als unzureichend vorhanden bewertet.

Tab. 15   Darstellung der Bewertung der Rahmenbedingungen anhand der Mittelwerte
(Wichtigkeit und Vorhandensein) – sortiert nach der Wichtigkeit

Rahmenbedingungen	Mittelwert - Wichtigkeit	Mittelwert - Vorhandensein	Handlungs- bedarf
Gegenseitige Akzeptanz im Team	4,78	3,90	
Bereitschaft, kontinuierlich dazu zu lernen	4,77	3,97	
Vertrauensvolle Arbeitsatmosphäre	4,68	3,70	
Die Offenheit bei Kolleginnen und Kollegen, von anderen zu lernen	4,65	3,66	
Offener, positiver Umgang mit Fehlern	4,59	3,11	!!
Unterstützung von Seiten der Erfahrenen bei schwierigen Aufgaben	4,53	3,83	
Entscheidungen eigenverantwortlich treffen	4,49	3,69	
Gezielter Personaleinsatz entsprechend den persönlichen Stärken	4,43	3,28	!!
Wertschätzung des Erfahrungswissens von Seiten der Führungskräfte	4,40	3,46	
Möglichst zeitnahes Feedback	4,35	3,04	!!
Die Möglichkeit, für geschäftliche Entscheidungen Verantwortung zu übernehmen	4,31	3,44	
Zeit im Tagesgeschäft für Erfahrungsweitergabe und Erfahrungsaustausch	4,28	2,51	!!
Optimale Nutzung des verfügbaren Handlungsspielraums	4,27	3,56	
Regelmäßige Feedbackgespräche mit der Führungskraft	4,27	3,17	!!
Aufbau und Nutzung von Netzwerken	4,25	3,26	!!
Vertretung	4,19	3,57	
Vielfältige und unterschiedliche Arbeitsaufgaben	4,06	3,65	
Möglichkeiten, das eigene Verhalten in Arbeitssituationen zu reflektieren	4,04	3,20	!!
Aktives Einholen von Feedback bei erfahrenen Kollegen	4,02	3,22	!!
Möglichkeit, durch Vorbilder zu lernen	3,98	3,12	!
Team-Meetings	3,97	3,90	
Fachtrainings	3,97	3,41	
Tandems	3,90	3,17	!
Mentoring	3,89	2,61	!
Mitarbeit in übergreifenden Projekten	3,82	2,66	!
Persönliche Feedbackgespräche mit Kollegen	3,80	3,10	!
Altersgemischte Arbeitsgruppen	3,73	3,52	
Situationen wie: "Der Sprung ins kalte Wasser"	3,39	3,45	
Teilnahme am Vertriebscoaching	3,31	2,68	
Job Rotation	3,26	2,37	

Legende: Wichtigkeit: 1 = unwichtig; 5 = sehr wichtig
            Vorhandensein: 1 = überhaupt nicht vorhanden; 5 = völlig ausreichend
                                 vorhanden
            !! = akuter Handlungsbedarf ! = mittelfristiger Handlungsbedarf

Die Rahmenbedingungen, die bei der Beurteilung des Vorhandenseins in der Bank einen Mittelwert größer 3,3 aufweisen, können in dem Bankunternehmen als ausreichend vorhanden eingestuft werden. Dazu zählen die optimale Nutzung des verfügbaren Handlungsspielraums, Möglichkeit, für geschäftliche Entscheidungen Verantwortung zu übernehmen, Entscheidungen eigenverantwortlich treffen, gegenseitige Akzeptanz im Team, die Offenheit bei Kolleginnen und Kollegen, von anderen zu lernen, usw. (vgl. Tab. 15).

Überraschend ist das Ergebnis, dass keine der Rahmenbedingungen einen Mittelwert von 4 oder höher erreicht hat, d.h., dass keine der Rahmenbedingungen als völlig ausreichend vorhanden beurteilt wurde. Es besteht demnach Handlungsbedarf bei der Bereitstellung von Rahmenbedingungen für den Erwerb und Austausch von Erfahrung.

Der aktuelle Handlungsbedarf in dem Bankunternehmen ist in der vierten Spalte in Tabelle 15 abzulesen. Dieser ergibt sich aus einem Vergleich der Beurteilung der Wichtigkeit der erfahrungsförderlichen Rahmenbedingungen und dem Vorhandensein bzw. Nicht - Vorhandensein in der Bank. Aus den Rahmenbedingungen, die als sehr wichtig, aber nicht ausreichend vorhanden beurteilt werden, lassen sich die unmittelbaren Handlungsempfehlungen ableiten. Akuter Handlungsbedarf besteht bei den folgenden Rahmenbedingungen:

- Offener, positiver Umgang mit Fehlern
- Möglichst zeitnahes Feedback
- Regelmäßige Feedbackgespräche mit der Führungskraft
- Aktives Einholen von Feedback bei erfahrenen Kollegen
- Möglichkeiten, das eigene Verhalten in Arbeitssituationen zu reflektieren
- Zeit im Tagesgeschäft für Erfahrungsweitergabe und Erfahrungsaustausch
- Aufbau und Nutzung von Netzwerken
- Gezielter Personaleinsatz entsprechend der persönlichen Stärken

Ein mittelfristiger Handlungsbedarf ist bei folgenden erfahrungsförderlichen Rahmenbedingungen zu verzeichnen:

- Möglichkeit, durch Vorbilder zu lernen
- Tandems
- Mentoring
- Mitarbeit in übergreifenden Projekten
- Persönliche Feedbackgespräche mit Kollegen

Insgesamt zeigten die Ergebnisse konkrete Ansatzpunkte für die Optimierung eines Erfahrungstransfers auf. Ein Vergleich unterschiedlicher Altersgruppen führte zu keinen signifikanten Ergebnissen.

In vielen der im Rahmen des Projektes „RESPECT" stattgefundenen Diskussionen mit deutschen Führungskräften war ersichtlich, dass in den meisten Unternehmen alleinig eine Fokussierung auf bestimmte Altersklassen besteht und dass das Bewusstsein für die Komplexität des demografischen Wandels und resultierende Herausforderungen nur sehr gering ausgeprägt ist.

7.3 KRONOS

7.3.1 Einleitung

Das von der DFG geförderte Projekt KRONOS hat eine Laufzeit von zwei Jahren. Das Projekt ist eingebettet in das Schwerpunktprogramm „Altersdifferenzierte Arbeitssysteme". An diesem Schwerpunktprogramm sind 13 wissenschaftliche Institute beteiligt.

Das Thema des Teilprojektes KRONOS lautet: „Lebensarbeitszeitmodelle - Chancen und Risiken für Mitarbeiter und Unternehmen".

Ziel des Projektes

Kronos hat zum Ziel, die Wirkungen verschiedener Arbeitszeitmodelle auf die älter werdenden Mitarbeiter zu untersuchen. Es sollen sowohl kurz- als auch langfristige Effekte auf der individuellen und betrieblichen Ebene analysiert werden. Für die Überprüfung des Erfolgs wie auch der prognostischen Relevanz der gewonnenen Ergebnisse werden Vergleiche über sechs Unternehmen aus verschiedenen Branchen vorgenommen.

Individuelle, alternsgerechte Arbeitszeitgestaltung leistet einen wichtigen Beitrag, um den aus dem demografischen Wandel resultierenden Herausforderungen adäquat zu begegnen. Bislang fehlt es an kontrollierten Längsschnittstudien, in denen die Auswirkungen verschiedener Arbeitszeitmodelle systematisch untersucht werden. Darüber hinaus wurden bisher nur in wenigen Fällen spezifische Effekte von individualisierten Arbeitszeitmodellen sowohl auf die Mitarbeiter als auch auf die Unternehmensziele erforscht.

Die aus dem Projekt abgeleiteten Handlungsstrategien zur Arbeitszeitgestaltung sollen sowohl dem Mitarbeiter als auch dem Betrieb Orientierungshilfen aufzeigen, wie eine sinnvolle, zukunftsorientierte, demografische Gesamtstrategie gestaltet werden kann.

Der theoretische Bezugsrahmen, in den die dargestellten Ziele eingebettet werden können, wird in Abbildung 31 dargestellt.

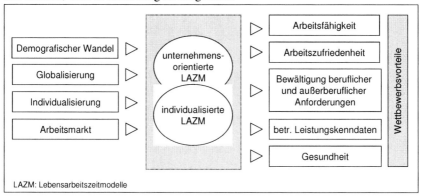

Abb. 31   Bezugsrahmen des Projektes KRONOS

Einflüsse auf die Arbeit wie der demografische Wandel, die Globalisierung und Individualisierung sowie die aktuelle Arbeitsmarktsituation können sowohl Chancen als auch Risiken für die Produktivität, Arbeitsfähigkeit, Gesundheit und Arbeitszufriedenheit der Mitarbeiter und damit der Wettbewerbsfähigkeit der Unternehmen darstellen. Hier können unternehmensorientierte und individualisierte Lebensarbeitszeitmodelle wirksam werden und die positiven Effekte hervorheben und mögliche negative Folgen abschwächen. Bei den unternehmensorientierten Lebensarbeitszeitmodellen liegt der Schwerpunkt in der Realisierung von Nutzenpotenzialen auf Unternehmensebene, wobei die individualisierten Lebensarbeitszeitmodelle sich speziell an den Wünschen und Bedürfnissen der Mitarbeiter orientieren. Ziel wird es sein, die Unternehmens- und individuellen Ziele gleichermaßen zu berücksichtigen.

Dementsprechend lassen sich die zentralen Forschungshypothesen folgendermaßen zusammenfassen:

Die Auswirkungen altersdifferenzierter Arbeitszeitmodelle sowohl auf die Gesundheit, Arbeitsfähigkeit und Zufriedenheit einer älter werdenden Belegschaft als auch auf betriebliche Leistungskenndaten werden umso positiver sein,

- je größer die Einflussmöglichkeiten der Mitarbeiter auf die Gestaltung ihrer Arbeitszeit in den verschiedenen Lebensphasen ist.

- je eher arbeitswissenschaftliche Empfehlungen zur Gestaltung der Arbeitszeit berücksichtigt werden und

- je günstiger die Rahmenbedingungen (z.B. Einstellung der Führungskräfte zu älteren Mitarbeitern, ergonomische Arbeitsplatzgestaltung,
  betriebliche Weiterbildung für alle Altersklassen, lernförderliche Arbeitsbedingungen, adäquate Einführungsstrategie für neue Arbeitszeitmodelle) sind.

Das Ziel des Projektes ist die Überprüfung dieser Hypothesen durch einen systematischen Vergleich der folgenden Arbeitszeitmodelle:

Wahlarbeitszeit

Jeder Mitarbeiter hat die Möglichkeit, in regelmäßigen Abständen oder immer
(mit entsprechender Vorankündigung), ein Arbeitszeitvolumen zu wählen, das
seinen Bedürfnissen und Wünschen in der jeweiligen Lebensphase am besten
entspricht. Im Allgemeinen kann zwischen der tariflichen Wochenarbeitszeit
und geringeren Arbeitszeitenvolumina gewählt werden. In Sonderfällen können
auch Wochenarbeitszeiten oberhalb der tariflichen Arbeitszeit realisiert werden.

Teilzeitarbeit und Schichtarbeit

Als Teilzeitarbeit wird jedes Arbeitszeitvolumen unterhalb der tariflichen Wochenarbeitszeit definiert. Teilzeitarbeit ist bei Schichtarbeit sehr viel schwieriger
zu realisieren als bei Tagarbeit.

Alternsgerechte Schichtpläne

Schichtpläne, die neueren arbeitswissenschaftlichen Empfehlungen voll entsprechen, sind alternsgerecht, weil sie günstiger für alle Altersklassen sind als die
traditionellen Schichtsysteme und sowohl präventive als auch kompensatorische
Elemente haben.

Langzeitkonten

Das Hauptziel von Langzeitkonten ist die Flexibilisierung der Arbeitszeit innerhalb des Erwerbslebens. Die angesammelten Zeiten können z. B. für Sabbaticals, Familienphasen oder längere Weiterbildungsphasen genutzt werden.

Lebensarbeitszeitkonten

Mit Hilfe von Lebensarbeitszeitkonten soll das Erwerbsleben verkürzt (was dem
Ziel der verlängerten Erwerbstätigkeit widerspricht) oder der Übergang in den
Ruhestand flexibler gestaltet werden.

Kurzpausen für ältere Mitarbeiter

Im Gegensatz zu Ruhezeiten zwischen dem Ende einer und dem Beginn der dar-
auffolgenden Schicht liegen Kurzpausen zwischen Arbeitsbeginn und –ende.
Intendierte Effekte sind Verhinderung bzw. Ausgleich von Ermüdung, Auf-

rechterhaltung der Aufmerksamkeit und Leistungssteigerung. In der Praxis liegt die Dauer geplanter Kurzpausen in der Regel bei ca. 10-15 Minuten.

7.3.2 Stichprobe und Methoden

Da in den Unternehmen unterschiedliche Berufsgruppen, bzw. Führungskräfte und Mitarbeiter gleichermaßen befragt wurden, ist eine umfassende Einschätzung der Thematik ebenso gewährleistet wie die Identifikation möglicher Konfliktlinien und Streitpunkte zwischen den Beteiligten. Die Befragten sollten sich einerseits zu ihrer Akzeptanz von verschiedenen Formen flexibilisierter Arbeitszeiten äußern. Andererseits sollten die Auswirkungen auf den Betrieb, die Mitarbeiter und Kunden eingeschätzt werden.

Die sechs, am Projekt KRONOS beteiligten Großunternehmen kommen aus folgenden Branchen

- Chemische Industrie
- Stahlindustrie
- Automobilindustrie
- Pharmaindustrie

Bei den meisten der durchgeführten Studien handelte es sich um Interventionsstudien, in denen neue Modelle entwickelt, implementiert und evaluiert wurden. In zwei Fällen sollten bereits implementierte Modelle in Bezug auf den Nutzen für das Unternehmen und die Mitarbeiter evaluiert und ggf. optimiert werden (Querschnittstudien). Das gesamte Forschungsvorgehen gliederte sich in vier Phasen (vgl. Abb. 32).

Die erste Phase diente generell der Zielklärung und der Information aller beteiligten Personengruppen in den Unternehmen. Ebenso wurden entscheidungsbefugte heterogene Arbeitsgruppen in den Unternehmen gebildet, um einfachere und schnellere Kommunikations- und Entscheidungswege zu ermöglichen. Phase zwei diente der Vorbereitung von Phase drei. In dieser Phase wurden durch qualitative und quantitative Erhebungen Ist – Analysen durchgeführt und mittels der gewonnenen Ergebnisse Interventionsstudien konzipiert, die in Phase drei umgesetzt wurden. Zur quantitativen Erfassung des Projektes wurden formative und summative (Phase 4) Evaluationen durchgeführt.

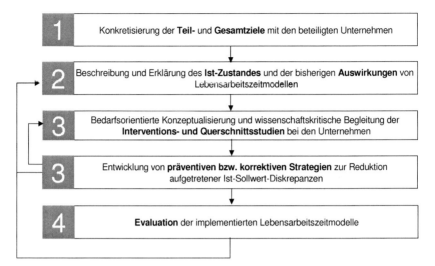

Abb. 32   Methodisches Vier-Phasen-Konzept

Methoden

Wie schon beschrieben, wurde zur Gewinnung profunder Erkenntnisse zu den dargestellten komplexen Themenfeldern eine Kombination von qualitativen und quantitativen Instrumenten gewählt, da mit diesem multimethodischen Ansatz eine tiefere, holistische Sicht erzielt werden kann.

Zur Überprüfung der unternehmensspezifischen Relevanz einzelner Themenfelder und zur ersten Erfassung von unterschiedlichen Sichtweisen der beteiligten Personengruppen (Mitarbeiter, Führungskräfte, Betriebsrat, Personalabteilung, Betriebsarzt) wurde zu Beginn eine qualitative Analyse mittels halb strukturierten Interviewleitfäden durchgeführt. Des Weiteren diente das so gewonnene Datenmaterial zur Entwicklung unternehmensspezifischer Fragebogenkomplexe.

Die sowohl mit den qualitativen als auch mit den quantitativen Methoden untersuchten Themengebiete waren:

- Gestaltung der Arbeitszeit
- Teilzeit
- Autonomiegrad
- Arbeitsbelastungen
- Arbeit und Familie
- Gesundheit
- Schlaf
- individuelle Wertesysteme
- demografische Angaben

Für die dargestellten Themengebiete wurden im Fragebogen zum Teil standardisierte Skalen eingesetzt, wie die Kurzform des Work Ability Index (WAI, Illmarinen / Tuomi, 2004) zur Erfassung der Arbeitsfähigkeit oder der Standard Shiftwork Index (SSI, Barton et al., 1995), mit dem die Auswirkungen der Schichtarbeit auf Schlaf, Freizeit, Gesundheit und Wohlbefinden gemessen wurden.

Für die Ermittlung der arbeits- und lebensweltlichen Belastungen und der Hindernisse eine Work-Life-Balance zu erreichen, wurden Fragebögen adaptiert, die in einer früheren Untersuchung zur Vereinbarkeit von Beruf und Familie (vgl. Knauth et al., 2002) und einer aktuellen Studie zur Work-Life-Balance verwendet wurden (vgl. Freier, 2005).

In Abhängigkeit von der unternehmensspezifischen Zielausrichtung (z.B. Einführung von Kurzpausen in der Schichtarbeit) wurden folgende Instrumente ergänzend hinzugezogen:

- Aufmerksamkeitstest
- Visuelle Analogskala zur subjektiven Skalierung der Müdigkeit
- Skala zur Erfassung von physischen Beschwerden
- Schlaffragebogen

Zur Messung der Aufmerksamkeit wurde der „Walter Reed palm-held psychomotor vigilance test" eingesetzt (vgl. Thorne et al., 2005). Mit Hilfe von Pocket-PCs wurde dieser Aufmerksamkeitstest zur Erfassung der Reaktionszeit als Indikator für die aktuelle Ermüdung jeweils direkt vor und nach der Schicht von den Mitarbeitern eingesetzt.

Die visuelle Müdigkeits-Analogskala wurde jeweils zu Schichtbeginn und -ende sowie im zweistündigen Abstand während der Schicht eingesetzt. Die Versuchspersonen wurden gebeten, ihr jeweiliges Müdigkeitsempfinden auf der 10 cm Skala mit den Polen „hellwach" und „sehr müde" zu kennzeichnen (vgl. Kiesswetter, 1988).

Ergänzend zur Einschätzung der subjektiven Müdigkeit kennzeichneten die Mitarbeiter, ebenfalls alle zwei Stunden, ihre körperlichen Beschwerden mittels der „body part discomfort scale" von Bishop und Corlett (vgl. Corlett / Bishop, 1976).

Die subjektive Beurteilung der Schlafqualität und -quantität der Schichtarbeiter wurde mit einem eigens entwickelten Schlaffragebogen erhoben. Die Probanden füllten diesen an allen Tagen eines Schichtzyklus aus.

Für die Gewährleistung der Verständlichkeit von einzelnen Fragestellungen wurden die Instrumente mit Hilfe von Pretests in einzelnen Formulierungen an die Unternehmenskultur und den firmeninternen Sprachgebrauch angepasst.

7.3.3 Ausgewählte Ergebnisse

Aufgrund der Fülle von verschiedensten Analysen bedingt durch die unterschiedlichen Zielsetzungen zum Thema Arbeitszeit in den Unternehmen werden im Folgenden nur ausgesuchte Ergebnisse dargestellt. Es handelt sich hierbei um gesundheitliche Folgen von Belastungen, die subjektive Einschätzung von Schichtmerkmalen in der Automobilindustrie, die Arbeitsfähigkeit von Schichtarbeiteren in einem Chemieunternehmen, die Folgen von Kurzpausen und eine Verschiebung des Schichtbeginns auf die Reaktionszeit und die Schlafqualität in der Stahlindustrie und die Auswirkungen einer individuellen Arbeitszeitflexibilisierung in der Automobilindustrie.

Gesundheit und Belastungen

Gemäß der Forschungshypothesen dieses Projektes wurde anhand einer Stichprobe aus der Automobilindustrie (n = 104) der korrelative Zusammenhang zwischen Gesundheit (WAI) und z.B. Belastungen resultierend aus der Arbeitszeit untersucht. Es zeigten sich korrelative Zusammenhänge zwischen der Arbeitsbelastung, Schlaf und Müdigkeit und der Arbeitszufriedenheit. Zu dem Bereich der Arbeitsbelastung zählten die körperliche Belastung insgesamt, die körperliche Belastung in der Nachtschicht und die Konzentration in der Spät- und Nachtschicht. Ausschließlich nachtschichtbezogene Items stehen bei dem Themenkomplex Schlaf und Müdigkeit in einer direkten Verbindung zum WAI (ausreichend Schlaf bei Nachtschichten, arbeitsfreie Zeit nach der Nachtschicht und Müdigkeit nach der Nachtschicht). Neben den direkt arbeits- und belastungsbezogenen Bereichen, kommen Rahmenbedingungen, wie Zufriedenheit mit den Umgebungsbedingungen am Arbeitsplatz, Zufriedenheit mit dem Verhältnis zum Vorgesetzten und die Zufriedenheit mit der Arbeitstätigkeit zum Tragen. Insgesamt zeigte sich ein enger Zusammenhang zwischen dem WAI Index und der subjektiven Einschätzung der Belastung. Je günstiger die Belastung, der Schlaf und die Arbeitszufriedenheit subjektiv empfunden wurde, desto höher war der errechnete Work-Ability-Index. Hierbei traten keinerlei signifikante Unterschiede bezüglich des Alters auf.

Subjektive Bewertung von Schichtplänen

Die aus der Nachtschicht häufig resultierende höhere Beanspruchung ist auch bei der perspektivenbezogenen Bewertung von Schichtplanmerkmalen zu erkennen. Die befragten Mitarbeiter bewerteten hierzu arbeitswissenschaftliche Schichtplankriterien aus den Perspektiven Familie/Freizeit und Gesundheit (vgl. Abb. 33).

Wie in Abbildung 33 dargestellt, werden neben der Anzahl hintereinanderliegender freier Tage insbesondere die Anzahl hintereinanderliegender Nachtschichten und die Anzahl freier Tage nach der letzten Nachtschicht als äußerst bedeutsam für die Gesundheit angesehen. Generell weicht die Perspektive Familie/Freizeit deutlich von der gesundheitlichen Perspektive ab, so dass für eine mitarbeiterorientierte Schichtplanbewertung beide Aspekte Berücksichtigung finden müssen.

Zur Dimensionsreduktion wurde eine explorative Faktorenanalyse über alle Fragenkomplexe des Fragebogens durchgeführt, durch die folgende sieben Faktoren ermittelt werden konnten:

Faktor 1:   „Bedeutsamkeit freier Wochenenden und Schichtplanänderungen"

Faktor 2:   „Einfluss freier Zeit auf Gesundheit"

Faktor 3:   „Bedeutsamkeit freier Zeit für Familienleben"

Faktor 4:   „Auswirkung des Schichtbeginns und der -dauer auf Familie und Freizeit"

Faktor 5:   „Auswirkung des Vorwärtswechsels auf Familie und Freizeit"

Faktor 6:   „Auswirkung des Rückwärtswechsels auf Familie und Freizeit"

Faktor 7:   „Auswirkung der Wochenendarbeit auf Familie und Freizeit".

In einem weiteren Analyseschritt wurde das gruppenbezogene Antwortverhalten bezüglich der extrahierten Faktoren untersucht. Unterschiede sind hierbei bei Personen mit Kind(ern), dem Alter und Personen mit unterschiedlicher Dauer der Berufstätigkeit zu finden. So steigt bei Personen mit Kindern die Bedeutung freier Wochenenden und kurzfristiger Schichtplanänderungen. Des Weiteren nimmt die Relevanz der Wochenendarbeitszeit mit der Anzahl der zu betreuenden Kinder zu. Lediglich ein signifikanter Unterschied konnte bezüglich verschiedener Altersklassen identifiziert werden. So messen 31-40 Jährige freien Wochenenden und kurzfristigen Schichtplanänderungen mehr Gewicht bei als z.B. die 41-50 Jährigen. Personen mit einer längeren Berufstätigkeit schätzen die Bedeutung freier Zeit für die Gesundheit höher ein als Personen mit einer kurzen Dauer der Berufstätigkeit.

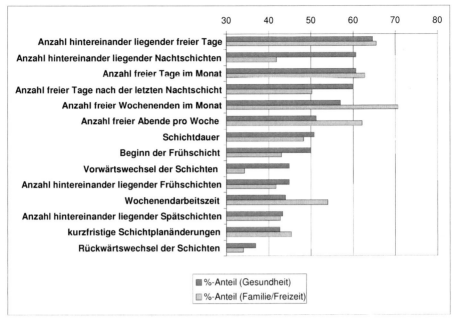

Abb. 33   Gewichtete Bedeutsamkeit arbeitswissenschaftlicher Kriterien (%) (n =104)

Somit ist eine ganzheitliche und vor allem gesundheitsbezogene Schichtplanbewertung zum einen von der subjektiven Einschätzung der Arbeitsbelastung und –umgebung und der Arbeitszufriedenheit abhängig. Zum anderen zeigen die Ergebnisse, dass die Untersuchung nach Altersklassen nicht zu signifikanten Unterschieden führt. Für eine höhere Aussagekraft müssen daher weitere personenbezogene Merkmale in die Auswertung einbezogen werden.

Arbeitsfähigkeitsindex von Schichtarbeitern

Zur differenzierten Betrachtung der Auswirkung von Schichtarbeit auf die Arbeitsfähigkeit wurden 661 Schichtarbeiter aus zwei Unternehmen, die im gewerblichen Bereich arbeiten befragt. Im Folgenden werden die Ergebnisse des WAI differenziert nach Altersgruppen und Schichtbiografie vorgestellt. Anschließend werden Ergebnisse, die mit dem Standardverfahren des WAI ermittelt wurden, den Ergebnissen gegenübergestellt, die mit einer modifizierten Form des WAI errechnet wurden.

In der modifizierten Form des WAI wurden die Antwortmöglichkeiten „Ja" und „Nein" bei möglichen gesundheitlichen Beschwerden um die Antwortkategorie „machmal" ergänzt. Durch diese Zusatzspalte ist ein differenzierteres Antwortverhalten möglich. Das Ziel ist die statistische Erfassung von Beschwerden, die noch nicht manifest geworden sind. Ob die Ergebnisse eine höhere prognostische Relevanz bezüglich der zukünftigen Arbeitsfähigkeit besitzen, muss in Längsschnittstudien noch erforscht werden. Insgesamt kann bei der modifizierten Form höherer Wahrheitsgehalt im Antwortverhalten angenommen werden, da wie die Mitarbeiter in Pretests äußerten, sie bei Fehlen der Spalte „teilweise vorhanden" die Spalte „nicht vorhanden" präferiert hätten.

Für die Auswertung des gesamten WAI Datenmaterials im Projekt wurde ein spezielles Rechenverfahren entwickelt, mit dem eine adäquate Gewichtung der Antwortkategorien möglich ist.

Die differenzierte Betrachtung der Ergebnisse des WAI nach Altersgruppen (vgl. Abb. 34) zeigt, dass die Streuung über die Altersgruppen variiert. Die Überprüfung des Zusammenhangs zwischen dem Alter und dem WAI-Index führte zu keinen signifikanten Ergebnissen. Dagegen scheinen biografische Erfahrungen im Unternehmens- und privaten Kontext einen größeren Einfluss auf den Gesundheitszustand zu haben als das Merkmal Alter (vgl. Abb. 35).

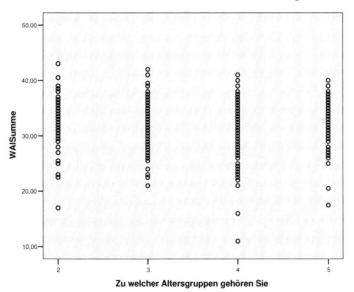

Abb. 34 WAI-Index nach Altersgruppen (2 = 21-30 Jahre; 3 = 31-40 Jahre; 4 = 41-50 Jahre; 5 = 51-60 Jahre)

Der Einbezug der Schichtbiografie ist aufgrund der massiven Auswirkungen, die Schichtarbeit auf physischer und psychischer Ebene haben kann, für die Betrachtung von Lebensarbeitszeitmodellen unabdingbar. Daher wurde die Schichtbiografie sehr detailliert mit fünf Kategorien abgefragt. Deutlich zu erkennen ist eine starke Streuung mit zunehmender Dauer der Schichterfahrung, so dass nicht zwangsläufig von einer Verschlechterung der Arbeitsfähigkeit bei Allen ausgegangen werden kann ohne die Gestaltung des Schichtsystems zu betrachten (vgl. hierzu Arbeitswissenschaftliche Empfehlungen von Knauth, 2005).

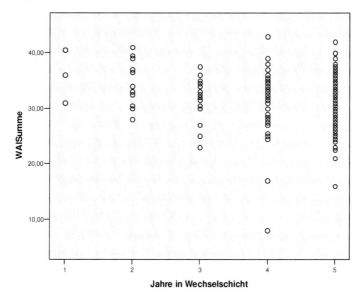

Abb. 35   WAI-Summe in Abhängigkeit der Schichtbiografie (1 = weniger als 1 Jahr; 2 = 1-2 Jahre; 3 = 3-5Jahre; 4 = 6-10 Jahre; 5 = länger als 10 Jahre)

Aus den Abbildungen 34 und 35 geht hervor, dass nicht nur ein Merkmal, wie z.B. Alter oder Schichtbiografie für eine entwicklungsorientierte Betrachtung der Arbeitsfähigkeit herangezogen werden kann.

Die ersten Ergebnisse der modifizierten Form des WAI (vgl. Abb. 36) zeigen eine deutliche Abweichung im Ankreuzverhalten der Zusatzspalte „manchmal" von den Spalten „ja, Diagnose vom Arzt" und „ja, häufig". Aus diesem Grund wird für differenziertere Analysen die Integration dieser zusätzlichen Spalte vorgeschlagen. Durch den Einbezug einer differenzierteren subjektiven Einschätzung wird eine höhere prognostische Validität hinsichtlich des zu erwartenden gesundheitlichen Verlaufs erwartet.

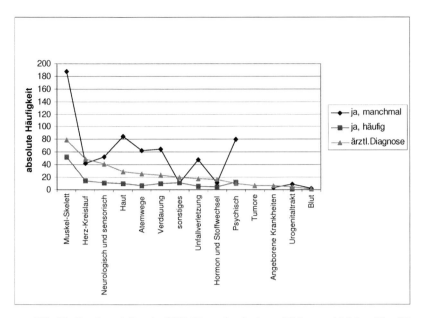

Abb. 36 Beschwerdeliste der WAI-Dimension 3 mit modifizierter subjektiver Einschätzung

Zusätzliche Längsschnittstudien können Aufschluss darüber geben, in wie weit dieser höhere Differenzierungsgrad für die Erkennung gesundheitlicher Probleme und die Entwicklung präventiver Strategien hilfreich sein kann.

Erholungswert von Pausen und Auswirkungen eines frühen Schichtbeginns

Das Kollektiv bezüglich der Untersuchung zu den Auswirkungen von Kurzpausen und der Verschiebung des Schichtbeginns auf die Reaktionszeit und die Schlafqualität setzte sich aus 227 Personen aus der Stahlindustrie zusammen. Hierbei waren alle Altersklassen vertreten. 40 Mitarbeiter gehörten zu der Gruppe der 21-30 Jährigen, 63 zu der Gruppe der 31-40 Jährigen, 34 zu der Gruppe der 41-50 Jährigen und zwei Mitarbeiter gaben an, älter als 60 Jahre zu sein.

Die untersuchten Personen arbeiten nach einem Schichtplan mit fünf Schichtbelegschaften mit einer wöchentlichen Arbeitszeit von 33,6 Stunden. Das Schichtsystem entspricht grundsätzlich arbeitswissenschaftlichen Erkenntnissen, denn es beinhaltet kurze Früh-, Spät und Nachtschichtperioden, eine Vorwärtsrotation, wenigstens drei freie Tage nach der letzten Nachtschicht und mindestens einen freien Abend in jeder Woche in der Zeit von Montag bis Freitag (vgl. Knauth, 2005). Jedoch wurde hinsichtlich der sehr frühen Wechselzeit in einigen Anlagen, die bedingt durch die einstündige Wahlarbeitszeit zu Schichtbeginn entstanden sind, Verbesserungspotenzial gesehen. Aus diesem Grund wurden im Rahmen einer Interventionsstudie die Auswirkungen von einer Verschiebung der Schichtwechselzeiten um 45 Minuten (von 05:15h auf 06:00 Uhr) nach hinten untersucht. Hierfür wurden Befragungen speziell zu den Schichtsystemen sowie während der Früh-, Spät- und Nachtschichten Messungen der Müdigkeit, Aufmerksamkeit und körperlichen Belastungen durchgeführt. Die Messungen erfolgten über einen kompletten Schichtzyklus (6 Arbeitstage und 4 freie Tage). In der Studie wurden die in Tabelle 16 dargestellten Messverfahren eingesetzt:

Tab. 16   Messverfahren der Interventionsstudie

Messmethoden:	Häufigkeit und Dauer:
Allgemeiner Fragebogen	Einmal (ca. 30 Minuten) vor Beginn der Pilotphase und einmal in verkürzter Version nach der Pilotphase
Fragebogen zur Schlafdauer und –Qualität	Jeweils nach dem Aufstehen, an 6 Arbeitstagen und 4 freien Tagen (ca. 5 Minuten)
Aufmerksamkeitstest	Zweimal pro Schicht, 6 Arbeitstage (ca. 15 Minuten)
Müdigkeits- und Beschwerdeskala	Alle 2 Stunden pro Schicht, 6 Arbeitstage (ca. 30 Sekunden)

Insbesondere durch die Verschiebung der Schichtwechselzeiten wurde eine erhebliche Verbesserung der Aufmerksamkeit (Reaktionszeiten), Schlafdauer und Schlafqualität bei den Mitarbeitern erwartet.

Erholungswert von Pausen

Mittels eines Pausenfragebogens sollte die Beurteilung der Pausenregelung an sich als auch die Erholungswirkung in Abhängigkeit von den Möglichkeiten zur Pausengestaltung erfasst werden. Bei diesen Fragestellungen konnten keinerlei signifikante Unterschiede zwischen den verschiedenen Altersgruppen festgestellt werden. Es ist jedoch zu erkennen, dass sich die Mitarbeiter eindeutig müder fühlen, wenn sie ihre Pause als wenig erholsam empfunden haben (vgl. Abb. 37).

Untersucht man nun den Erholungswert der Pause auf Unterschiede bezüglich des Alters, so lässt sich feststellen, dass mit ansteigendem Alter die Pausenerholung immer schlechter beurteilt wird. Der Erholungswert der Pause scheint jedoch signifikant von dem Ort der Pause abzuhängen. Die Erholung während der Pause wurde besser beurteilt, wenn die Pause im Pausenraum oder an den Essens- und Getränkeautomaten verbracht wurde als am eigenen Arbeitsplatz oder anderen Anlagen. Weitere Untersuchungen konnten keine eindeutigen Unterschiede aufzeigen.

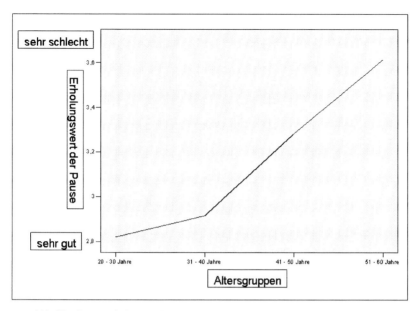

Abb. 37 Pausenerholung und Alter

Auswirkungen des Schichtbeginns auf die Reaktionszeit und die Schlafqualität

Die Auswertungen bezüglich der Auswirkungen des veränderten Schichtbeginns zeigen, dass die Reaktionszeiten morgens beim Schichtwechsel bei den Mitarbeitern, die zur Frühschicht kommen, höher sind, als bei den Mitarbeitern, die in der Nacht gearbeitet haben (vgl. Abb. 38). Dieses Ergebnis spricht grundsätzlich für eine Verschiebung des Frühschichtbeginns nach hinten. Diese Beobachtung gilt für die Mitarbeiter aller Altersklassen.

Zwischen den Altersgruppen konnten hinsichtlich der Aufmerksamkeitsmessungen keine signifikanten Unterschiede gefunden werden, die auf eine schlechtere Reaktionszeit bei den älteren Mitarbeitern hinweisen könnten. Es zeigte sich, dass die Gruppe der 31-40 Jährigen mit Abstand die schnellsten Reaktionszeiten hatte, die Zeiten der anderen Altersgruppen lagen jedoch dicht beieinander, d.h. die Zeiten der Gruppe der 21-30 Jährigen sind denen der 51-60 Jährigen sehr ähnlich.

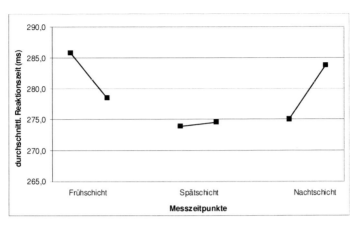

Abb. 38 Ergebnisse der Aufmerksamkeitsmessungen (2409 Aufmerksamkeitstests)

Vergleicht man nun diese Ergebnisse mit denen der visuellen Analogskala (Abb. 39), so zeigt sich, dass die subjektive Beurteilung der Müdigkeit von der objektiven Messung der Aufmerksamkeit abweicht, denn die subjektiv empfundene Müdigkeit zum Frühschichtbeginn ist etwas niedriger als die empfundene Müdigkeit zum Nachtschichtende. Bei der Auswertung der Analogskala zeigen sich die klassischen in der Literatur beschriebenen Verläufe (umfangreiche Übersicht bei Kiesswetter, 1988). In Abbildung 39 werden die Mittelwerte über alle Anlagen und Schichtgruppen gezeigt.

Bei einer spezifischen Betrachtung nach Altersgruppen zeigt sich, dass sich die Altersgruppe der 31-40 jährigen, die bei der Aufmerksamkeitsmessung die kürzesten Reaktionszeiten zeigte, subjektiv am müdesten fühlte. Die Unterschiede zu der Gruppe der 21-30 Jährigen wie auch zu der Gruppe der 41–50 jährigen sind jeweils signifikant (p < 0,05).

Bei den Auswertungen des Schlaffragebogens zeigen sich hingegen signifikante Unterschiede zwischen den Altersgruppen hinsichtlich der Beurteilung der Schlafqualität und der Dauer des Einschlafens. Die Altersgruppe der 20-30 jährigen beurteilte die Schlafqualität signifikant höher, als die über 50 jährigen Mitarbeiter. Ebenso fiel den jüngeren Mitarbeitern das Einschlafen signifikant leichter als den über 40 jährigen Mitarbeitern, wobei die Schlafdauer der älteren Mitarbeiter tendenziell länger ist als die der Jüngeren. Insgesamt zeigen die Auswertungen einen sehr kurzen Schlaf vor den Früh- und nach den Nachtschichten (vgl. Abb. 40).

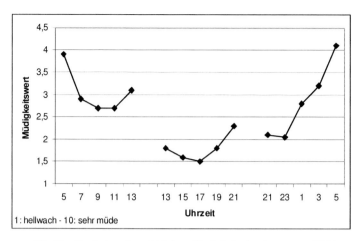

Abb. 39   Ergebnisse der subjektiven Müdigkeitseinschätzungen (4796 ausgefüllte Mü-
digkeitsskalen)

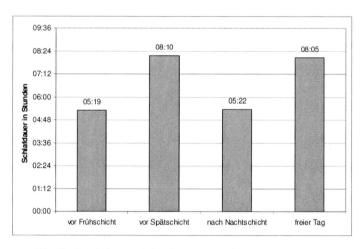

Abb. 40   Ergebnisse der Schlaffragebögen (1649 ausgefüllte Schlaffragebögen)

Bezüglich der Beurteilung der Schlafqualität wird der Schlaf vor einer Frühschicht hinsichtlich der Erholung signifikant schlechter beurteilt als der Schlaf
vor einer Spät- oder nach einer Nachtschicht.
Ein weiterer signifikanter Unterschied, der bezüglich der Beurteilung eines
Schichtsystems eine besondere Relevanz hat, ist die unterschiedliche emotionale

Beanspruchung in der Nachtschicht. Diese wird von den jüngeren signifikant niedriger eingeschätzt als von der Gruppe der 51-60 Jährigen.

Da insgesamt nur selten signifikante Unterschiede zwischen den Altersgruppen festgestellt werden konnten, gilt für zukünftige Untersuchungen, das Augenmerk verstärkt auf die Rahmenbedingungen und individuellen Unterschiede zwischen den Mitarbeitern zu lenken. So kann z.b. die unterschiedliche Beurteilung des Autonomiegrades bei der Arbeitszeitgestaltung als Hinweis interpretiert werden, dass die Bedeutung der Einflussnahme auf die Arbeitszeit bzw. auf die Flexibilisierung mit steigendem Alter zunimmt.

7.3.4 Individuelle Arbeitszeitflexibilisierung

Im Rahmen des Projektes KRONOS wurden zum Thema „individuelle Arbeitszeitflexibilisierung" bestehende Teilzeitmodelle eines Unternehmens der Automobilindustrie analysiert und Handlungsbedarfe abgeleitet. Zur Ermittlung einer repräsentativen Gruppe wurden die Kriterien Geschlecht, Alter, Anstellungsart, Geschäftsbereich und Standort berücksichtigt. Von den 390 angeschriebenen Teilzeitmitarbeitern haben 229 (Rücklaufquote 58,71%) und von den 207 angeschriebenen Führungskräften von Teilzeitmitarbeitern 145 (Rücklaufquote 70,04%) an der Befragung teilgenommen.

Deutlich zu erkennen ist, dass bei den Teilzeitmitarbeitern der Anteil der Frauen eindeutig überwiegt (vgl. Tab. 17). Dies spiegelt sich auch in den angegebenen Gründen für Teilzeit wider. Der häufigste Grund mit 54,42% ist die Betreuung von Kindern gefolgt von der Möglichkeit zum Stress-/Belastungsabbau und mehr Freizeit mit jeweils 9,3%.

Die Art der Teilzeitmodelle variiert stark nach der Art der Anstellung der befragten Personen. Bei den Mitarbeitern im gewerblichen Bereich sind die präferierten Modelle reduzierte Monatsarbeitszeit (31,52%), d.h. es werden weniger Wochen pro Monat gearbeitet, und reduzierte Tagesarbeitszeit (22,83%), d.h. weniger Stunden pro Tag. Die Tarifangestellten gaben in erster Linie eine Reduzierung der Tagesarbeitszeit (38,74%) und an zweiter Stelle eine reduzierte Wochenarbeitszeit (30,63%), d.h. weniger Tage pro Woche, an. Die durchschnittliche Arbeitszeit liegt bei beiden Gruppen bei ca. 16-20 Stunden pro Woche.

Die Beurteilung der Teilzeit fiel insgesamt sehr positiv aus. Allerdings muss dabei beachtet werden, dass nur Mitarbeiter befragt wurden, die in Teilzeit arbeiteten. Die Einschätzung der Führungskräfte fiel insgesamt etwas negativer aus als bei den Mitarbeitern. Signifikante Unterschiede lassen sich bei zwei Aussagen finden. Die Items „Durch Teilzeit steigt die Produktivität" und „Durch Teilzeit können Familie und Beruf besser vereinbart werden" wurden von den Mitarbeitern signifikant positiver bewertet als von den Führungskräften (vgl. Abb. 41, Abb. 42).

Tab. 17   Stichprobenbeschreibung

	Teilzeitmitarbeiter	Führungskräfte
Gesamt	229	145
Geschlecht		
weiblich	188	6
männlich	39	136
keine Angabe	2	3
Alter		
jünger als 20 Jahre	0	0
21-30 Jahre	19	0
31-40 Jahre	97	45
41-50 Jahre	93	57
51-60 Jahre	20	38
älter als 60 Jahre	0	2
keine Angabe	0	3

Bezüglich der Unterschiede der subjektiven Einschätzung von Teilzeit nach Geschlecht und Alter, lässt sich feststellen, dass ältere Mitarbeiter signifikant häufiger die Gründe Stress-/Belastungsabbau und Betreuung von sonstigen Familienangehörigen angeben. Männer gaben im Vergleich zu Frauen deutlich häufiger Zeit für eine Nebentätigkeit oder Aus- und Weiterbildung als Gründe für Teilzeit an.

Insbesondere war die Analyse des Antwortverhaltens bezüglich der Einstellung zur Teilzeit nach Altersgruppen von Interesse. Hinsichtlich der in Abbildung 43 genannten Aussagen zeigte die Altersgruppe „älter als 40 Jahre" signifikant positivere Einschätzungen als die Gruppe der „jünger und gleich 40 Jahre".

Ältere Mitarbeiter verbinden mit Teilzeit positivere Erfahrungen und höhere Erwartungen als ihre jüngeren Kollegen. Vor dem Hintergrund alternder Belegschaften wird sich in Zukunft der Wunsch nach Arbeitszeitreduzierung aus gesundheitlichen Gründen voraussichtlich weiter verstärken. Hierfür bedarf es einerseits geeigneter Teilzeitmodelle, andererseits stellen günstige Rahmenbedingungen für Teilzeit die Grundlage sowohl für erfolgreiche Teilzeitarbeit als auch für die Ausweitung von Teilzeit dar. Da jedoch die Führungskräfte zum einen Entscheidungsträger und zum anderen Motivator dafür sind, dass die Teilzeitwünsche der Mitarbeiter Berücksichtigung finden, wird bei ihnen bzw. ihrer Sensibilisierung für das Thema einer der wirksamsten Ansatzpunkte zur Förderung der Teilzeit gesehen. Dies bezieht sich auf alle Hierarchieebenen und muss von Seiten der Unternehmensleitung unterstützt und gefördert werden.

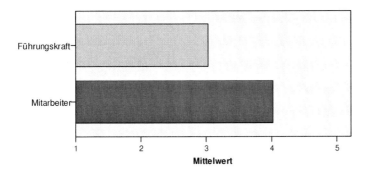

Abb. 41   Durch Teilzeit steigt die Produktivität der Teilzeitmitarbeiter (1 = Trifft überhaupt nicht zu 2 = Trifft eher nicht zu 3 = Trifft teilweise zu 4 = Trifft überwiegend zu 5 = Trifft voll und ganz zu)

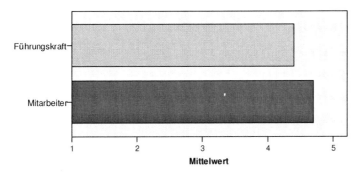

Abb. 42   Durch Teilzeit können Familie und Beruf besser vereinbart werden (1 = Trifft überhaupt nicht zu 2 = Trifft eher nicht zu 3 = Trifft teilweise zu 4 = Trifft überwiegend zu 5 = Trifft voll und ganz zu)

Insgesamt zeigten die im Rahmen des Projektes KRONOS erhobenen Daten eine Zunahme der interindividuellen Differenz im Alter.

Die subjektive Einschätzung der Vor- und Nachteile von Schichtsystemen scheint eher von den Anforderungen des außerberuflichen Lebens als vom Alter beeinflusst zu werden. Auch bezüglich des allgemeinen Wohlbefindens scheinen

170

lebenssituative Bedingungen einen größeren Einfluss auszuüben als einzelne demografische Merkmale.

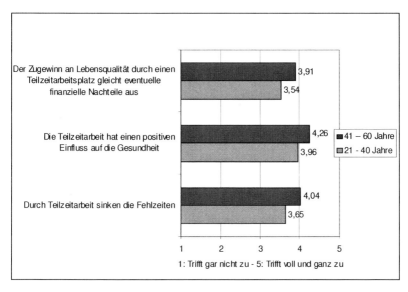

Abb. 43   Unterschiede im Antwortverhalten bzgl. Der Einstellung zur Teilzeit nach Altersklassen (229 ausgefüllte Mitarbeiterfragebögen)

Ferner ist zu beachten, dass die heute Älteren zum Teil in Schichtsystemen gearbeitet haben, die nicht arbeitswissenschaftlichen Empfehlungen entsprachen. Probleme dieser Personengruppe können daher nicht eindeutig auf altersspezifische Veränderungen zurückgeführt werden, sondern sind vermutlich eher Beanspruchungsfolgen ungünstiger Rahmenbedingungen.

Die Zunahme der interindividuellen Differenzen zeigt deutlich die Notwendigkeit auf, in weiteren Studien die Gründe für die unterschiedlichen Verläufe herauszuarbeiten. Nur so kann ein realistischeres wissenschaftliches Abbild individueller Entwicklungsverläufe entstehen. Des Weiteren können aus den diesem Verständnis entsprechend konzipierten Längsschnittstudien präventive Maßnahmen für eine altersgerechte Arbeitszeitgestaltung abgeleitet werden.

8 Messproblem der Arbeitsfähigkeit

Der augenblickliche Stand im Bereich empirischer Forschungsmethoden ist durch einen Pluralismus gekennzeichnet: Quantitative und qualitative (d. h. interpretativ und hermeneutisch orientierte) Methoden existieren nebeneinander, und Untersuchungen zeichnen sich zunehmend durch ein Mehrmethodendesign aus, indem verschiedene Verfahren – hauptsächlich pragmatisch motiviert – parallel eingesetzt werden. In Bezug auf das hier beschriebene Forschungsfeld scheint diese Vorgehensweise prinzipiell gut begründet zu sein, da in der Literatur die Auffassung vertreten wird, dass informelle Prozesse gerade durch einen Methodenpluralismus erfasst werden müssten, weil sie sich auf Grund ihres nicht manifesten Charakters, ihrer Kontextgebundenheit und ihrer Konstituierung durch Kommunikation und Interaktion einer einfachen „Abfrage" entzögen (Martin et al., 2000, S. 27). In diesem Zusammenhang wird immer wieder auf ethnomethodologische Ansätze oder auf Verfahren der interpretativen Soziologie hingewiesen (vgl. Flick et al. 1995). Beispielsweise sind im Bereich der Erforschung inter- und intraindividueller Zusammenhänge (der Informatisierung von Kooperationsbeziehungen in Betrieben) im Rahmen der Grundlagenforschung Ansätze der Ethnomethodologie und der Konversationsanalyse erfolgreich eingesetzt worden (vgl. Bergmann et al., 1999; Bergmann / Meier 1998 – DFG-Projekt „Telekooperation").

Tiefere Erkenntnisse werden gewonnen durch die Konfrontation dieser neuen Methoden mit etablierten quantitativen Verfahren gewonnen. Kritische Analysen haben beispielsweise die Vor- und Nachteile der zahlreichen existierenden subjektiven und objektiven Erhebungsmethoden zur Kompetenzentwicklung in der Berufsarbeit herausgearbeitet (vgl. Bergmann et al., 2000; Frieling et al., 2000). Es ist fallspezifisch zu überprüfen, wann Modifikationen einzelner Methoden und wann Neuentwicklungen notwendig sind.

Ansatzpunkte für die „Zusammenschau" unterschiedlich strukturierter Daten bieten Verfahren der empirischen Sozialforschung, die im letzten Jahrzehnt verstärkt diskutiert werden (vgl. Flick et al. 1995; Kelle / Kluge, 1999). Hier sind insbesondere zu nennen:

- Triangulationen als systematischer Vergleich von Ergebnissen, die mit Hilfe verschiedener Verfahren erzielt wurden, um auf diese Weise unterschiedliche Perspektiven zu verbinden und möglichst differierende Gesichtspunkte der interessierenden Sachverhalte zu thematisieren;

- Abduktionen als methodische Alternative „zwischen" Induktion und Deduktion (der abduktive Schluss, bereits im 19. Jahrhundert durch den amerikanischen Philosophen Charles Peirce entwickelt, wird seit einiger Zeit verstärkt bei der Grundlegung der empirischen Sozialforschung diskutiert – Ausgangspunkt der Abduktion sind die vorgefundenen Daten, und es werden Hypothesen gesucht, die die empirischen Phänomene möglichst gut „erklären")
- Komplexe Prozesse der Datenerhebung und -auswertung (ein Beispiel ist die grounded theory – Erhebungs- und Auswertungskontexte werden verschränkt, d. h. die Stichprobe wird nach inhaltlichen Kriterien sukzessiv erweitert, und durch eine starke Variation relevanter Merkmale bei den Datenerhebungen wird schließlich eine „thematische Sättigung" als eine spezielle Form von Generalisierbarkeit angestrebt).

Im Folgenden werden die Vor- und Nachteile der quantitativen und qualitativen Datenerhebung vorgestellt.

8.1 Quantitative Erhebung

Scarpello und Vandenberg (1991) beziffern die direkten und indirekten Kosten, die für eine Mitarbeiterbefragung aufgewendet werden müssen, bei einem Unternehmen mit 5 000 Personen mit ca. 315 000 \$. Darunter fallen die direkten Kosten durch die Befragungsaktion selbst (also Kosten durch Fragebogenentwicklung, -administration, -versand, Druckkosten usw.), die ihren Rechnungen zufolge insgesamt am geringsten ausfallen und die indirekten Kosten wie Zeitaufwand durch Ausfüllen des Fragebogens, Zeit- und Ressourcenaufwand durch Feedbacksitzungen, Ableitung und Umsetzung bestimmter Interventionsmaßnahmen etc. Ein Unternehmen wird diesen Betrag nur dann investieren, wenn die intendierten Ziele erreicht werden können, d.h. wenn sich eine Mitarbeiterbefragung als effektiv erweist. Jedoch scheint gerade die Effektivität von Interventionsinstrumenten in der Praxis weitgehend unreflektiert als wahr akzeptiert zu werden, wohingegen derzeitig eine detaillierte Überprüfung noch aussteht. Insbesondere sind Mitarbeiterbefragungen mit entsprechenden an ihnen ansetzenden Interventionsbündeln fundiert zu implementieren, da Kosten, die durch ein unzureichendes oder mangelhaft angewendetes Instrument verursacht werden, oben genannte Kosten bei Weitem übertreffen (vgl. auch Bungard, 2005; Bungard et al., 1997).

Gerade auch speziell zur Untersuchung der Arbeitsfähigkeit existieren hinsichtlich der Kosten und des Nutzens zwei nicht unwesentliche Probleme:

1) Der Nutzen der Arbeitsfähigkeit ist nur schwer messbar.

Dieses Problem ist darin begründet, dass sich Interventionen zur Förderung der Arbeitsfähigkeit erst langfristig in Wettbewerbsvorteilen äußern sollen. Ferner handelt es sich um strategische Vorteile, denen keine monokausalen Beziehungssysteme zu Grunde liegen. Kurzfristige Wettbewerbsvorteile sind einfacher zu quantifizieren und damit besser messbar (vgl. CSES, 2003).

2) durch die geringe Anzahl von Längsschnittstudien gibt es nur wenige Studien, die die wirtschaftlichen Vorteile (den „Business Case") einer hohen Arbeitsfähigkeit in der Praxis ansatzweise bestätigen (vgl. Ilmarinen, 2000).

Diese Schwierigkeiten zeigen sich auch in ähnlicher Weise in der Evaluation des wirtschaftlichen Nutzens eines betrieblichen Gesundheitsmanagements. Eine erfolgreiche Prävention zeigt sich hier durch verhinderte schädigende Ereignisse. Nichtereignisse jedoch sind statistischen Verfahren nicht zugänglich (vgl. Thiehoff, 2004) Einer direkten Messung zugänglich sind maximal Vorher – Nachher Vergleiche zur Erfolgskontrolle einer Intervention. Mit der Intervention mögliche Veränderungen der sogenannten weichen Faktoren wie beispielsweise eine Verbesserung der Zufriedenheit oder des Wohlbefindens sind dagegen nur schwer messbar.

Aus diesen Problemen resultiert die Forderung nach einem, diesem Forschungsgegenstand angepassten und dem Prozesscharakter entsprechend suffizientem Instrument. Nur dieses kann zu einer korrekten Interpretation der Befragungsergebnisse führen, und letztlich zur Implementierung von Maßnahmen, die einen Bezug zur individuellen (vgl. Zink, 2004; European Foundation for Quality Management, 2005) und organisationalen Realität haben (vgl. Schneider et al., 1996).

Ein generelles Problem hinsichtlich der Datenqualität bei Mitarbeiterbefragungen ist im sozial erwünschten Antwortverhalten zu sehen. Sozial erwünschtes Antwortverhalten (Socially desirable responding) besteht aus zwei Komponenten (vgl. Paulhus, 1984): dem bewussten Prozess des Impression-Managements (ein Effekt, nach dem Personen bestimmte Eigenschaften herausheben, um sich in einem besseren Licht darzustellen) und dem unbewussten Prozess der verstärkten Selbsttäuschung. Man spricht Personen das ständige Bemühen zu, den Eindruck, den sie auf andere machen, zu kontrollieren (vgl. Mummendey, 1995) – nebenbei beeinflussen Personen damit ihr Selbstkonzept positiv. Sozial erwünschtes Antwortverhalten führt in der Konsequenz dazu, die Antworten auf ein Item in einer Befragung an ein bestimmtes Muster anzugleichen. Ein solches Muster könnten bspw. aus wahrgenommenen Mehrheitsmeinungen (vgl. Krebs, 1991) oder aus der vermuteten Erwartungshaltung sanktionsmächtiger Personen – im betrieblichen Kontext z.b. Führungskräfte – entstehen (vgl. Esser, 1986). Befragte antizipieren in der Befragungssituation eventuelle positive oder negative Sanktionen auf ihre Antworten. Sofern die Befragung nicht anonym durchgeführt wird – also ein Rückverfolgen der Einzelantworten möglich ist –, verzerren Befragte ihre Antworten entsprechend. Amelang und Zielinski (2002) sowie Reips und Franek (2004) weisen darauf hin, dass insbesondere bei (personen-) relevanten Skalen die wahrgenommene Anonymität, also die von den Befragten perzeptierte Nicht-Identifizierbarkeit und Nicht-Rückverfolgbarkeit der Antworten auf einzelne Personen, einen massiven Einfluss auf das Antwortverhalten hat. Dieser Punkt legt eindringlich die Forderung nach anonymer Befragung dar, da bei Missachtung dieser Maßgabe die durch die Mitarbeiterbefragung erhobenen Sachverhalte mit der Realität nur noch in geringem Umfang übereinstimmen.

Insgesamt ist zu beachten, dass eine Mitarbeiterbefragung auf Seiten aller Beteiligten eine große Erwartungshaltung bezüglich sich manifestierender Veränderungen erzeugt. Werden diese Erwartungen ein- oder gar mehrmals enttäuscht–, kann dies in eine kollektive Resignation münden.

8.2 Qualitative Erhebung

Erst in dem letzten Jahrzehnt etablierte sich die qualitative Forschung in den Sozialwissenschaften (vgl. Mayring, 1997). In diesem Zusammenhang spricht Mayring (1997) von der „qualitativen Wende" und damit vom Trend zu qualitativen Erkenntnismethoden. Trotz dieser neuen Perspektive ist nicht zu übersehen, dass in weiten Bereichen der organisationspsychologischen und arbeitswissenschaftlichen Forschungslandschaft das grundlagenorientierte Paradigma der Psychologie traditionsgemäß bis heute dominiert (vgl. Bungard et al., 1996).

Nach Mayring (1997) lassen sich drei Grundformen der qualitativen Inhaltsanalyse unterscheiden: die Zusammenfassung, die Explikation und die Strukturierung (vgl. ebd.). Diese drei Grundformen können in sieben verschiedene Analyseformen weiter differenziert werden, wie in Abbildung 44 graphisch dargestellt.

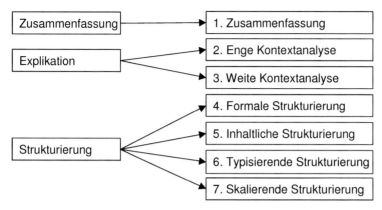

Abb. 44 Die sieben Formen der Inhaltsanalyse (Mayring, 1997, S. 55)

„Ziel inhaltlicher Strukturierung ist es, bestimmte Themen, Inhalte, Aspekte aus dem Material herauszufiltern und zusammenzufassen. Welche Inhalte aus dem Material extrahiert werden sollen, wird durch theoriegeleitet entwickelte Kategorien und (sofern notwendig) Unterkategorien bezeichnet" (Mayring, 1997, S. 83).

Da die Arbeitsfähigkeit stark von individuellen Wahrnehmungsprozessen und Emotionen beeinflusst wird, die objektiven Messverfahren nur schwer oder gar nicht zugänglich sind, ist zur Erforschung dieses Themenfeldes die Kombination quantitativer und qualitativer Methoden zu empfehlen. In Abhängigkeit vom jeweiligen Forschungsfokus können unterschiedliche qualitative Erhebungsmethoden für einen tieferen Erkenntnisgewinn herangezogen werden, wie z.B.:

- „Stimulated recall" (Kofer, 1993).
- Storytelling (vgl. Frenzel et al., 2000)
- Offene bis vollständig standardisierte Interviews (vgl. Bortz / Döring, 2002)

Die in diesem Kapitel dargestellten Messprobleme der Arbeitsfähigkeit können erklärend für viele widersprüchliche Ergebnisse der durchgeführten Studien herangezogen werden. Große Unterschiede zeigten sich beispielsweise zwischen experimentellen Laborergebnissen und den tatsächlichen Leistungen am Arbeitsplatz. Während sich am Arbeitsplatz zeigte, dass ältere Arbeitnehmerinnen und Arbeitnehmer genauso produktiv und professionell arbeiten können wie jüngere, fiel die Leistung der Älteren im Labor schlechter aus Salthouse (vgl. Ilmarinen / Tempel, 2002).

Ursachen hierfür können zum einen sein, dass wie bereits dargestellt, es an einem stimmigen Gesamtkonzept der Arbeitsfähigkeit und Arbeitsleistung fehlt und zum anderen, dass im Labor gemessene Teilleistungen in der betrieblichen Praxis nur eine untergeordnete Rolle spielen. Ein weiterer Grund könnte auch darin liegen, dass zur Messung der Arbeitsleistung ein minimales Anforderungsprofil herangezogen wurde und so Potenziale für die Arbeitsleistung unberücksichtigt bleiben.

Messtheoretisch relevant ist die Betrachtung der Arbeitsfähigkeit sowohl als Prozess wie auch als Produkt. Letzteres ist sowohl im Individuum als auch außerhalb des Individuums vergegenständlicht. Zur Arbeitsfähigkeit gehören neben objektiv beobachtbaren und messbaren Kriterien auch Qualitäten, z.B Emotionen, die sich einer Objektivierung systematisch entziehen. Erst wenn eine Trennlinie entlang von Objektivierbarkeit und Formalisierbarkeit gelegt werden kann, wird das genuin Eigenständige der Arbeitsfähigkeit sichtbar. Da die Arbeitsfähigkeit das Potenzial für die Arbeitsleistung darstellt, handelt es sich hierbei um einen dialektischen Prozess, dessen Aspekte analytisch klar nach ihren quantitativen und qualitativen Anteilen zu differenzieren sind.

Unter dem Aspekt, dass z.B. gesundheitliche Beeinträchtigungen im späteren Erwachsenenalter auf unterschiedlichste Ursachen in früheren Lebensjahren zurück zu führen sind, ist es erforderlich Längsschnittstudien zur Erschließung der determinierenden Faktoren und ihrer Wechselwirkungen durchzuführen.

9 Neues ganzheitliches, integratives Arbeitsfähigkeitskonzept

In Finnland wurden Probleme des demographischen Wandels schon bereits vor 20 Jahren erkannt und entsprechende Forschungen durchgeführt. Das Thema „Arbeitsfähigkeit" hatte schon zu Beginn einen zentralen Stellenwert und wurde vor allem in Bezug auf ältere Mitarbeiter hinterfragt. Das in Abbildung 45 dargestellte „Haus der Arbeitsfähigkeit" wurde von Ilmarinen (2001) entwickelt und stellt die wichtigsten Einflussfaktoren auf die Arbeitsfähigkeit dar.

Abb. 45   Das Haus der Arbeitsfähigkeit 2001 (Ilmarinen / Tempel, 2002, S. 339)

Wie der Graphik zu entnehmen ist, gliedert sich das Haus der Arbeitsfähigkeit in vier Etagen mit einem Dach. Die Arbeitsfähigkeit ist somit abhängig von der Gesundheit, der Bildung und Kompetenz, den Werten und der Arbeit. Die Art der Darstellung lässt vermuten, dass ähnlich dem gedanklichen Prinzip der Maslowschen Bedürfnispyramide die tiefere Etage für die nächst höhere eine Voraussetzung darstellt. Demzufolge müsste die Gesundheit des Menschen sicher gestellt sein, um Bildung und Kompetenz zu entwickeln. Eine weitere Schlussfolgerung, die aus dieser Darstellung gezogen werden kann, ist die Vermutung, dass eine zufriedenstellende Entwicklung innerhalb der Etagen in eine gute Arbeitsfähigkeit mündet. Des Weiteren lässt die Abbildung den Schluss zu, dass das Erreichen des Dachs einer gut entwickelten Arbeitsfähigkeit gleich kommt, und diese sicher gestellt ist.

Ein Bezug zwischen den einzelnen Etagen lässt sich in dieser Darstellung nicht erkennen. So bleiben die Zusammenhänge zwischen beispielsweise Gesundheit und Bildung unberücksichtigt. Auch Wechselwirkungen und Entwicklungsprozesse sind dieser Abbildung nicht zu entnehmen.

Die nächste Abbildung stellt eine Weiterentwicklung des Hauses der Arbeitsfähigkeit dar. Im Gegensatz zur früheren Darstellung sind die Wirkungsprozesse und Wirkungsrichtungen zwischen den einzelnen Faktoren aufzeigt und des Weiteren sind menschliche Ressourcen als zusätzliches, zentrales Element in die Betrachtung integriert worden (vgl. Abb. 46).

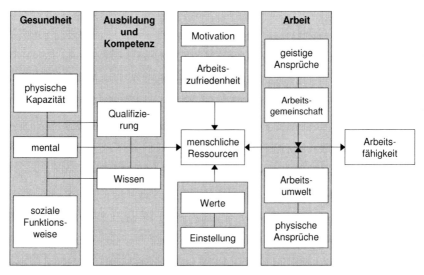

Abb. 46   Einflussfaktoren auf die Arbeitsfähigkeit aus individueller Sicht (Ilmarinen / Tempel, 2002, S. 167)

Trotz der differenzierten Darstellung bleiben einige Aspekte ungeklärt. Die menschlichen Ressourcen kommen nach dieser Darstellung einer Art Black – Box gleich, da nicht zu erschließen ist, um welche Ressourcen es sich handelt. Somit bleibt auch ungeklärt, in welcher Art und Weise die dargestellten Einflussfaktoren auf die Ressourcen wirken. Mögliche Einflüsse von Ressourcen auf die dargestellten Faktoren finden ebenfalls nach dieser Abbildung keine Beachtung. Insbesondere wichtig für die individuelle Selbsteinschätzung sind wie in Kapitel 4.1 dargestellt, Wahrnehmungs- und Reflexionsprozesse. Beispielsweise sind für die Erfüllung einer Arbeitsaufgabe wie auch für das physische und psychische Wohlbefinden die eigenen geistigen und physischen Ansprüche und die angenommenen Ansprüche von Kollegen und Führungskräften von besonderer Bedeutung.

Des Weiteren können dieser Darstellung keine Erklärungsansätze für die Zunahme der interindividuellen Differenzen im Alter entnommen werden.

Problematisch ist auch die Zuordnung einzelner Konstrukte zu den Faktoren. Beispielsweise ist die Trennung der Faktoren „Ausbildung und Kompetenz" und „Arbeit" kritisch zu sehen, da der Kompetenzerwerb jederzeit implizit und/ oder explizit im Arbeitsprozess stattfinden kann. Die Interaktion zwischen dem Individuum und der Arbeitswelt, die stete Veränderung der einzelnen Einflussfaktoren und somit auch letztlich die gesamte sich verändernde Arbeitsfähigkeit, bleiben hier scheinbar unberücksichtigt.

Wegen der dargestellten Defizite bisheriger Konzepte ist das Ziel der vorliegenden Arbeit die Entwicklung eines ganzheitlichen integrativen Arbeitsfähigkeitskonzeptes. Dieses Konzept soll Möglichkeiten zur Ursachenklärung aufzeigen, die für die Entwicklung, den Erhalt oder aber auch für eine Minderung der Arbeitsfähigkeit in Betracht gezogen werden müssen.

Daher werden individuelle Entwicklungen und Einflussmöglichkeiten von externen Einflussfaktoren getrennt behandelt. Nur so ist es möglich die Ursachen für die mit dem Alter zunehmenden interindividuellen Differenzen zu verstehen, um danach darauf aufbauend Möglichkeiten der Einflussnahme auf den Entwicklungsprozess der Arbeitsfähigkeit aufzuzeigen. Der Unterschied zu der Darstellung von Ilmarinen und Tempel (2002) liegt daher in der ganzheitlichen individuellen Betrachtung der Entwicklung der Arbeitsfähigkeit über die gesamte Lebensspanne, die als Grundlage für eine tiefere umfassendere Ursachenforschung herangezogen werden kann.

Der am Anfang des in Abbildung 47 dargestellten Entwicklungsprozesses stehende Begriff „persönliche Disposition", soll hervorheben, dass bereits zu Beginn dieses Prozesses interindividuelle Differenzen bestehen, die jedoch in dieser Arbeit nicht weiter spezifiziert werden.

Die ganzheitliche Darstellung des Individuums erfolgt anhand der Dimensionen Emotionen, Gesundheit und Kognitionen. Die diesen Dimensionen zuzuordnenden individuellen Fähigkeiten, Fertigkeiten und Potenziale lassen jedoch noch keine hinreichenden Aussagen bezüglich der potenziellen Arbeitsfähigkeit zu. Der Einfluss von externen und internen Bewertungsprozessen führt zu einer Subjektivierung der objektiv vorhandenen Leistungspotenziale. Dieses kann zum Teil erklären, warum Mitarbeiter Leistungen zeigen, die unterhalb oder oberhalb ihrer eigentlichen Möglichkeiten liegen. So können Fehleinschätzungen des eigenen Gesundheitszustandes im Falle einer Überschätzung zu einer physischen Überforderung führen, wie auch aus einer Unterschätzung der eigenen physischen Potenziale eine Leistungseinschränkung resultieren kann. Durch die Unterscheidung zwischen potenzieller und tatsächlicher Arbeitsfähigkeit soll die Bedeutung der externen Einflussnahme auf die individuelle Entwicklung zum Ausdruck gebracht werden. Das individuell empfundene Verhältnis zwischen eingebrachter Leistung und dem intrinsisch und/oder extrinsisch antizipierten Grad der Zielerreichung ist das Resultat eines sehr komplexen Bedingungsgefüges vieler Einflussfaktoren das von beruflichen und außerberuflichen Einflüssen geprägt wird, und entscheidet letztlich, in wie weit das Individuum bereit ist die potenzielle Arbeitsfähigkeit auch tatsächlich in den Arbeitsprozess einzubringen. Dieser Entscheidung gehen implizite und explizite Prozesse voraus.

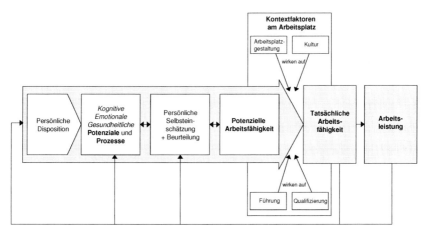

Abb. 47   Neues ganzheitliches integratives Arbeitsfähigkeitskonzept (Teil1) / Eine Momentaufnahme

Durch die erbrachte Arbeitsleistung und die wahrgenommenen Konsequenzen werden wiederum Reflexionen ausgelöst, die die bereits genannten Einflussgrößen verändern oder stabilisieren können. Aufgrund dieser Veränderungen stellt das in Abbildung 47 vorgestellte Konzept nur eine Momentaufnahme der individuellen Arbeitsfähigkeit dar. Für ein tieferes Verständnis der intraindividuellen und interindividuellen Variabilität der Arbeitsfähigkeit ist es notwendig diese

Momentaufnahme als ein Glied einer Wirkungskette zu betrachten, wie in Abbildung 48 dargestellt.

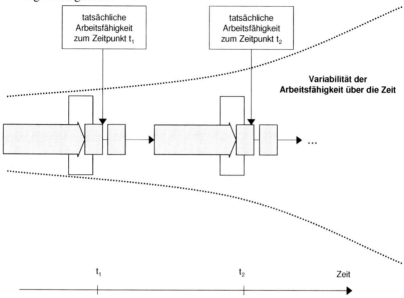

tatsächliche Arbeitsfähigkeit zum Zeitpunkt t_1

tatsächliche Arbeitsfähigkeit zum Zeitpunkt t_2

Variabilität der Arbeitsfähigkeit über die Zeit

t_1 t_2 Zeit

Abb. 48   Neues Konzept (Teil 2) / Zeitliche Entwicklung der Arbeitsfähigkeit

Das Veränderungspotenzial und die positive oder auch negative Entwicklung der Arbeitsfähigkeit ergeben sich nach diesem Verständnis aus der Quantität und Qualität der in Abbildung 47 dargestellten Momentaufnahmen. Des weiteren kann die Stärke des Zusammenhangs zwischen den postulierten Einflussgrößen, wie auch die Einflussgröße selbst über die gesamte Lebensspanne variieren. So kann beispielsweise ein positives Selbstwertgefühl im Jugendalter sich über die gesamte Erwerbsbiographie weiter verfestigen und stabilisierend wirken. Ebenso können dadurch Beanspruchungen und ihre Folgen reduziert werden.

Die Bedeutung dieses Ansatzes für die Wissenschaft und Praxis wird im Folgenden näher erläutert.

Aus diesem Konzept geht eindeutig hervor, dass anstelle von altersbezogenen Konzepten und Handlungsempfehlungen individuumsorientierte Vorgehensweisen notwendig sind. Ein hoher Autonomiegrad, und Handlungsspielräume können beispielsweise gerade zu Beginn einer beruflichen Karriere das Selbstbewusstsein, die Selbskompetenz und die Sicherheit stark fördern und über das Berufsleben weiter stabilisieren. Defizite zu Beginn können nur schwerlich in späteren Berufsjahren wieder ausgeglichen werden.

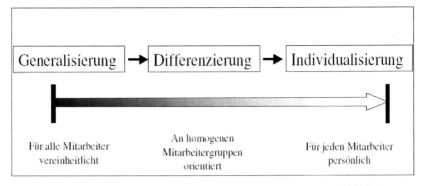

Abb. 49 Kontinuum und Entwicklung von der Generalisierung zur Individualisierung
(Fritsch, 1994, S. 4)

Eine die Arbeitsfähigkeit unterstützende Personalpolitik sollte sich daher eher an dem persönlichen Entwicklungsstand des Mitarbeiters orientieren (vgl. Abb. 49) und weniger an mitarbeitergruppenspezifischen Bedürfnissen und den jeweiligen betrieblichen Einsatz- und Leistungsbedingungen von homogenen Mitarbeitergruppen.

Nach dem ganzheitlichen integrativen Arbeitsfähigkeitskonzept ist die Forderung, in die Mitarbeiter unter alleiniger Beachtung der altersgruppenspezifischen Unterschiede zu investieren (vgl. Jasper / Rohwedder, 2001) nicht länger haltbar. In der Praxis ist die Betrachtung der Alterstrukturen nur dann von Bedeutung, wenn es um Themen geht wie Pensionierung, das heißt den Verlust von erfahrenen Mitarbeitern, Einarbeitung der Nachwuchskräfte und frühzeitiger Rekrutierung von neuen Mitarbeitern. Wenn es um die reine Personalentwicklung im Sinne der Erhaltung der Arbeitsfähigkeit geht, so ist es notwendig den Status wie die individuelle Entwicklung des einzelnen Mitarbeiters zu betrachten. Zwar sind Maßnahmen, die sich nur auf ältere Mitarbeiter beziehen, zwar wichtig und nötig, aber darüber hinaus sollten bereits zu Beginn der Erwerbstätigkeit Grundlagen geschaffen werden, welche die Leistungsfähigkeit und Gesundheit der Menschen im höheren Alter erhalten und fördern (vgl. Semmer und Richter 2005). Dazu gehören beispielsweise Maßnahmen zur Gesundheitsförderung (vgl. Kap. 6.2.6) und zur Fort- und Weiterbildung (vgl. Kap. 6.2.2). Schmidt-Rudloff (2005, S. 22) ist ebenfalls der Ansicht, dass die Beschäftigungsfähigkeit aller Mitarbeiter über alle Generationen gefördert werden muss, um „langfristig und wirkungsvoll zur Wettbewerbsfähigkeit der Belegschaften beitragen" zu können.

Dem neuen Arbeitsfähigkeitskonzept und den Ausführungen der Kapitel 3, 4, 5 zufolge unterliegen die Determinaten intraindividuellen Veränderungen. Durch die engen Wechselbeziehungen dieser Determinanten können einerseits kompensatorische Effekte auftreten, andererseits aber auch Defizite hinsichtlich einer Determinante negative Einflüsse auf die anderen Einflussfaktoren zur Folge haben. Durch das komplexe Bedingungsgefüge und die Subjektivierung objektiv vorhandender Potenziale erhöht sich die Wahrscheinlichkeit interindividueller Differenzen im Alter. Die Anzahl der in Abbildung 48 dargestellten Wirkungselemente und die Qualität der implizit und/oder explizit stattfindenden individuellen Beurteilungsprozesse sind ebenfalls in die Argumentation mit einzubeziehen.

Eine größere Akzeptanz der eigenen physischen Veränderungen im Alter kann das subjektive Gesundheitsempfinden verbessern und in Folge dessen die Arbeitsfähigkeit positiv beeinflussen. Ebenso können starke physische und psychische Belastungen am Anfang dieser Wirkungskette im späteren Berufsleben zu schweren Beanspruchungsfolgen führen. Dieses führt zu der logischen Konsequenz, nicht nur die Arbeitsfähigkeit älterer Mitarbeiter zu betrachten, sondern auch die der Berufsanfänger. Nur so können differenziert präventive, korrektive und prospektive Strategien zum Erhalt und zur Förderung der Arbeitsfähigkeit abgeleitet werden.

Bisherige Forschungsaktivitäten zum demografischen Wandel konzentrierten sich häufig auf signifikante Unterschiede zwischen unterschiedlichen Altersgruppen. Die häufgsten untersuchten Personengruppen waren über 40jährige Mitarbeiter, mit dem Ergebnis, dass nur selten signifikante Unterschiede festgestellt werden konnten, mit geringer Generalisierbarkeit. Ein Grund ist, dass zwischen dem kalendarischen Alter und der Arbeitsfähigkeit kein monokausaler Zusammenhang besteht. Vielmehr sind komplexe Bedingungsgefüge für die Erforschung des Themenfeldes „Arbeitsfähigkeit" heranzuziehen. Bisher sind wie in Kapitel 3 dargestellt sehr viele Studien zu den Themenfeldern Emotionen, Kognitionen und der Gesundheit durchgeführt worden. Auch wenn die Ergebnisse zeigen, dass die Streuung der erhobenen Daten im Alter zunimmt, fehlt es an Wirkungsanalysen hinsichtlich des Gesamtzusammenhangs der individuellen Entwicklung im Alter. Des Weiteren ist eine Grundstruktur zu erarbeiten die es ermöglicht, die Studien unterschiedlichster Fachdisziplinen vergleichen zu können um Synergieeffekte zu schaffen.

Ein möglicher Ansatz wäre, aufbauend auf den bisherigen Erkenntnissen, den Aspekt der Subjektivität stärker in der Methodenauswahl und –entwicklung zu berücksichtigen. Der Erkenntnisgewinn wird umso größer sein, je stärker objektives Datenmaterial mit subjektivem Datenmaterial verglichen werden kann. Für die Messung nachhaltiger Effekte von Strategien auf die Arbeitsfähigkeit empfiehlt es sich, zunächst mögliche Veränderungen auf den kognitiven, gesundheitlichen und emotionalen Ebenen zu messen, um in einem weiteren Schritt zu überprüfen, ob sich hinsichtlich bestimmter Altersgruppen signifikante Unterschiede in der Effektstärke zeigen. Ferner ist die zeitliche Stabilität der Variable Alter zu testen, um erste vorläufige Thesen zur Begründung der hohen Vulnerabilität des Alterns zu generieren.

Somit ist die Entstehung, der Erhalt und die Förderung der Arbeitsfähigkeit ein individueller Prozess, dem sowohl in der Wissenschaft als auch in der Praxis durch eine personenzentrierte, integrierte Vorgehensweise Rechnung getragen werden muss. Für die Realisierung von Synergieeffekten, ist eine interdisziplinäre Arbeit unabdingbar, da nur so wichtige Teilergebnisse sinnvoll in ein Forschungsparadigma integriert werden können.

10 Zusammenfassung

Aufgrund des demografischen Wandels und den in Kapitel eins aufgezeigten Veränderungen und Trends in der heutigen Arbeitswelt gewinnt das Thema Arbeitsfähigkeit immer mehr an Bedeutung, da der Mensch als zentraler Leistungserbringer eine zunehmend verknappende Ressource darstellt.

Das aus diesem Kontext heraus abgeleitete Ziel dieser Arbeit ist daher die Erarbeitung eines neuen ganzheitlichen integrativen Konzeptes zur Arbeitsfähigkeit. Mit diesem Konzept soll ein Grundstein für eine systematische Aufarbeitung des Themenfeldes „Arbeitsfähigkeit" gelegt werden, der sowohl für die Wissenschaft als auch für die Praxis dienlich ist.

Im Allgemeinen wird ein Nachlassen der Leistungsfähigkeit mit zunehmendem Alter angenommen. Mit Alterstrends werden unterschiedliche Leistungsparameter auf der physiologischen, der emotionalen und der kognitiven Ebene des Menschen diskutiert.

In dieser Arbeit konnte aufgezeigt werden, dass das Alter zwar Einfluss auf diese Ebenen hat, jedoch keinesfalls als die Hauptursache für Veränderungen der Arbeitsfähigkeit gesehen und somit nicht als Prädiktor für Leistungsfähigkeit interpretiert werden kann. Zur Begründung dieser These wurden bisherige Forschungserkenntnisse auf der emotionalen, physiologischen und kognitiven Ebene vorgestellt sowie Wechselwirkungsprozesse zwischen diesen Ebenen erläutert und mögliche Einflüsse des Alters aufgezeigt.

Eine objektive Einordnung des Individuums auf diesen drei Ebenen kann jedoch nicht erfolgen, da sich die Gesamtheit aller Einflussfaktoren teilweise der internalen und externalen Bewertung entzieht, wodurch letztlich verzerrte Urteile bedingt werden und nur annäherungsweise ein realistisches individuelles Abbild erzeugt werden kann. Somit bestimmen Einflüsse aus der Erlebens- und Erfahrungswelt geprägt durch Fremd- und Selbstbeurteilungsprozesse die potenzielle Arbeitsfähigkeit maßgeblich mit.

Die individuelle Bereitschaft, die potenzielle Arbeitsfähigkeit im Arbeitsgeschehen vollständig einzubringen, hängt von vielfältigen Kontextfaktoren ab, die die Lernförderlichkeit, Entfaltungs- und Entwicklungsmöglichkeit unterstützen. Entscheidend ist in diesem Zusammenhang auch, wie objektiv vorhandene unterstützende Maßnahmen subjektiv wahrgenommen werden. Aufgrund unterschiedlicher Reifegrade der Mitarbeiter ist das Maß an Eigenverantwortung für den Erhalt und die Förderung der Arbeitsfähigkeit nicht pauschal festzulegen. Generell stellt sich in diesem Bezug die Frage, wie viel Individualität standardisierte Prozesse erlauben und wie die Mitarbeiter motiviert werden können, sich konstruktiv mit diesen Standards auseinanderzusetzen, sie zu hinterfragen und neu zu gestalten.

Der relativ größere Einfluss von Unternehmenskultur, Führungskultur und Arbeitsgestaltung auf die Arbeitsfähigkeit und Arbeitsleistung im Vergleich zum Alter konnte exemplarisch anhand von Fallbeispielen, die am Institut für Industriebetriebslehre und Industrielle Produktion von der Abteilung Arbeitswissenschaft durchgeführt wurden, belegt werden. Die Ergebnisse der vorgestellten Projekte zeigen deutlich die Notwendigkeit einer ganzheitlichen Betrachtung des arbeitenden Menschen mit einer entwicklungsorientierten Erfassung der Leistungsparameter auf.

Auf Basis theoretischer Grundlagen und Untersuchungen aus den Fachdisziplinen Arbeitsmedizin, Arbeitswissenschaft, Arbeitspsychologie und Kognitionswissenschaften können folgende zentrale Thesen zur Arbeitsfähigkeit zusammengestellt werden, die als Gestaltungsgrundlage des ganzheitlichen integrativen Arbeitsfähigkeitskonzeptes dienten:

- Die Arbeitsfähigkeit wird durch emotionale, gesundheitliche und kognitive Determinanten beeinflusst
- Diese Determinanten beeinflussen sich wechselseitig und verändern sich über die gesamte Lebensspanne, wobei die interindividuellen Unterschiede mit zunehmendem Alter größer werden.
- Externale und internale Beurteilungs- und Bewertungsprozesse haben einen entscheidenden Einfluss auf die subjektiv empfundene, potenzielle Arbeitsfähigkeit.
- Aus der potenziellen Arbeitsfähigkeit ist nicht eindeutig auf die tatsächliche Arbeitsfähigkeit zu schließen.
- Das Ausmaß der Einbringung der potenziellen Arbeitsfähigkeit im Arbeitskontext für die Arbeitsleistung ist von der Gestaltung der Unternehmenskultur, der Führung, des Arbeitsplatzes und Kontextfaktoren zur individuellen Unterstützung abhängig.
- Nur wenn die Arbeitswelt entsprechend gestaltet ist, bleibt die Arbeitsfähigkeit erhalten oder kann sogar noch weiter gefördert werden.
- Die Arbeitsfähigkeit ist ein zeitpunktbezogener Indikator von individuellen entwicklungsgeschichtlichen Verläufen, der durch eine im Alter zunehmende interindividuelle Variabilität gekennzeichnet ist.

- Der Untersuchungsraum der Arbeitsfähigkeit wird von impliziten, expliziten, quantifizierbaren und nicht quantifizierbaren Faktoren bestimmt. Daher muss eine entsprechende Vielfalt von Forschungsmethoden Anwendung finden.

- Zur Erfassung maßgeblicher Einflüsse auf die Entwicklung der Arbeitsfähigkeit sind Längsschnittstudien zur Messung von berufsbiografischen Veränderungen nötig.

Mit dem in dieser Arbeit entwickelten ganzheitlichen integrativen Arbeitsfähigkeitskonzept können Erklärungsansätze für den Mangel an signifikanten Unterschieden zwischen Altersklassen dargelegt werden. Das Konzept zeigt deutlich die Unzulänglichkeit von generalistischen Aussagen zur Arbeitsfähigkeit auf Grundlage von unterschiedlichen Altersklassen auf. In dieser Arbeit findet zwar keine Distanzierung von altersbedingter Einflussnahme auf die Arbeitsfähigkeit statt, jedoch wird aufgezeigt, warum diese Einflussnahme nur selten zu signifikanten Unterschieden führt.

Wenn die Arbeitsfähigkeit als komplexes Bedingungsgefüge tiefer interdisziplinär erforscht wird, können diese Ergebnisse für individuelle Empfehlungen und Unterstützungen herangezogen werden. Des Weiteren können Grenzen und Wirkungsbreite von im Rahmen des demografischen Wandels entwickelten und eingesetzten Maßnahmen genauer untersucht werden.

So kann mit diesem Konzept sowohl für die Wissenschaft als auch für die Praxis eine konstruktive, interdisziplinäre Orientierungs- und Handlungsbasis geschaffen werden, die die verschiedenen Wissenschaftsdisziplinen gleichermaßen berücksichtigt.

Der demografische Wandel führt zu einer zunehmenden Belastung insbesondere der heute jüngsten Generation der Arbeitnehmer. Für eine ökonomische, strategische Nutzung des Humankapitals und die Ableitung individueller präventiver Maßnahmen ist eine differenzierte prozessorientierte Analyse des Bedingungsgefüges unabdingbar.

Die Arbeitsfähigkeit der Mitarbeiter ist der zentrale Schlüsselfaktor für den erfolgreichen Umgang mit dem demografischen Wandel.

Die Verantwortung für die Entwicklung, den Erhalt und die Förderung der Arbeitsfähigkeit liegt sowohl beim Individuum als auch beim Unternehmen und in der Gesellschaftspolitik, denn von einer hohen Arbeitsfähigkeit und einer daraus resultierenden Arbeitsleistung profitieren letztlich alle, die Mitarbeiter, die Führungskräfte wie auch die Unternehmen und die Gesellschaft.

Literaturliste

Adams, J.S. (1965): Inequity in social exchange. In: L., Berkowitz (Eds.): Advances in Experimental Social Psychology (Bd. II), Academic Press, New York, S. 267-299.

AFW Wirtschaftsakademie (2002): Führung und Motivation. AFW Wirtschaftsakademie Bad Harzburg GmbH, Bad Harzburg.

Ahrend, K. D.; Konietzko, J. (1995): Der ältere Mensch am Arbeitsplatz. In: Konietzko, J.; Dupuis, X. (Hrsg.): Handbuch der Arbeitsmedizin: Arbeitsphysiologie, Arbeitspathologie, Prävention. ecomed, Landsberg [u.a.], S. 1-33.

Ahrens, D. (2005): Gesundheitsökonomische Betrachtung von Maßnahmen der betrieblichen Gesundheitsförderung. In: Schott, T. (Hrsg.): Eingliedern statt ausmustern. Juventa Verlag, Weinheim, München, S. 203-222.

Ahrens, D. (2003): Erfahrungsbasiertes Wissen und experimentelles Lernen: Die Macht "unscharfen Wissens".

Akerstedt, T., Torsvall, L: (1981): Shift-Dependent well-being and individual differences. Ergonomics 24, S.165-73.

Alderfer, C. P. (1987): An Intergroup Perspective on Group Dynamics. In Lorsch, J. W. (Hrsg.): Handbook of Organizational Behavior, S. 190-222.

Allen, N. J. & Meyer, J. P. (1990): The measurement and antecedents of affective, continuance, and normative commitment to the organization. Journal of Occupational Psychology, 63 (1), S.1 – 18.

Allmendinger, J., Bach, H.-U., Blien, U., Ebner, C., Eichhorst, W., Feil, M., Fuchs, J., Gaggermeier, C., Kettner, A., Klinger, S., Koch, S., Ludsteck, J., Rothe, T., Schnur, P., Spitznagel, E., Walwei, U., Wanger, S., Zika, G. (2005): Der deutsche Arbeitsmarkt: Entwicklungen und Perspektiven. In: Allmendinger, J., Eichhorst, W., Walwei, U. (Hrsg.): IAB Handbuch Arbeitsmarkt: Analysen, Daten, Fakten. Campus, Frankfurt, S. 13-66.

Amelang, M. / Zielinski, W. (2002): Psychologische Diagnostik und Intervention. Berlin: Springer.

Antonovsky, A. (1979): Health, stress and coping. New perspectives on mental and physical well-being. Jossey-Bass Publishers, San Francisco.

Antonovsky, A. (1987): Unravelling the mystery of health. How people manage stress and stay well. San Francisco: Jossey-Bass

Antonovsky, A. (1989): Die salutogenetische Perspektive. Zu einer neuen Sicht von Gesundheit und Krankheit (eingeleitet von H.G. Pauli); in: MEDUCS, Heft 2, 2. Jg., S. 51-57.

Antonovsky, A. (1997): Salutogenese. Die Entmystifizierung der Gesundheit. dgvt-Verlag, Tübingen.

Aretz, H.-J.; Hansen, K. (2002): Diversity und Diverity Management in Unternehmen. Eine Analyse aus systemtheoretischer Sicht. In Hansen, K., Müller, U., Koall, I. (Hrsg.). Managing Diversity. Münster, Hamburg, London: LIT Verlag.

Armutat, S. et al. (2002): Wissensmanagement erfolgreich einführen. Düsseldorf.

Arnold, M. B. (1960): Emotion and personality (Vol. 1 & 2). Columbia University Press, New York.

Aschauer, A., Blumberger, W., Harringer, I., Ratzenböck, I. u.a.(2004): Psychosoziale Gesundheit am Arbeitsplatz. Linz.

Ashmore, R. D., DelBoca, F. K. (1981): Conceptual approaches to stereotypes and stereotyping. In: Hamilton, D. (Hrsg.): Cognitive processes in stereotyping and intergroup behaviour. Lawrence Erlbaum, Hillsdale, N.J., S. 1-35.

Ashton, D. N. (2004): The impact of organisational structure and practises on learning in the workplace. International Journal of Training and Development, 8, S. 43-53.

Atkinson, R. G. & Shiffrin, R.M. (1968): Human memory : A proposed system and its control processes. In K. W. Spence & J. T. Spence (Hrsg.), The psychology of learning and motivation (Bd. 2, S. 89-195). New York, NY: Academic Press.

Bach, H.-U., Gaggermeier, C., Kettner, A., Klinger, S., Rothe, T., Spitznagel, E., Wanger, S. (2005): Aktuelle Projektion: Der Arbeitsmarkt in den Jahren 2005 und 2006. IAB Kurzbericht, 23, S. 1-7.

Bäcker, G., Naegele, G. (1993): Geht die Entberuflichung des Alters zu Ende? – Perspektiven einer Neuorganisation der Alterserwerbsarbeit. In: Naegele, G., Tews, H.P. (Hrsg.): Lebenslagen im Strukturwandel des Alters. Westdeutscher Verlag, Opladen, Seite 135-157.

Bading, N. (2002): Motivationstheorien – die Vie-Theorie von Victor H. Vroom. Hausarbeit an der FHTW Berlin.

Badura, B. (1997): Gesundheit als körperliches und seelisches Wohlbefinden. In: Luczak, H., Volpert, W. (Hrsg.): Handbuch Arbeitswissenschaft. Schäffer-Poeschel Verlag, Stuttgart, S. 276-279.

Badura, B. (2003): Gesünder älter werden – Betriebliche Personal- und Gesundheitspolitik in Zeiten demographischen Wandels. In: Badura, B., Schellschmidt, H., Vetter, C. (Hrsg.): Fehlzeiten-Report 2002. Springer-Verlag, Berlin, Heidelberg, New York, Seite 33-42.

Bagshaw, M. (1997): Employability – creating a contract of mutual investment. Industrial and Commercial Training, 29(6), S. 187–189.

Baillod, J. (1997): Bewertung flexibler Arbeitszeitsysteme. In: E. Ulich (Hrsg.): Zeitenwende Arbeitszeit : wie Unternehmen die Arbeitszeit flexibilisieren. In: Mensch, Technik, Organisation. vdf, Hochschulverl. an der ETH, Zürich.

Bandura, A. (1977): Self-efficacy: toward a unifying theory of behavioral change. Psychological Review 84, S. 191-215.

Bandura, A. (1991): Social cognitive theory of self-regulation. Organizational Behavior and Human Decision Processes, 50, S. 248-287.

Bandura, A., Cervone, C. (1983): Self-evaluative and self-efficacy mechanisms governing the motivational effects of goal systems. Journal of Personality and Social Psychology, 45, S. 1017-1028.

BAR – Bundesarbeitsgemeinschaft für Rehabilitation (Hrsg.) (2003): Arbeitshilfe für die Rehabilitation und Teilhabe psychisch kranker und behinderter Menschen. Frankfurt am Main.

Barkholdt, C. (1998): Destandardisierung der Lebensarbeitszeit: eine Chance für die Erwerbsgesellschaft? Westdeutscher Verlag, Opladen.

Barnard, Ch. J. (1938): The Functions of the Executive. Harvard Business Press, Cambridge, MA.

Barton, J., Costa, G., Smith, L., Spelten, E., Totterdell, P., Folkard, S. (1995): The Standard Shiftwork Index: A battery of questionnaires for assessing shiftwork-related problems, Work & Stress, 9, S. 3-30.

Bateman, Jh.; Zeithaml, C. (1993): Managing the Diverse Work Force. In: Management, Function & Strategies. Zit. nach: Sepehri, P. (2002): Diversity und Managing Diversity in internationalen Organisationen. München, Mering: Rainer Hampp Verlag.

Bateman, T. S. & Strasser, S. (1983): A cross-lagged regression test of the relationships between job tension and employee satisfaction. Journal of Applied Psychology, 68 (3), S.439 – 445.

Bateman, T. S. & Strasser, S. (1984): A longitudinal analysis of the antecedents of organizational commitment. Academy of Management Journal, 27 (1), S.95 – 112.

BAuA, Bundesanstalt für Arbeitsschutz und Arbeitsmedizin (1994): Aging and Working Capacity: Altern und Arbeit, in: Schriftenreihe der Bundesanstalt für Arbeitsmedizin. Bremerhaven: Wirtschaftsverlag NW, Verl. für neue Wiss.

BAuA, Bundesanstalt für Arbeitsschutz und Arbeitsmedizin (2004): Mit Erfahrung die Zukunft meistern! Altern und Ältere in der Arbeitswelt. Scholz-Druck, Dortmund.

Becker, G. S. (1964): Human Capital: A Theoretical and Empirical Analysis with Special Reference to Education. Columbia University Press, New York.

Becker, G. S. (1975): Human Capital. University Press, Chicago, London, 2.Aufl.

Becker, P. (1992): Die Bedeutung integrativer Modelle von Gesundheit und Krankheit für die Prävention und Gesundheitsförderung. In: Paulus, P. (Hrsg.): Prävention und Gesundheitsförderung. Perspektiven für die psychosoziale Praxis. GwG-Verlag, Köln, S. 91-107.

Becker, P., Bös, K., Woll, A. (1994): Ein Anforderungs-Ressourcen-Modell der körperlichen Gesundheit: Pfadanalytische Überprüfungen mit latenten Variablen. Zeitschrift für Gesundheitspsychologie, Bd. II, 1, S. 25-48.

Behrend, Ch. (1983): Probleme bei der Erfassung des Krankenstandes: Sind ältere Arbeitnehmer öfter krank? In: Deutsches Zentrum für Altersfragen e.V. (Hrsg.): Beiträge zur Gerontologie und Altenarbeit, Berlin.

Behrend, C. (2005): Demografischer Wandel und Konsequenzen für die betriebliche Personalpolitik. In: Schott, T. (Hrsg.): Eingliedern statt ausmustern. Juventa Verlag, Weinheim, München, S. 23-37.

Behrens, J. (1999): Länger erwerbstätig durch Arbeits- und Laufbahngestaltung: Personal- und Organisationsentwicklung zwischen begrenzter Tätigkeitsdauer und langfristiger Erwerbsarbeit. In: Behrens, J., Morschhäuser, M., Viebrok, H. (Hrsg.): Länger erwerbstätig - aber wie? (S. 71-115). Opladen: Westdeutscher Verlag.

Behrens, J. (2001): Was uns vorzeitig „alt" aussehen lässt. Arbeits- und Laufbahngestaltung – Voraussetzungen für eine länger andauernde Erwerbstätigkeit. Aus: Politik und Zeitgeschichte, B 3-4, 14-22.

Behrens, J.; Morschhäuser, M.; Viebrok, H.; Zimmermann, E. (1999): Längererwerbstätig - aber wie?. Westdeutscher Verlag, Opladen, Wiesbaden.

Bell, P.A., Greene, T.E., Fisher, J.D., Baum, A. (1964): Environmental psychology. Fort Worth: Hartcourt Brace.

Bem, D. J. (1974): The cognitive alteration of feeling states: A discussion. In: London, H., Nisbett, R. E. (Hrsg.): Thought and Feeling. Aldine, Chicago.

Bem, D. J. (1981): Writing the research report. In: Kidder, L. H. (Hrsg.): Selltiz, Wrightsman & Cook's Research Methods in Social Relations. (4th Ed.). Holt, New York.

Bengel, J., Strittmatter, R., Willmann, H. (1998): Was erhält den Menschen gesund? Antonovskys Modell der Salutogenese - Diskussionsstand und Stellenwert. Bundeszentrale für gesundheitliche Aufklärung (BZgA), Köln.

Berger, M. (2004): Psychische Erkrankungen. 2. Auflage.

Bergmann, B. (1996): Lernen im Prozess der Arbeit. In: Kompetenzentwicklung ´96, hrsg. von der Arbeitsgemeinschaft Qualifikations- und Entwicklungsmanagement Berlin, S. 153-262. Münster: Waxmann.

Bergmann, B. (1999): Training für den Arbeitsprozess. Entwicklung und Evaluation aufgaben- und zielgruppenspezifischer Trainingsprogramme. Zürich: vdf.

Bergmann, B. (2001): Innovationsfähigkeit älterer Arbeitnehmer. In: Kompetenzentwicklung 2001, 13-52.

Bergmann, B., Fritsch, A., Göpfert, P., Richter, F., Wardajan, B., Wilczek, S. (2000): Kompetenzentwicklung und Berufsarbeit. Waxmann Verlag, Münster.

Bergmann, B., Zehrt, P. (1999): Transferbefähigung als Ziel eines Störungsdiagnosetrainings. Zeitschrift für Arbeits- und Organisationspsychologie. 43, 4, 180-192.

Bergmann, J.R., Goll, M., Meier, C. (1999): Abschlussbericht. DFG-Projekt „Telekooperation". Arbeitspapier Nr. 8, Universität Gießen.

Bergmann, J.R., Meier, C. (1998): Darstellung eines Forschungsprojekts. DFG-Projekt „Telekooperation". Arbeitspapier Nr. 1, Universität Gießen.

Berliner, D.C. (1992): Telling the stories of educational psychology. Educational Psychologist, 27, 143-161.

Beschorner, T., Fischer, D:, Pfriem, R., Ulrich, G. (2004): Perspektiven einer kulturwissenschaftlichen Theorie der Unternehmung – Zur Heranführung. In: Pfriem, R. (Hrsg.): Perspektiven einer kulturwissenschaftlichen Theorie in der Unternehmung, Metropolis Verlag, Marburg, S. 11-66.

Bilanz 2003 der Vereinbarung zwischen der Bundesregierung und den Spitzenverbänden der deutschen Wirtschaft zur Förderung der Chancengleichheit von Frauen und Männern in der Privatwirtschaft. URL: http://www.bmfsfj.de/Kategorien/Publikationen/Publikationen, did=15934.html [Stand 20.06.05].

Blancke, S., Roth, C. & Schmidt, J. (2000): Employability als Herausforderung für den Arbeitsmarkt: auf dem Weg zur flexiblen Erwerbsgesellschaft. Akademie für Technikfolgenabschätzung in Baden-Württemberg, Stuttgart.

Block, J., Smith, R., Friedlander, A. et al. (1989): Preventing osteoporisis with exercise: A review with emphasis on methodology. Medical Hypotheses, 30, S.9-19.

Bödecker, W., Friedel, H., Röttger, C., Schroer, A. (2001): Kosten arbeitsbedingter Erkrankungen. In: Bundesanstalt für Arbeitsschutz und Arbeitsmedizin (Hrsg.), Schriftenreihe Forschung, Band 946, Dortmund, Berlin.

Bøggild, H., Jeppesen, H. J. (1999): Intervention in shift schedules and changes in risk factors of cardiovascular disease. Shiftwork International Newsletter (SIN), Vol. 16, Number 2, S. 2.

Böhle, F. (1999): Nicht nur mehr Qualität, sondern auch höhere Effizienz – Subjektivierendes Arbeitshandeln in der Altenpflege. Zeitschrift für Arbeitswissenschaft, 3, 53. Jg., S. 174-181.

Böhle, F. (2002): Vom Objekt zum gespaltenen Subjekt. In Moldaschl, M.; Voß, G. : Subjektivierung von Arbeit. Hampp Verlag, München Mering.

Böhle, F.; Bauer, H. G.; Munz, C.; Pfeiffer, S. (2001): Kompetenzen für erfahrungsgeleitete Arbeit – neue Inhalte und Methoden beruflicher Bildung bei der Arbeit in komplexen technischen Systemen. In: Eiker, F.; Petersen, A.W. (Hrsg.): Mensch-Maschine-Interaktion – Arbeiten und Lernen in rechnergestützten Arbeitssystemen in Industrie, Handwerk und Dienstleistung, Beiträge der 11. HGTB-Fachtagung, Bildung und Arbeit, Band 2, S. 275-288.

Böhle, F.; Milkau, B. (1988): Vom Handrad zum Bildschirm. Eine Untersuchung zur sinnlichen Erfahrung im Arbeitsprozeß. Frankfurt/New York: Campus Verlag.

Bohn, S. (2005): Work Life Balance älterer Mitarbeiter – Impulse für eine lebensphasenorientierte Personalentwicklung. In: Loebe, H., Severing, E. (Hrsg.): Wettbewerbsfähig mit alternden Belegschaften. W. Bertelsmann Verlag, Bielefeld, S. 137-152.

Boll, T. (1998): Analyse kognitiver und motivationaler Aspekte spezifischer Emotionen. Hamburg: Verlag Dr. Kovac.

Bollnow, O. F. (1981): Philosophie der Erkenntnis. Erster Teil: Das Vorverständnis und die Erfahrung des Neuen. Stuttgart: Verlag W. Kohlhammer.

Borchelt M.(1996): Zur Bedeutung von Krankheit und Behinderung im Alter. In: Mayer KU, Baltes PB (Hrsg.). Die Berliner Altersstudie. Berlin: Akademie Verlag.

Bortz, J., Döring, N. (2002): Forschungsmethoden und Evaluation für Human- und Sozialwissenschaftler. 3., überarbeitete Auflage. Berlin/Heidelberg: Springer – Verlag.

Bosch, G. et al. (2001): Zur Zukunft der Erwerbsarbeit. Gelsenkirchen.

Bramann, H. U. (1992): Herz-Kreislauf-Erkrankung im Alter. Zeitschrift für Gerontologie. Z. Gerontol, 25, S.67-68.

Brandimonte, M. A., Einstein, G. O., McDaniel, M. A. (Eds.) (1996): Prospective memory: Theory and applications. Mahwah, NJ: Erlbaum.

Brandtstädter, J. (1985). Emotion, Kognition, Handlung: Konzeptuelle Beziehungen. In: Eckensberger, L., Lantermann, E. (Hrsg.): Emotion und Reflexivität. Göttingen: Hogrefe.

Brayfield, A. H., Crockett, W. H. (1955): Employee attitudes and employee performance. Psychological Bulletin, 52, S.396 – 424.

Brehm (2001): Emotionen in der Arbeitswelt. Arbeit, Heft 3, Jg 10, S. 205-218.

Broda, M., Dinger-Broda, A., Bürger, W. (1996): Selbstmanagement-Therapie und Gesundheitsressourcen – katamnestische Untersuchung zum Kohärenzgefühl bei verhaltensmedizinisch behandelten Patienten. In: Reinecker, H., Schmelzer, D. (Hrsg.): Verhaltenstherapie, Selbstregulation, Selbstmanagement. Frederick H. Kanfer zum 70. Geburtstag, Göttingen, Hogrefe, S. 257-272.

Brödner, P. (2002): Flexibilität, Arbeitsbelastung und nachhaltige Arbeitsgestaltung. In: Brödner, P., Knuth, M. (Hrsg.): Nachhaltige Arbeitsgestaltung. Trendreports zur Entwicklung und Nutzung von Humanressourcen, Hampp, München.

Brooks, S., Faulkner, J. (1988): Contractile properties of skeletal muscle from young adult and aged mice. Journal of Physiology, 404, London, S.71-82.

Brousseau, K.R. (1984): Job person dynamics and career development. In K.M. Rowland & G.R. Ferris (Hrsg.), Research in personnel and human resources management (Bd. 2, S. 125-154). Greenwich: JAI Press.

Brown, R. (2002): Beziehungen zwischen Gruppen. In: Stroebe, W.; Jonas, K.; Hewstone, M. (Hrsg.): Sozialpsychologie: eine Einführung. Springer, Berlin, Heidelberg, S. 537-576.

Brown, H., Prescott, R. (1999): Applied mixed models in medicine. Wiley, Chichester, England.

Bruggemann, A., Groskurth, P. & Ulich, E. (1975). Arbeitszufriedenheit. Bern: Huber.

Bruggemann, A., Groskurth, P. / Ulich E. (1975): Arbeitszufriedenheit. Bern: Huber.

Bruggmann, M. (2000): Die Erfahrung älterer Mitarbeiter als Ressource. Wiesbaden: Deutscher Universitäts-Verlag.

Buck, H., Dworschak, B. (2003): Aging and work in Europe: Strategies at company level and public policies in selected European countries. Booklet series: Demography and Employment, Stuttgart.

Bundesministerium für Familie und Senioren (BMFuS) (1993): Erster Altenbericht. Bonn.

Bundesministerium für Familie, Senioren, Frauen und Jugend. (2001): Dritter Bericht zur Lage der älteren Generation. MuK. Medien- und Kommunikations GmbH, Berlin.

Bundesministerium für Senioren, Familie und Jugend (BMFSFJ) (2001a): Dritter Bericht zur Lage der älteren Generation in der Bundesrepublik Deutschland: Alter und Gesellschaft. Berlin: BMFSFJ.

Bundesministerium für Senioren, Familie und Jugend (BMFSFJ) (2001b): Gutachten 2000/2001 des Sachverständigenrates für die Konzertierte Aktion im Gesundheitswesen, Bedarfsgerechtigkeit und Wirtschaftlichkeit. Bd. 1: Zielbildung, Prävention, Nutzerorientierung und Partizipation. In: Deutscher Bundestag. Drucksache 14/5660 vom 21.03.2001. Berlin: BMFSFJ.

Bundesministerium für Senioren, Familie und Jugend (BMFSFJ) (2002): Vierter Bericht zur Lage der älteren Generation in der Bundesrepublik Deutschland: Risiken, Lebensqualität und Versorgung Hochaltriger – unter besonderer Berücksichtigung demenzieller Erkrankungen. Berlin: BMFSFJ.

Bundesministerium für Senioren, Familie und Jugend (BMFSFJ) (2005): Das Verhältnis Gender Mainstreaming zu Diversity Management. URL: http://www.gender-mainstreaming.net/gm/Wissensnetz/ziele, did=16586.html [Stand Mai 2005].

Bundesverband der Unfallkassen. (2002, Oktober 07): Forschung für die Praxis - Erwerbsarbeit und Alter: Neue Anforderungen zur Integration älterer Arbeitnehmer. URL www.unfallkassen.de/pdf/FFDP12002.pdf

Bundesvereinigung der Deutschen Arbeitgeberverbände (BDA) (1980): Ältere Mitarbeiter. BDA, Berlin.

Bungard, W. (2005): Feedback in Organisationen: Stellenwert, Instrumente und Erfolgsfaktoren. In: Jöns, I., Bungard, W. (Hrsg.): Feedbackinstrumente im Unternehmen. Grundlagen, Gestaltungshinweise, Erfahrungsberichte. Gabler, Wiesbaden, S. 17–39.

Bungard, W., Fischer, L. (1983): Zur Vorurteilshaftigkeit der Leistungsbeurteilung sogenannter älterer Mitarbeiter durch Vorgesetzte. Zeitschrift für Gerontologie, 16, S. 222-227.

Bungard, W., Holling, H. & Schultz-Gambard, J. (1996): Methoden der Arbeits- und Organisationspsychologie. Psychologie Verlags Union, Weinheim.

Bungard, W., Jöns, I., Schultz-Gambard, J. (1997): Sünden bei Mitarbeiterbefragungen – Zusammenfassung der wichtigsten Fehler und Fallgruben. In: Bungard, W., Jöns, I. (Hrsg.): Mitarbeiterbefragung. Ein Instrument des Innovations- und Qualitätsmanagements. Beltz PVU, Weinheim, S. 441–455.

Bungarten, Th. (1994): Unternehmenskultur als Herausforderung für Gesellschaft und Unternehmen. Attikon-Verlag, Tostedt.

Burbiel, I. (1989): Die Eigenschafts- und Ähnlichkeitsskalierung. Eine methodenvergleichende Studie zur Komplexität nationaler Einstellungsstrukturen. Vorgelegte Dissertation der Universität der Bundeswehr, München.

Busch, B., Herrmann, T., Just, K., Rittenbruck, M. (1994): Systeme für Experten statt Expertensysteme. Sankt Augustin: Infix.

Büschken, Joachim; Blümm, Christian (2000): Zur Rolle von implizitem Wissen im Innovationsprozess. Diskussionsbeiträge der Katholischen Universität Eichstätt, Wirtschaftliche Fakultät Ingolstadt, Nr. 142. Ingolstadt: Katholische Universität Eichstätt, WIF.

Callahan, L. F., Pincus, T. (1995): The sense of coherence scale in patients with rheumatoid arthritis. Arthritis Care Research, 8, S. 28-35.

Carlson, J.G. & Hatfield, E. (1992). Psychology of Emotion. Orlando: Harcourt Brace Jovanovich.

Carr, J. Z., Schmidt, A. M., Ford, J. K. & DeShon, R. P. (2003). Climate perceptions matter: A meta-analytic path analysis relating molar climate, cognitive and affective states, and individual level work outcomes. Journal of Applied Psychology, 88 (4), S.605 – 619.

Centre for Strategy and Evaluation Services CSES (2003): Methoden und Indikatoren für die Messung der wirtschaftlichkeit von Maßnahmen in Zusammenhang mit der personellen Vielfalt in Unternehmen. URL: http://europa.eu.int/comm/employment_sicial/fundamental_rights/pdf/studies/costgeneffullrep_de.pdf.

Chase, W. G. & Ericsson, K. A. (1981): Skilles memory. In J. R. Anderson (Hrsg.), Cognitive skills and their acquisition (S. 141-189). Hillsdale, NJ: Erlbaum.

Chemers, M. M.; Ayman, R. (1993): Leadership Theory and Research. Academic Press, Inc., San Diego, New York, Boston [u.a.].

Comer, R. J. (2001): Klinische Psychologie. Heidelberg, Spektrum Akademischer Verlag.

Coomans, G. (2001): Die Alterung der arbeitenden Bevölkerung in Europa: Fragen und Prioritäten. In: Bullinger, H-J. (Hrsg.) Zukunft der Arbeit in einer alternden Gesellschaft. S. 48-62. Stuttgart: Demographie und Erwerbsarbeit.

Corlett, E.N., Bishop, R.P. (1976): A technique for measuring postural discomfort. In: Ergonomics, 9, S. 175-182.

Cox, T. (1993): Cultural Diversity in Organization. Theory, Research & Practice. San Francisco: Berret Koehler Publishers.

Cox, T. (1991): The multicultural organization. Academy of Management Executive, Vol. 5, Nr. 3.

Cox, T.; Blake, S. (1991): Managing cultural diversity: implications for organizational competitiveness. Academy of Management Executive, Vol. 5, Nr. 3.

Curry, J. P., Wakefield, D. S., Price, J. L. & Mueller, C. W. (1986). On the causal ordering of job satisfaction and organizational commitment. Academy of Management Journal, 29 (4), S.847 – 858.

DAK Versorgungsmanagement (Hrsg.): Gesundheitsreport 2002/2005. Hamburg 2002/2005.

Dass, P., Parker, B. (1999): Strategies for managing human resource diversity: From resistance to learning. Academy of Management Executive, Vol. 13, Nr. 2, S. 68-80.

Davis-King, K. E., Sweeney, M. H., Wille, K. K. et al. (1992): Reference values for amplitudes and conduction velocities obtained from a cohort of middle-aged and retired workers. Scand. J. Work: Environ Health, 18 Suppl. 2, 24-6

De Beauvoir, S. (1968): Das andere Geschlecht. Rowohlt, Reinbek.

De Grip, A., Sanders, J., Van Loo, J. (2004): The Industry Employability Index: Taking Account of Supply and Demand Characteristics. Journal article by; International Labour Review, Vol. 143.

Deal, T. E., Kennedy, A. A. (1982): Corporate Cultures: The Rites and Rituals of Corporate Life. Addison-Wesley, Reading, Mass. u.a.

Deci, E. L., Ryan, R. M. (1993): Die Selbstbestimmungstheorie der Motivation und ihre Bedeutung für die Pädagogik. Zeitschrift für Pädagogik, 39, S.177-186.

Denison, D. R. (1990): Corporate Culture and Organizational Effectiveness. Oxford: John Wiley & Sons.

Derboven, W., Dick, M.; Wehner, T. (2002): Die Transformation von Erfahrung und Wissen in Zirkeln. In: Fischer, M. & Rauner, F. (Hrsg.): Lernfeld: Arbeitsprozeß. Baden-Baden: Nornos – Verlag.

Dewey, J. (1993): Demokratie und Erziehung. Weinheim/Basel: Beltz Verlag.

Dick, M. & Wehner, T. (2002): Wissensmanagement zur Einführung: Bedeutung, Definition, Konzepte. In: W. Lüthy, E. Voit & T. Wehner (Hrsg.), Wissensmanagement-Praxis: Einführung, Handlungsfelder und Fallbeispiele. vdf Hochschulverlag, Zürich, S. 7-27.

Dickmann, N. (2004): Grundlagen der demografischen Entwicklung, in: Institut der deutschen Wirtschaft Köln (Hrsg.): Perspektive 2050: Ökonomik des demografischen Wandels. Köln: Deutscher Instituts Verlag GmbH, S. 11-34.

Dieckmann, B. (1994): Der Erfahrungsbegriff in der Pädagogik. Weinheim: Deutscher Studien Verlag.

Dierkes, M., Rudolph, H., v. Rosenstiel, L. (1993): Die Zukunft der Arbeit – Entwicklungstendenzen in Arbeitsmärkten und Arbeitsstrukturen. In: Klose, H.-U., (Hrsg.): Altern hat Zukunft. Opladen, S. 105–134.

DIHK (2001): Investitionen im Ausland, Ergebnisse einer DIHT-Umfrage bei den Industrie- und Handelskammern von Herbst 2000. Berlin.

Dittmann-Kohli, F.; Heijden, B. v. d. (1996): Leistungsfähigkeit älterer Arbeitnehmer - interne und externe Einflussfaktoren, in: Zeitschrift für Gerontologie und Geriatrie, 29, H. 5, S. 323-327.

Dougherty, T. W., Bluedorn, A. C. & Keon, T. L. (1985). Precursors of employee turnover: A multiple-sample causal analysis. Journal of Occupational Behaviour, 6 (4), 259 – 271.

Dreyfus, H. L., & Dreyfus, S. E. (1986): Mind over machine. The Power of Human Intuition and Expertise in the Era of the Computer. New York: The Free Press.

Dreyfus, H. L.; Dreyfus, S. E. (1987): Künstliche Intelligenz. Von den grenzen der Denkmaschine und dem Wert der Intuition. Reinbeck bei Hamburg: Rowohlt Taschenbuch Verlag GmbH. (Mind over Machine, 1986, übersetzt von Mutz, M.).

Drumm, H. J. (1989): Individualisierung in der Personalwirtschaft: Grundlagen, Lösungsansätze und Grenzen. Haupt, Bern.

Drumm, H. J. (1993): Personalführung. In: Wittmann, W. (Hrsg.): Enzyklopädie der Betriebswirtschaftlehre, Bd. 1, Handbuch der Betriebswirtschaft. Schäffer-Poeschel, Stuttgart, S. 3099-3112.

Drumm, H. J. (2001): Szenarioprognosen für ein zukünftiges HR- Management. In: Personalführung, 5, S. 66.

Drumm, H. J. (2005): Personalwirtschaft. Berlin, Heidelberg, Springer, New York.

Drupp, M., Osterholz, U., Timm, W. (2005): Ansätze, Ergebnisse und Perspektiven des betrieblichen Gesundheitsmanagements. In: Schott, T. (Hrsg.): Eingliedern statt ausmustern. Juventa Verlag, Weinheim, München, S. 109-122.

Eagly, A. H. & Chaiken, S. (1997): The Psychology of Attitudes. (2. Aufl.). Fort Worth: Harcourt Brace Jovanovich.

Echterhoff, W. (1992): Erfahrungsbildung von Verkehrsteilnehmern. Forschungsbericht der Bundesanstalt für Sraßenwesen. Aachen: Verlag Mainz.

Echterhoff, W. (1998). Erfahrungsbildung. In H. Häcker & K. H. Stapf (Eds.), Domsch Psychologisches Wörterbuch (pp. 236). Bern: Huber.

Eckardstein, D. v. (2004): Demografische Verschiebung und ihre Bedeutung für das Personalmanagement. In: zfo, 73, H. 3, S. 128-135.

Eden, D., Aviram, A. (1993): Self-Efficacy Training to Speed Reemployment: Helping People to Help Themselves. Journal of Applied Psychology, 78, S. 352-360.

Eikelmann, B.; Zacharias-Eikelmann, B.; Richter, D.; Reker, T. (2005): Integration psychisch Kranker – Ziel ist die Teilnahme am „wirklichen" Leben. In: Deutsches Ärzteblatt. Heft 16.

Ellis, J., Kvavilahvili, L. (2000): Prospective memory in 2000: Past, present and future directions. In: Applied Cognitive Psychology, 14, S. 1-9.

Elmerich, K. (2007): Personenbezogene Wahrnehmung des Diversity Managements. Dissertation, Universität Karlsruhe (TH), Peter Lang Verlag, Frankfurt am Main.

Elmerich, K., Watrinet, Ch. (2006): Diversity Management und Unternehmensleitbilder - Handlungsfelder für die Praxis. In: Vedder, G. (Hrsg.): Diversity-orientiertes Personalmanagement. Band 6 der Trierer Beiträge zum Diversity Management. Rainer-Hampp-Verlag, München und Mering, S. 77-159.

Erpenbeck, J., Hyse, V. (1999): Die Kompetenzbiographie. Strategien der Kompetenzentwicklung durch selbstorganisiertes Lernen und multimediale Kommunikation. Waxmann Verlag GmbH, Münster.

Esser, H. (1986): Können Befragte lügen? Zum Konzept des „wahren Wertes" im Rahmen der handlungstheoretischen Erklärung von Situationseinflüssen bei der Befragung. Kölner Zeitschrift für Soziologie und Sozialpsychologie, 38 (2), S. 314–336.

Europäische Kommission (1997): Leitlinien für Beschäftigungspolitische Maßnahmen in 1998. URL: http://europa.eu.int/comm/employment social/elm/summit/de/papers/guide.htm.

Europäische Kommission (Hrsg.) (2000): Das europäische Beobachtungsnetz für KMU. Sechster Bericht – Kurzfassung. Luxemburg: Amt für amtliche Veröffentlichungen der Europäischen Gemeinschaften.

Europarat. (1998): Gender Mainstreaming. Konzeptueller Rahmen, Methodologie und Beschreibung bewährter Praktiken. 26. März 1998, Strasbourg.

European Foundation for Quality Management. (2005): The EFQM Excellence Model. [HTML-Dokument] URL: http://www.efqm.org/Default.aspx?tabid=35.

Expertenkommission "Finanzierung lebenslanges Lernen" (2004): Der Weg in die Zukunft: Schlussbericht. Bielefeld: Bertelsmann, URL: http://www.bmbf.de/pup/schlussbericht_kommission_III.pdf.

Faulstich, P. (1999): Erwachsenenbildung: eine handlungsorientierte Einführung. Juventa Verlag, Weinheim; München.

Ferreira, Y. (2001): Auswahl flexibler Arbeitszeitmodelle und ihre Auswirkungen auf die Arbeitszufriedenheit. Ergon, Stuttgart.

Fiedler, F. E. (1967): A theory of leadership effectiveness. McGraw, Hill, New York.

Fiedler, F. E. (1996): Die Verarbeitung sozialer Information für Urteilsbildung und Entscheidungen. In: Stroebe, W.; Hewstone, M.; Stephenson, G. M. (Hrsg.): Sozialpsychologie: eine Einführung. Springer, Berlin, S. 143-175.

Fischer, M. (1996): Überlegungen zu eine arbeitspädagogischen und –psychologischen Erfahrungsbericht. ZBW – Zeitschrift für Berufs- und Wirtschaftspädagogik, Band 92, Heft 3, S. 227-244. Stuttgart: Franz Steiner Verlag.

Fischer, L.; Wiswede, G. (2002): Grundlagen der Sozialpsychologie. Oldenbourg, München, Wien.

Fisher, C. D. (1980): On the dubious wisdom of expecting job satisfaction to correlate with performance. Academy of Management Review, 5, S.607 – 612.

Fisher, C. D. (2000): Mood and emotions while working: Missing pieces of job satisfaction? Journal of Organizational Behavior, 21, Special Issue (2), 185 – 202.

Fisher, C. D. (2002): Antecedents and consequences of real-time affective reactions at work. Motivation and Emotion, 26, 1 – 30.

Flick, U. et al. (Hrsg.) (1995): Handbuch Qualitative Sozialforschung. Psychologie Verlags Union, 2. Aufl., München.

Folkard, S. (2003): The impact of age on the flexibility of work hours on outcome measures. In: SALTSA, S. 110–126.

Fortunato, V. J., Mincy, M. D. (2003): The interactive effects of dispositional affectivity, sex, and a positive mood induction on student evaluations of teachers. Journal of Applied Social Psychology, 33 (9), 1945 – 1972.

Franke, A. (1993): Die Unschärfe des Begriffs "Gesundheit" und seine gesundheitspolitischen Auswirkungen. In: Franke, A.; Broda, M. (Hrsg.): Psychosomatische Gesundheit: Versuch einer Abkehr vom Pathogenese- Konzept. dgvt-Verlag, Tübingen, S. 15-34.

Franke, Guido (Hrsg.). (2001): Komplexität und Kompetenz: Ausgewählte Fragen zur Kompetenzforschung. Bielefeld: Bertelsmann.

Franken, S. (2004): Verhaltensorientierte Führung. Wiesbaden: Betriebswirtschaftlicher Verlag Dr. Th. Gabler / GWV Fachverlage GmbH.

197

Freier, K. (2005): Work Life Balance. Zielgruppenanalyse am Beispiel eines deutschen Automobilkonzern. Dissertation, Universität Karlsruhe (TH), Peter Lang Verlag, Frankfurt am Main.

Frenzel, K., Müller, M., Sottong, H. (2000): Das Unternehmen im Kopf. Schlüssel zum erfolgreichen Change-Management. Carl Hanser Verlag, München, Wien.

Frerichs, F. (1998): Älterwerden im Betrieb. Westdeutsche Verlag, Opladen, Wiesbaden.

Frerichs, F. (2005): Das Arbeitspotenzial älterer Mitarbeiterinnen und Mitarbeiter im Betrieb. In: Locbc, II., Severing, E. (Hrsg.): Wettbewerbsfähig mit alternden Belegschaften. W. Bertelsmann Verlag, Bielefeld, S. 49-57.

Frerichs, F., Naegele, G. (1998): Strukturwandel des Alters und Arbeitsmarktentwicklung – Perspektiven der Alterserwerbsarbeit. In: Clemens, W., Backes, G. M. (Hrsg.): Altern und Gesellschaft. Gesellschaftliche Modernisierung durch Altersstrukturwandel. Leske+Budrich, Opladen, S. 237-256.

Frese, M. (1990): Arbeit und Emotion - Ein Essay. In: Felix Frey, Ivars Udris (Hrsg.): Das Bild der Arbeit. Bern/Stuttgart/Toronto, S.285-301.

Frieling, E., Kauffeld, S., Grote, S., Bernard, H. (2000): Flexibilität und Kompetenz : schaffen flexible Unternehmen kompetente und flexible Mitarbeiter? Waxmann, Münster, New York.

Frieling, E., Bernard, H., Bigalk, D., Müller, R. F. (2006): Lernen durch Arbeit. Entwicklung eines Verfahrens zur Bestimmung der Lernmöglichkeiten am Arbeitsplatz. Waxmann Verlag GmbH, Münster.

Frieling, E., Sonntag, K. (1999): Lehrbuch Arbeitspsychologie. Bern, Huber.

Fritsch, S. (1994): Differentielle Personalpolitik: Eignung zielgruppenspezifischer Weiterbildung für ältere Arbeitnehmer. Dt. Univ.-Verl., Wiesbaden.

Fritsch, A. (2000): Selbstkonzept beruflicher Kompetenz und Zufriedenheit mit der Gesundheit und der eigenen Person bei Erwerbstätigen und Arbeit Suchenden – eine vergleichende Studie. In: Bergmann, B., Fritsch, A., Göpfert, P., Richter, F., Wardanjan, B., Wilczek, S.: Kompetenzentwicklung und Berufsarbeit, Waxmann, Münster, S. 277-283.

Fritsch, A. (2003): Lernförderung in der Berufsbiographie und Selbstkonzept der Kompetenz als Prädiktoren der Wiederbeschäftigung Arbeitssuchender. Wirtschaftspsychologie, 5 (1), S. 52-54.

Fuchs, J. (1999): LERN-Management statt LEAN-Management. In: Papmehl, A., Sievers, R. (Hrsg.): Wissen in Wandel: Die lernende Organisation im 21. Jahrhundert. Wirtschaftsverlag Ueberreuter, Wien, S. 66-90.

Funk, L., Klös, H.-P., Seyda, S., Birk, R., Waas, B. (2003): Beschäftigungschancen für ältere Arbeitnehmer – Internationaler Vergleich und Handlungsempfehlungen. Verlag Bertelsmann Stiftung, Gütersloh.

Funk, L., Janßen, P., Lesch, H. (2005): Arbeitsbeziehungen und Personalwirtschaft. In: Institut der deutschen Wirtschaft Köln (Hrsg.): Perspektive 2050. Deutscher Instituts-Verlag GmbH, Köln, S. 193-217.

Galais, N., Moser, K. (2001): Zeitarbeit als Sprungbrett in ein „Normalbeschäftigungsverhältnis"? Individuelle Determinanten der Übernahme und des Wohlbefindens von Zeitarbeitnehmern. In: Zempel, J., Bacher, J., Moser, K. (Hrsg.): Erwerbslosigkeit. Ursachen, Auswirkungen und Interventionen. Bd. 12. Psychologie sozialer Ungleichheit. Opladen: Leske&Budrich.

Gauderer, P.C., Knauth, P. (2004): Pilot study with individualized duty notes in public transport. Le travail Humain, Tome 67, 1, S. 87–100.

Geertz, C. (1973): The Interpretation of Cultures. Selected Essays. Basic Books, New York.

Georg, A.; Frerichs, F. (1999): Ältere Arbeitnehmer in NRW: Betriebliche Problemfelder und Handlungsansätze. Münster, Hamburg, London: Literaturverlag.

Georg, A., Stuppardt, R., Zoike, E. (1982): Krankheit und arbeitsbedingte Belastung. In: Bundesverband der Betriebskrankenkassen (Hrsg.): Forschungsbericht Ergebnisse, 2, Essen.

Gerstenmaier, J., Mandel, H. (1994): Wissenserwerb unter konstruktivistischer Perspektive. München: LMU, Lehrstuhl für Empirische Pädagogik und Pädagogische Psychologie.

Gifford, R. (1987): Environmental psychology. Boston: Allyn and Bacon.

Gilbert, J.A.; Stedd, B.A.; Ivancevich, J.M. (1999): Diversity Management: A New Organizational Paradigm. Journal of Business Ethics, Heft 21/1999, S.61-76.

Glißmann, W., Peters, K. (2001): Mehr Druck durch mehr Freiheit. Die neue Autonomie in der Arbeit und ihre paradoxen Folgen. VSA, Hamburg.

Goffee, R., Jones, G. (1997): Kultur: Der Stoff, der Unternehmen zusammenhält. In: Harvard Business Manager 2 (1997), S. 41-54.

Goldstein, I. L. (1986): Training in organization. Needs assessment, development and evaluation. Brooks/Cole, Monterey.

Goleman, Daniel (1999): EQ2. Der Erfolgsquotient. München/Wien

Goller, Hans (1992): Emotionspsychologie und Leib-Seele-Problem. Stuttgart/Berlin/Köln

Götz, K., Hilse, H. (2000): Führen über Fünfzig: Was jüngere Führungskräfte von älteren lernen können, in: Götz, K. (Hrsg.): Führungskultur, Teil 1: Die individuelle Perspektive. Rainer Hampp Verlag, München, Mering, S. 75-91.

Graf, S., Henneberger, Schmid, H. (2000): Flexibilisierung der Arbeit. Erfahrungen aus erfolgreichen schweizerischen Unternehmen. Bern: Haupt.

Gravalas, B. (1999): Ältere Arbeitnehmer: Eine Dokumentation. Bertelsmann, Bielefeld.

Greenberg, J. (1988): Equity and workplace status: A field experiment. Journal of Applied Psychology, 73, S. 606-613.

Greiner, B.A. (1998): Der Gesundheitsbegriff. In: Bamberg, E., Ducki, A., Metz, A.-M. (Hrsg.): Handbuch Betriebliche Gesundheitsförderung. Arbeits- und organisationspsychologische Methoden und Konzepte. Verlag für Angewandte Psychologie, Göttingen, S. 39-55.

Greverus, I.-M. (1978): Kulturbegriffe und ihre Implikationen. In: Kölner Zeitschrift für Soziologie und Sozialpsychologie 23, S. 283-303.

Grossmann, M. (1991): Untersuchungen zum zirkadianen Blutdruckverhalten von jungen und geriatrischen Patienten. Z. Gerontol, 24, S. 164-167.

Gruber, H., Mandl, H. (1996): Expertise und Erfahrung. In: Gruber, H., Ziegler, A. (Eds.): Expertiseforschung. Theoretische und methodische Grundlagen. Westdeutscher Verlag, Opladen.

Gruber, H., Ziegler, A. (Hrsg.) (1996): Expertiseforschung. Theoretische und methodische Grundlagen. Westdeutscher Verlag, Opladen.

Gunzelmann, T., Schumacher, J., Brähler, E. (2000a): Das Kohärenzgefühl bei älteren Menschen: Zusammenhänge mit der subjektiven Gesundheit und körperlichen Beschwerden. Zeitschrift für klinische Psychologie, Psychiatrie und Psychotherapie; 48,145-165.

Gunzelmann, T., Schumacher, J., Eisemann, M., Brähler, E. (2000b): Subjective Health in the Aged: An evaluation of the Nottingham Health Profile (NHP). Manuskript.

Gussone, M.; Huber, A.; Morschhäuser, M.; Petrenz, J. (1999): Ältere Arbeitnehmer: Altern und Erwerbsarbeit in rechtlicher, arbeits- und sozialwissenschaftlicher Sicht. Frankfurt am Main: Bund-Verl.

Hacker, W. (1992): Expertenkönnen. Erkennen und Vermitteln. Verlag für Angewandte Psychologie, Göttingen, Stuttgart.

Hacker, W. (1996): Erwerbsarbeit der Zukunft auch für "Ältere". Zürich, Stuttgart: vdf Hochschulverlag, Teubner.

Hackman, J. R. & Oldham, G. R. (1974): The Job Diagnostic Survey: An Instrument for the Diagnostic of Jobs and Evaluation of Job Redesign Projects (Technical Reports, No. 4). Yale University, Department of Administrative Science, New Haven/Connecticut.

Hackman, J. R. & Oldham, G. R. (1976): Motivation through the design of work: Test of a theory. Organizational Behavior and Human Performance, 16 (2), 250 – 279.

Hammerer, F. (1999): Offene Lernsituationen anspruchsvoll gestalten. In: Freund, J., Gruber, H., Weidinger, W. (Hg.): Guter Unterricht –Was ist das? Aspekte von Unterrichtsqualität. öbv & hpt, Wien, S. 65-76.

Hammerer, F. (2001): Der Fehler - Eine pädagogische Schlüsselsituation und Herausforderung. Erziehung und Unterricht, 151(1-2), S. 37-50.

Härmä, M., Hakola, T., Kandolin, I., Sallinen, M., Virkkala, J., Bonnefond, A., Mutanen, P. (2006): A controlled intervention study on the effects of a very rapidly forward rotating shift system on sleep-wakefulness and well-being among young and elderly shift workers. International Journal of Psychophysiologiy, 59, S. 70-79.

Härmä, M., Ilmarinen, J. (1999): Towards the 24-hour society – new approaches for aging shift workers?. In: Scand J Work Environ Health 25 (6, special issue), S. 610-615.

Harter, S. (1990): Causes, correlates, and the functional role of global self-worth: A life-span perspective. In: Sternberg, R. J., Kolligan, J. Jr. (Eds.): Competence considered. Yale University Press, New Haven, CT, S. 67–97.

Harych, H. (1995): Sorge um den Arbeitsplatz, Arbeitslosigkeit und gesundheitliches Befinden – erste Ergebnisse einer Studie in Sachsen. Gesundh-Wes. 57:82-85.

Hatchuel, A. (2001): The Sources of Intensity in Work Systems: Cognitive and Relational Limits of Self-Management. In: Docherty, P., Forslin, J., Shani, A. (Eds.): Creating Sustainable Work Systems: Emerging Perspectives and Practice.

Haug, H. (1984): Alterungsprozesse im Gehirn. Morphometrische Methoden ermöglichen neue Einblicke. Die Umschau, 84, S.455-458.

Haug, H. (1985): Gibt es Nervenzellverluste während der Alterung in der menschlichen Hirnrinde? Ein morphometrischer Beitrag zu dieser Frage. Nervenheilkunde, 4, S.103-109.

Hausschild, S., Licht, T. & Stein, W. (2001): Creating a knowledge culture. The McKinsey Quarterly, (1), S. 1-12.

Heikkinen E. (1995): Healthy Aging. Utopia or a Realistic Target? In: Heikkinen E., Kuusinen J., Ruoppila I. Preparing for Aging. New York: Plenum Press; 105-144.

Helmchen, H., Kanovski, S. (2000): Gegenwärtige Entwicklung und zukünftige Anforderungen an die Gerontopsychiatrie in Deutschland. Expertise für den Dritten Arbeitsbericht der Bundesregierung. Berlin, Deutsches Zentrum für Altersfragen.

Herbst, D. (2000): Das professionelle 1x1. Erfolgsfaktor Wissensmanagement. Cornelsen Verlag, Berlin.

Herkner, W. (2001): Sozialpsychologie. Huber, Bern, 2. Auflage.

Hersey, P., Blanchard, K. H. (1969): Life cycle theory of leadership. In: Training and Development, 23, S. 26-34.

Herzberg, F. (2003): Was Mitarbeiter in Schwung bringt. In: Harvard Business Manager, April 2003, S. 50-62.

Heskett, J. L., Jones, T. O., Loveman, G. W., Sasser, W. E. & Schlesinger, L. A. (1994). Putting the service-profit chain to work. Harvard Business Review, 162 – 182.

Heskett, J. L., Sasser, W. E. & Schlesinger, L. A. (1997). The Service-Profit Chain: How Leading Companies Link Profit and Growth to Loyalty, Satisfaction, and Value. New York: Free Press.

Heuft, G., Kruse, A., Radebold, H. (2000): Gerontopsychosomatik. München, UTB, Reinhardt.

Hillage, J., Pollard, E. (1998): Employability: Developing a framework for policy analysis. DfEE Research Brief, (85).

Hobmair, H. (2003): Psychologie. Bildungsverl. EINS, Troisdorf, 3. Aufl.

Hofecker, G. (1991): Biologische Alternsvorgänge und deren Einflüsse auf die Leistungsfähigkeit des Organismus. In: Lang, E., Arnold, K. (Hrsg.): Altern und Leistung, Enke, Stuttgart, S.19-40.

Hofstede, G. (1981): Culture and Organizations. In: International Studies of Management and Organization, 10/4, S. 15-19.

Hofstede, G. H. (1993): Interkulturelle Zusammenarbeit: Kulturen - Organisationen – Management. Gabler, Wiesbaden.

Holtbrügge, D., Puck, J.F. (2003): Interkulturelle Teams – Chancen, Risiken und Erfolgsfaktoren. In: Personal – Zeitschrift für Human Resource Management, Band 55, Heft 8, S.46-49.

Holtgrewe, U. (2000): „Meinen Sie, da sagt jemand danke, wenn man geht?" Anerkennungs- und Missachtungsverhältnisse im Prozeß organisationeller Transformationen. In: Holtgrewe, U., Voswinkel, S., Wagner, G. (Hrsg.), S. 63-84.

Holtgrewe, U. (2003): Informatisierte Arbeit und flexible Organisationen: Unterwerfung, Distanzierung, Anerkennungskämpfe. In: Schönberger, K., Springer, S. (Hrsg.): Technisierung und Subjektivierung – Zur Veränderung des Arbeitshandelns in der Wissensgesellschaft. Campus, Frankfurt a.M., New York, S. 21–43.

Honegger, J. (2001): Employability statt Jobsicherheit. Personalwirtschaft, 28(6), S. 50–54.

Höpflinger, F. (1997): Zur Gesundheit im Alter: Daten und Diskussionen. Zürich, Seismo-Verlag.

Hornberger, S. (2001): Integratives Belastungs-Beanspruchungs-Konzept für individualisierte Arbeitsbedingungen. In: Gesellschaft für Arbeitswissenschaft e.V. (Hrsg.): Arbeitsgestaltung, Flexibilisierung, Kompetenzentwicklung. GfA-Press, Dortmund, S. 393-396.

Hornberger, S. (2003): Concept of Integral Health Care Management for Individualised Working Conditions. In: Strasser, H., Kluth, K., Rausch, H., Bubb, R. (Hrsg.): Quality of Work and Products in Enterprises of the Future. ergonomia Verlag, Stuttgart, S. 829-832.

Hornberger, S. (2005): Individualisierung in der Arbeitswelt aus arbeitswissenschaftlicher Sicht. Verlagsgruppe Peter Lang, Frankfurt /Main.

Hradil, S. (2001): Soziale Ungleichheit in Deutschland. Leske + Budrich, Opladen.

Hubbard, B. M., Anderson, J., M. (1984): Age, senile demeotia and ventricular enlargement. Neurosurg. Psychiatr., 44, S.633.

Husemann, R., Duben, K., Lauterbacher, C., Vonken, M. (2003): Beschäftigungswirksame Arbeitszeitmodelle für ältere Arbeitnehmer. Schriftenreihe der Bundesanstalt für Arbeitsschutz und Arbeitsmedizin – Forschung – Fb 980, Wirtschaftsverlag NW, Bremerhaven.

Iaffaldano, M. T. & Muchinsky, P. M. (1985): Job satisfaction and job performance. A metaanalysis. Psychological Bulletin, 97 (2), S.251 – 273.

IHK Hochrhein-Bodensee (www.konstanz.ihk.de) 2004

Ilgen, D. R., Fisher, C. D., Taylor, M. S. (1979): Consequences of individual feedback on behavior in organizations. Journal of Applied Psychology, 64(4), S. 349-371.

Illhard, F. J. (1993): Ageism: Vorurteile gegen das Alter. Z. Gerontol, 26, S. 335-338.

Ilmarinen, J. (1995): Arbeitsfähigkeit und Alter. In: Karazman, R., Geißler H., Kloimüller I. (Hrsg.): Betriebliche Gesundheitsförderung für älterwerdende Arbeitnehmer. Verlag für Gesundheitsförderung G. Conrad, Hamburg, S. 15-33.

Ilmarinen, J. (1999): Aging workers in the European Union - Status and promotion of work ability, employability and employment. Helsinki: Finnish Institut of Occupational Health, Ministry of Social Affairs and Health & Ministry of Labour.

Ilmarinen, J. (2000): Die Arbeitsfähigkeit kann mit dem Alter steigen. In: von Rothkirch, C. (Hrsg.): Altern und Arbeit: Herausforderungen für Wirtschaft und Gesellschaft, edition sigma, Berlin, S. 88-99.

Ilmarinen, J. (2003): How to promote the workability of an aging workforce. RESPECT Workshop.

Ilmarinen, J., Louhevaara, V., Korhonen, O. et al. (1991): Changes in maximal cardiorespiratory capacity among ageing municipal employees. Work Environ Health, 17 (suppl. 1), S.99-109.

Ilmarinen, J., Tempel, J. (2000): Präventive Arbeitsgestaltung für ältere Arbeitnehmer. In: U. Teske und B. Witte (Hrsg.): Prävention arbeitsbedingter Erkrankungen. Band 3: Menschengerechte Arbeitsgestaltung – Bedingungen und Chancen. Hamburg, VSA-Verlag. S.101-149.

Ilmarinen, J., Tempel, J. (2002): Arbeitsfähigkeit 2010 – Was können wir tun damit, Sie gesund bleiben? VSA-Verlag, Hamburg.

Ilmarinen, J., Tuomi, K. (2004): Past present and future of work ability. In: Ilmarinen, J., Lehtinen, S.: Past present and Future of Work Ability – People and Work Research Report 65, Finnish Institute of Occupational Health, Helsinki, S. 1-25.

Inglehart, R. (1995): Kultureller Umbruch. Wertwandel in der westlichen Welt. Frankfurt: Campus.

Institut der Deutschen Wirtschaft (2006): Deutschland in Zahlen. Köln.

Ivanchevich, J. M. (1978): The performance–satisfaction relationship: A causal analysis of stimulating and non-stimulating jobs. Organizational Behavior and Human Performance, 22, S.350 – 365.

Ivanova, F., Hauke, C. (2003): Managing Diversity – Ergebnisse einer repräsentativen Unternehmensbefragung. Personal, Heft 07/2003

iwd (1998): Das Stichwort: Employability. iwd, 24 (10), 6.

Izard, C. E. (1994): Die Emotionen des Menschen. Eine Einführung in die Grundlagen der Emotionspsychologie. Weinheim, 3. Auflage.

Izard, C. E. (1999): Die Emotionen des Menschen: Eine Einführung in die Grundlagen der Emotionspsychologie, 9. Auflage, Weinheim u.a.

Jacoby, R. J., Levy, R., Dawson, J. M. (1980): Computed tomography in the elderly. The normal p. Br. J. Psychiatr., 136, S.249.

Jahn, F., Wetzstein, A., Ishig, A., Hacker, W. (2002): Der aufgabenbezogene Informationsaustausch (AI). Weiterentwicklung einer Methode zur Gestaltung und Optimierung von Arbeitsprozessen. Heft6. Dresden: TU-Eigenverlag.

Jansen, G., Haas, J. (1991): Kompendium der Arbeitsmedizin. TÜV Rheinland, Köln, S. 49.

Jasper, B. M. (2002): Koordination und Gehirnjogging. Meyer und Meyer, Aachen.

Jasper, G., Rohwedder, A. (2001): Innovieren mit alternden Belegschaften. In: Moser, J.; Nöbauer, b.; Seidl, M. (Hrsg.): Vom alten Eisen und anderem Ballast. Rainer Hampp Verlag. München/Mehring.

Jerusalem, M. (1991): Allgemeine Selbstwirksamkeit und differentielle Streßprozesse. Psychologische Beiträge, 33, S. 388-406.

Jorgensen, M. (1961): Changes of ageing in inner ear. Arch. Otolaryng, 74, S.164-170.

Judge, T. A. (1992): The dispositional perspective in human ressources research. In G. R. Ferris & K. M. Rowland (Hrsg.), Research in Personnel and Human Resources Management (Band 10, S. 31 – 72). Greenwich: JAI Press.

Judge, T. A., Thoresen, C. J., Bono, J. E., Patton, G. K. (2001): The job satisfaction–job performance relationship: A qualitative and quantitative review. Psychological Bulletin, 127 (3), S. 376 – 407.

Jung, D., Wilhelmi, E., Rose, D.-M. und Konietzko, J. (1998): Circardiane Rhythmen und ihr Einfluß auf die Toxidität von Arbeitsstoffen. Schriftenreihe der Bundesanstalt für Arbeitsschutz und Arbeitsmedizin, Ld 10, Wirtschaftsverlag NW, Bremerhaven.

Kadritzke, U. (1993): Ein neuer Expertentyp? Technische Dienstleistung zwischen Marktorientierung und Professionsbezug. Prokla 91, S. 297-326.

Kalikowski, P., Mickler, O., Manske, F. (1995): Technologiestandort Deutschland. Produktinnovation im Maschinenbau. edition sigma, Berlin.

Kanfer, F. H., Reinecker, H., & Schmelzer, D. (2000): Selbstmanagement-Therapie. (3., überarbeitete Auflage ed.), Springer, Berlin.

Kanner, A.D., Coyne, J.C., Schaefer, C., Lazarus, R.S. (1981): Comparison of two modes of stress.

Karl, D. (2005): Erfahrungsaufbau und –transfer. Empirische Studie in einer Großbank. Dissertation, Universität Karlsruhe (TH). Peter Lang Verlag, Frankfurt am Main.

Kasamatsu, T., Miyashita, K., Shiomi, S. et al. (1981): The effect of ageing on the peripheral functions in farmers and chain saw operators. Jpn. J. Ind. Health, 23, S. 127-133.

Kastner, M. (2003): Work Life Balance – Schwerpunkte der Forschung, Kongressband Neue Qualität der Arbeit. S.57-84.

Katenkamp, O. (2003): Quo vadis Wissensmanagement? Eine Literaturübersicht zur Einführung von Wissensmanagement in der Wirtschaft. Arbeit. Zeitschrift für Arbeitsforschung, Arbeitsgestaltung und Arbeitspolitik, Heft 1/2003, S. 16-35.

Kelle, U., Kluge, S. (1999): Vom Einzelfall zum Typus. Leske, Opladen.

Kieser, A., Reber, G., Wunderer, R. (1995): Handwörterbuch der Führung. Schäffer-Poeschel, Stuttgart.

Kiesswetter, E. (1988): Das circadiane und adaptive Verhalten psychischer und physischer Funktionen bei experimenteller Schichtarbeit. Verlag Peter Lang GmbH, Frankfurt a.M.

Kleemann, F., Matuscheck, I., Voß, G. G. (2002): Subjektivierung von Arbeit. Ein Überblick zum Stand der soziologischen Diskussion. In: Moldaschl, M., Voß, G. G. (Hrsg.), S. 53-100.

Klemusch, M. (2005): Älter jünger bleiben oder jung altern. In: HR Services, Heft 6/2005, S. 12-17.

Kliegel, M., Martin, M. (2003): Prospective memory research: Why is it relevant? In: International Journal of Psychology, 38, S. 193-194.

Kliegel, M., Martin, M., McDaniel, M.A., Einstein, G.O. (2002): Complex prospective memory and executive control of working memory: A process model. In: Psychologische Beiträge, 44, S. 303-318.

Klimezki, R. G., Probst, G. J. B. (1990): Entstehung und Entwicklung der Unternehemenskultur. In: Lattmann, Ch. (Hrsg.): Die Unternehmenskultur: ihre Grundlagen und ihre Bedeutung für die Führung der Unternehmung. Physica Verlag, Heidelberg, S. 41-65.

Klineberg, O. (1966): Die menschliche Dimension in den internationalen Beziehungen. Huber, Bern.

Klippstein, B. (2002, Dezember 16): 6 Lernfaktoren. URL: http://kaufwas.com/bk/wissen/wb/16.htm

Klös, H.-P., Schäfer, H. (2003): Arbeitsmarkt – Fehlanreize durch soziale Sicherung? WSI-Mitteilungen, 56, 306-311.

Kluge, J., Stein, W., Licht, T. & Kloss, M. (2003): Wissen entscheidet: Wie erfolgreiche Unternehmen ihr Know-how managen – eine internationale Studie von McKinsey. Frankfurt, Wien: Ueberreuther.

Knauth, P. (2000): Arbeitsschutz und Arbeitszeit. In: Knauth, P., ZülchG. (Hrsg.): Innovatives Arbeitszeitmanagement, Beiträge zu einem Workshop im Rahmen des 45. Kongresses der Gesellschaft für Arbeitswissenschaft in Karlsruhe am 10. März 1999 Forschungsberichte aus dem Institut für Arbeitswissenschaft und Betriebsorganisation der Universität Karlsruhe, Shaker Verlag, Aachen, Bd. 22-2000, S. 5-22.

Knauth, P. (2002): Arbeitszeitflexibilisierung aus arbeitswissenschaftlicher Sicht. In: Zülch, G., Stock, P., Bogus, T. (Hrsg.): Arbeitszeitflexibilisierung im Dienstleistungsbereich, Beiträge zu einem Workshop im Rahmen des BMBF-Projektes FAZEM in Karlsruhe am 19. März 2002 Forschungsberichte aus dem Institut für Arbeitswissenschaft und Betriebsorganisation der Universität Karlsruhe, Shaker Verlag, Aachen, Bd. 28-2002, S. 51-74.

Knauth, P. (2003): Schichtarbeit, Nachtarbeit. In: Triebig, G. Kentner, M., Schiele, R. (Hrsg.): „Arbeitsmedizin" Handbuch für Theorie und Praxis, Gentner Verlag, S. 733 – 742.

Knauth, P. (2005): Arbeitswissenschaftliche Kriterien der Schichtplangestaltung. Überarbeiteter Artikel in: Kutscher, J., Eyer, E., Antoni, H. (Hrsg.): Das flexible Unternehmen: Arbeitszeit, Gruppenarbeit, Entgeltsysteme. Loseblattwerk, Gabler-Verlag, Wiesbaden.

Knauth, P. (2007): Extended Work Periods. In: Industrial Health + Erratum, No. 1, Vol. 45, S. 125-136. URL: http://www.jstage.jst.go.jp/article/indhealth/45/1/45_125/_article

Knauth, P.; Braedel, C.; Karl, D. (2003): RESPECT D5.4: Recommendations for policy interventions, http://www.respect.iccs.ntua.gr.

Knauth P., Hornberger S. (1997): Schichtarbeit und Nachtarbeit. Bayerisches Staatsministerium für Arbeit und Sozialordnung, Familie, Frauen, Gesundheit (Hrsg.).

Knauth, P., Hornberger, S. (2003): Preventive and compensatory measures for shift workers Occupational medicine 53, Oxford University Press, S. 109-116.

Knauth, P., Hornberger, S. (2005): Gesundheitliche Belastungen und flexible Arbeitszeiten. In: Lorenz, F., Schneider, G. (Hrsg.): Vertrauensarbeitszeit, Arbeitszeitkonten, Flexi-Modelle, Konzepte und betriebliche Praxis. VSA-Verlag, Hamburg, S. 77-116.

Knauth, P., Karl, D., Brädel-Kühner, C. (2005): How to improve the work ability of elderly workers: The European research project RESPECT. In: Assessment and Promotion of Work Ability, Health and Wellbeing of Ageing Workers. International Congress Series, Vol. 1280, S.11-16.

Knauth, P., Karl, D. & Braedel-Kühner, C. (2002): Der ältere Mitarbeiter: Hilfreich oder hilfsbedürftig? Eine Diskussion des Defizitmodells. Abstract zu einem Vortrag in Stuttgart/Hohenheim.

Knauth, P., Minssen, H., Brinkmann, A., Chwalisz-Konieczka, M., Feitner, P., Fidorra, J. Gauderer, P., Hornberger, S. (1999): Betriebs- und mitarbeiterbezogene Dienstplangestaltung. Wirtschaftsverlag NW, Bremerhaven.

Kochan, T., Bezrukova, K., Ely, R., Jackson, S., Joshi, A., Jehn, K., Leonard, J., Levine, D., Thomas, D. (2002): The Effects of Diversity on Business Performance: Report of the Diversity Research Network. URL: http://www.shrm.org/foundation/kochan_fulltext.pdf, [Stand 13.12.2004]

Kofer, Ulrich (1993): Ermittlung von Handlungsstrategien komplexer Arbeitstätigkeiten als Grundlage für die Konzeption von Schulungsmaßnahmen. Fakultät für Wirtschafts- und Sozialwissenschaften der Universität München (TH), Institut für Psychologie und Erziehungswissenschaft, Lehrstuhl für Pädagogik München.

Kohlfeld, A., Resch, H., Spitzley, H. (2001): Beschäftigungsbrücken zwischen Alt und Jung als Positiv-Summen-Spiel. In: Ulich, E. (Hrsg.): Beschäftigungswirksame Arbeitszeitmodelle. vdf Hochschulverlag AG, ETH Zürich, S. 65 – 74.

Kolb, D. A. (1984): Experimental learning. Experience as the source of learning and development. Prentice Hall, Englewood Cliffs.

Kolland, F. (2005): Bildungschancen für ältere Menschen. Ansprüche an ein gelungenes Leben. Lit Verlag, Wien.

Koller, Siegfried (1989): Vom Wesen der Erfahrung. Stuttgart: Ernst Thieme Verlag.

Koper, T. (2006): Den ‚Silberschatz' heben – aber wie? In: Personalführung, Heft 7/2006, S. 69-73.

Köster, C. (2001): Ältere Mitarbeiter als Herausforderung für die Personalpolitik. In: stahl und eisen, 121, H. 9, S. 23-26.

Koys, D. J. (2001). The effects of employee satisfaction, organizational citizenship behavior, and turnover on organizational effectiveness: A unit-level, longitudinal study. Personnel Psychology, 54 (1), 101 – 114.

Kramer, E. A. (1995): Individualrechtliche Bedingungen der Führung. In: Kieser, A. (Hrsg.): Handwörterbuch der Führung. Schäffer-Poeschel, Stuttgart; S. 1166-1174.

Krämer, S., Walter, K.-D. (1991): Konzentration und Gedächtnis: ein Trainingsprogramm für 30 x 20 Minuten. Lexika-Verlag, München.

Van de Vliert, E. (1998): Conflict and conflict management. In P. Drenth, H. Thierry / C. De Wolff (Eds.), Handbook of Work and Organizational Psychology, Vol 3, Personnel Psychology (2nd ed. pp. 351 – 376). Hove, UK: Psychology Press

Krebs, D. (1991): Was ist sozial erwünscht? Der Grad sozialer Erwünschtheit von Einstellungsitems (Arbeitsbericht 18). Zentrum für Umfragen, Methoden und Analysen, Mannheim.

Krell, G. (1999): Managing Diversity: Chancengleichheit als Erfolgsfaktor. In: Personalwirtschaft, 26. Jg., Heft 4, 1999

Krell, G. (2000a): Managing Diversity. Optionen für (mehr) Frauen in Führungspositionen. In: Peters, S., Bensel, N. (Hrsg.) (2002): Frauen und Männer im Management. Diversity in Diskurs und Praxis. Wiesbaden: Gabler.

Krell, G. (2000b): Managing Diversity. Chancen für Frauen. In: Managing Diversity: Ansätze zur Schaffung transkultureller Organisationen, Kobra Werkstattpapier zur Frauenförderung, Nr. 14/1999, Berlin: Kobra, S. 27-38

Krell, G. (2004): Arbeit und Geschlecht in der Betriebswirtschaftslehre. Discussion Papers 8/2004.

Krell, G., Mückenberger, U., Tondorf, K. (2001): Gender Mainstreaming: Chancengleichheit (nicht nur) für Politik und Verwaltung. In: Krell, G. (Hrsg): Chancengleichheit durch Personalpolitik. Gleichstellung von Frauen und Männern in Unternehmen und Verwaltung. Rechtliche Regelungen – Problemanalyse – Lösungen. (3., überarbeitete und erweiterte Auflage). Gabler Verlag, Wiesbaden.

Krey, K.; Meier, B. (2004): Innovationsfähigkeit. In: Institut der deutschen Wirtschaft Köln (Hrsg.): Perspektive 2050: Ökonomik des demografischen Wandels. Köln: Deutscher Instituts Verlag GmbH, S.145-172.

Krmpotic-Nemanic, J. (1972): Über die Morphologie des inneren Gehörganges bei der Altersschwerhörigkeit. HNO, Berlin, 20, S.246-249.

Kröber-Riel, W., Weinberg, P. (2003): Konsumentenverhalten. 8. Auflage, Verlag Vahlen, München.

Kröner, B. (1976): Selektive Prozesse in der Reizwahrnehmung und psychophysiologischen Aktivierung. In: Zeitschrift für experimentelle und angewandte Psychologie, 23, 4, S. 623-665.

Kruse, A. (2001): Gesundheit im Alter. In: Bundesministerium für Gesundheit. Gesundheitsbericht für die Bundesrepublik Deutschland. Berlin, Robert Koch Institut.

Künemund, H. (2000): Gesundheit. In: Kohli, M., Künemund, H.: Die zweite Lebenshälfte. Gesellschaftliche Lage und Partizipation im Spiegel des Alters-Survey. Opladen, Leske & Budrich Verlag, S. 102-123.

Kullmann, H.-M., Seidel, E. (2000): Lernen und Gedächtnis im Erwachsenenalter. W. Bertelsmann Verlag GmbH & Co. KG, Bielefeld.

Lakatta, E.G. (1985): Heart and circulation. In: Hanbook of the Biology and Ageing, New York.

Landau, K. (2007): Leistungsbeurteilung. In: Lexikon der Arbeitsgestaltung, Gentner Verlag, Stuttgart.

Law, K.S., Wong, C.-S. & Mobley, W.H. (1998). Toward a taxonomy of multidimensional constructs. Academy of Management Journal, 23 (4), 741 – 755.

Lazarus, R.S. (1968): Emotions and adaptation. In: Arnold, W.J. (Ed.): Nebraska Symposium on motivation. University of Nebraska Press, Lincoln, S. 175-266.

Lazarus, R.S. (1984): On the primacy of cognition. American Psychologist, 39, 124-129.

Lazarus, R.S., Kanner, A.D. & Folkman, S. (1980): Emotions: A cognitive phenomenological analysis. In: Plutchik, R., Kellermann, H. (Hrsg.): Emotion. Theory, research and experience. Vol. 1 Theory of emotions. New York: Academic Press.

LeDoux, J.E. (1995): Emotion: Clues from the brain. Annual Review of Psychology, 46, S. 209-235.

Lehr, U. (1991): Psychologie des Alterns. UTB Heidelberg, Wiesbaden.

Lehr, U. (1997a): Subjektiver und objektiver Gesundheitszustand im Lichte von Längsschnittuntersuchungen. In: Lehr, U., Thomae, H. (Hrsg.): Formen seelischen Alterns: Ergebnisse der Bonner Gerontologischen Längsschnittstudie (BOLSA). Stuttgart: Enke, S. 153-159.

Lehr, U. (1997b): Gesundheit und Lebensqualität im Alter. Zeitschrift für Gerontopsychologie und –psychatrie, 4, S. 277-288.

Lehr, U. M.; Niederfranke, A. (1995): Führung von älteren Mitarbeitern. In: Kieser, A. (Hrsg.): Handwörterbuch der Führung. Schäffer-Poeschel, Stuttgart, S. 2-14.

Lehr, U. M., Wilbers, J. (1992): Arbeitnehmer, Ältere. In: Gaugler, E.; Weber, W. (Hrsg.): Enzyklopädie der Betriebswirtschaftslehre. Stuttgart: Schäffer-Poeschel, S. 203-212.

Lenz, W. (1987): Lehrbuch der Erwachsenenbildung. Kohlhammer, Stuttgart, Berlin, Köln, Mainz.

Leymann, H.(1993): Mobbing. Psychoterror am Arbeitsplatz und wie man sich dagegen wehren kann. Hamburg.

Lindemann, M. (2005): Beschäftigung neu denken. Die Zukunft meistern mit alternden Belegschaften. In: Loebe, H., Severing, E. (Hrsg.): Wettbewerbsfähig mit alternden Belegschaften. W. Bertelsmann Verlag, Bielefeld, Seite 13-17.

Locke, E. A. (1969): What is job satisfaction. Organizational Behavior and Human Performance, 4 (4), 309

Locke, E. A. (1976): The nature and causes of job satisfaction. In M. D. Dunnette (Hrsg.), Handbook of Industrial and Organizational Psychology (S. 1297 – 1349). New York: John Wiley.

Loden, M., Rosener, J.B. (1991): Workforce America!: managing employee diversity as a vital resource. Homewood, Illinois: Business One Irwin.

Maier, G.; Uepping, H. (2001): Die Renaissance der Erfahrung. In: Trojaner. Forum für Lernen: Alt und Jung in Unternehmen. 9. Jahrgang, 12/2001, Heft1, S.28-29.

Mandl, H., Prenzel, M. (1993): Lerntransfer aus einer konstruktivistischen Perspektive. In L. Montada, (Hrsg.). Bericht über den 38. Kongress der deutschen Gesellschaft für Psychologie, Bd. 2 (S.701-709). Göttingen: Hogrefe.

Mandler, G. (1984): Mind and body. Norton, New York.

Mangold, K. (1999): Globalisierung durch innovative Dienstleistung. In: Bullinger, H.-J. (Hrsg.): Dienstleistungen – Innovation für Wachstum und Beschäftigte. Wiesbaden: Gabler.

Markefka, M. (1990): Vorurteile – Minderheiten – Diskriminierung: Ein Beitrag zum Verständnis sozialer Gegensätze. Luchterhand, Neuwied.

Markowitsch, H.J. (1997): Gedächtnisstörungen. In H.J. Markowitsch (Hrsg.), Enzyklopädie der Psychologie, Themenbereich C, Serie I, Band 2: Klinische Neuropsychologie (S. 495-739). Göttingen: Hogrefe.

Markowitsch, H.J. (2002): Dem Gedächtnis auf der Spur: Vom Erinnern und Vergessen. Darmstadt: Primus.

Marstedt, G., Alberts, O., Koppelin, F. (2003): Alt werden im Betrieb?. Wirtschaftsverlag NW, S. 22–32.

Martin, H. (1999): Arbeitswissenschaftliche Aspekte. In: Jansen, B., Karl, F., Radebold, H. (Hrsg.): Soziale Gerontologie - Ein Handbuch für Lehre und Praxis. Beltz Verlag, Weinheim, S. 551-568.

Martin, W., Pangalos, J., Rauner, F. (2000): Die Entwicklung der Gewerblich-Technischen Wissenschaften im Spannungsverhältnis von Technozentrik und Arbeitsprozessorientierung. In: Pahl, J.-P., Rauner, F., Spöttl, G. (Hrsg.): Berufliches Arbeitsprozesswissen, Nomos, Baden-Baden, S. 13-30.

Maslow, A. H. (1954): Motivation and Personality. Oxford: Harper.

Maslow, A. H. (1955): Deficiency motivation and growth motivation. In: Jones, M. R. (Hrsg.): Nebraska Symposium on Motivation. University of Nebraska, Lincoln, S. 1-30.

Mathieu, J. E. (1991): A cross-level nonrecursive model of the antecedents of organizational commitment and satisfaction. Journal of Applied Psychology, 76 (5), S.607 – 618.

Mathieu, J. E. & Zajac, D. M. (1990): A review and meta-analysis of the antecedents, correlates, and consequences of organizational commitment. Psychological Bulletin, 108 (2), S.171 – 194.

Matzker, J. (1957): Beruht die Altersschwerhörigkeit auf peripheren oder zentralen Veränderungen? Arch. Ohr.-, Nas.- und Kehlk. Heilk., 171, S.371-373.

Mayer, H. (2000): Einführung in die Wahrnehmungs-, Lern- und Werbepsychologie. Oldenbourg Verlag, München, Wien.

Mayer, A.-K. (2002): Alt und Jung im Dialog. Programm PVU Psychologie Verlags Union, Weinheim, Basel, Berlin.

Mayo, E. (1945): The Social Problems of Industrial Civilization. Harvard University Press, Boston.

Mayring, P.(1997): Qualitative Analyse: Grundlagen und Techniken. Deutscher Studien Verlag, Weinheim.

McCall, M. W., Lombardo, M. M., Morrison, A. M. (1988): The lessons of experience. How successful executives develop on the job. Free Press, New York.

McClelland, D. C., Jemmott, J. B. (1980): Power motivation, stress, physical illness. Journal of Human Stress, 6, S. 6-15.

McClelland, D. C., Attkinson, J. W., Clark, R. A., Lowell, E. L. (1953): The achievement motive. Appleton-Century-Crofts, New York.

McGarty, C. (2004): Forming Stereotypes of Entitative Groups. In: Yzerbyt, V., Judd, Ch. M., Corneille, O. (Hrsg.): The psychology of group perception: perceived variability, entitativity and essentialism. Psychology Press, New York, S. 161-178.

McGregor, D. (1960): The human side of enterprise, New York.

Meffert, H., Hafner, K. (1988): Unternehmenskultur praxistauglich? In: Arbeitswirtschaft, Sondernummer, Oktober 1988, S. 22-35.

Menges, U. (2000): Der ältere Mitarbeiter als betriebliches Erfolgspotential. Wirtschaftsverlag Bachem, Köln.

Meißner-Pöthig, D. (1997): Referenzstudie zur Vitalitätsdiagnostik. In: Meißner-Pöthig, D., Michalak, U. (Hrsg) Vitalität und ärztliche Intervention: Vitalitätsdiagnostik: Grundlagen – Angebote – Konsequenzen. Stuttgart: Hippokrates Verlag, S. 73-113.

Meyer, W.-U. (1994): Das Konzept von der eigenen Begabung. Huber, Bern.

Meyer, W.-U., Schützwohl, A. & Reisenzein, R. (1993). Einführung in die Emotionspsychologie. Band 1. Bern: Huber.

Meyers, D. A., Goldberg, A. P., Bleecker, M. L. et al. (1991): Relationship of obesity and physical fitness to cardiopulmonary and metabolic function in healthy older men. J. of Gerontol, 46, 2, S.57-65.

Michel, D. (1983): Herz, Kreislauf, Gefäße und Gerinnung. In: Platt, D.: Handbuch der Gerontologie. Band 1, Fischer Verlag, Stuttgart, New York.

Michel, D. (1984): Zur Biorheuse des kardiovaskulären Systems und ihre therapeutischen Konsequenzen. Internist 25, S.478-484.

Miller, J., Schmatz, C., Schlultz, A. (1988): Lumbar disc degeneration: A review of age, sex and level correlations in 600 autopsy specimens. Spine, 13, S.173-178.

Milliken, F.J.; Martins, L.L. (1996): Searching for common threads: Understanding the multiple effects of diversity in organizational groups. In: Academy of Management Review, Vol. 21, Nr. 2, S. 402-433.

Milne, J., Lauder, I. (1974): Age effects in kyphosis and lordosis in adults. Annals of human Biology, 1, S.327-337.

Mingers, S. (2005): Wissen managen in Wirtschaftsunternehmen. In: A. Greulich (Hrsg.), Wissensmanagement im Gesundheitswesen (S. 173-196). Heidelberg: Economica.

Ministry of Education, Culture and Science (1998): Een levn lang leren ('life-long learning'). The National Action Programme of the Netherlands, Zoetermeer.

Mitteilungen aus der Arbeitsmarkt- und Berufsforschung. (2003), 36. Jg. Heft 2. Stuttgart, Berlin u.a.

Mobley, W. H., Griffeth, R. W., Hand, H. H. & Meglino, B. M. (1979): Review and conceptual analysis of the employee turnover process. Psychological Bulletin, 86 (3), 493 – 522.

Mobley, W. H. & Locke, E. A. (1970): The relationship of value importance to satisfaction. Organizational Behavior and Human Performance, 5 (5), 463 – 483.

Moldaschl, M. (1998): Internalisierung des Marktes: Neue Unternehmensstrategien und qualifizierte Angestellte. In: IfS, INIFES, ISF, SOFI (Hrsg.): Jahrbuch Sozialwissenschaftliche Technikberichterstattung 1997, Schwerpunkt: Moderne Dienstleistungswelten. sigma edition, Berlin, S 197-250.

Moldaschl, M. (2001): Herrschaft durch Autonomie – Dezentralisierung und widersprüchliche Arbeitsanforderungen. In: Lutz, B: (Hrsg.): Entwicklungsperspektiven von Arbeit. Akademie Verlag, Berlin, S. 132-164.

Moldaschl, M., Sauer, D. (2000): Internalisierung des Marktes – Zur neuen Dialektik von Kooperation und Herrschaft. In: Minssen, H. (Hrsg.): Begrenzte Entgrenzungen. Wandlungen von Organisation und Arbeit. edition sigma, Berlin, S. 205-225.

Montessori, M. (1989): Das kreative Kind. Herder, Freiburg, Basel, Wien.

Morick, H. (2002): Diffentielle Personalwirtschaft. Theoretisches Fundament und praktische Konsequenzen. Neubiberg: edition gfw.

Moritani, T., De Vries, A. (1980): Potential for gross muscle hypertrophy in older men. Gerontology, 35 (5), S.672-682.

Morschhäuser, M. (2005): Gesundheit im Erwerbsverlauf. In: Schott, T. (Hrsg.): Eingliedern statt ausmustern. Juventa Verlag, Weinheim, München, Seite 125-136.

Morschhäuser, M.; Ochs, P.; Huber, A. (2005): Erfolgreich mit älteren Arbeitnehmern. Strategien und Beispiele für die betriebliche Praxis. Gütersloh: Verlag Bertelsmann Stiftung.

Mückenberger, U. (1985): Die Krise des Normalarbeitsverhältnisses: Hat das Arbeitsrecht noch eine Zukunft? Zeitschrift für Sozialreform, 31, S. 415-434.

Müller, U., Heinzel-Gutenbrunner, M. (2001): Krankheiten und Beschwerden (subjektive Gesundheit) unter Bewertung der eigenen Gesundheit. Wiesbaden, Bundesinstitut für Bevölkerungsforschung.

Müller, W. R. (1995): Führungsforschung/ Führung in der Bundesrepublik Deutschland, in Österreich und in der Schweiz. In: Kieser, A. (Hrsg.): Handwörterbuch der Führung. Schäffer-Poeschel, Stuttgart, S. 573-586.

Mummendey, H. D. (1995): Psychologie der Selbstdarstellung. (2. Aufl.), Hogrefe, Göttingen.

Mussmann, C.; Kraft, U.; Thalmann, K.; Muheim, M. (1993): (Gesundheit 1993): Die Gesundheit gesunder Menschen. Eine qualitative Studie. Bericht Nr. 2 des Forschungsprojektes Salute, Institut für Arbeitspsychologie, ETH Zürich.

Nacelle, G. (1992): Zwischen Arbeit und Rente. Maro Verlag, Augsburg.

Nachreiner, F. (2001): Time on task effects on safety J. Human Ergol., 30, S. 97–102.

Naegele (2004): Verrentungspolitik und Herausforderungen des demographischen Wandels in der Arbeitswelt. Das Beispiel Deutschlands. In: Cranach, M.; Schneider, H. D.; Ulich, E.; Winkler, R. (Hrsg.): Älteren Menschen im Unternehmen. Chancen, Risiken, Modelle. Bern, Stuttgart, Wien, S. 189 –219.

Naegele, G., Frerichs, F. (2004): Arbeitnehmer, ältere. In: Gaugler, E., Oechsler, W., Weber, W. (Hrsg.): Handwörterbuch des Personalwesens. Schäffer-Poeschel Verlag, Stuttgart, S. 85-93.

Neckel, S. (2000): Blanker Neid, blinde Wut? Sozialstruktur und kollektive Gefühle. In: Neckel, S.: Die Macht der Unterscheidung. Essays zur Kultursoziologie der modernen Gesellschaft, Frankfurt, New York, S. 110-130.

Neuberger, O. (2002): Führen und führen lassen: Ansätze, Beispiele und Kritik der Führungsforschung. Lucius und Lucius, Stuttgart.

Neuberger, O. & Allerbeck, M. (1978): Messung und Analyse von Arbeitszufriedenheit. Erfahrungen mit dem „Arbeitsbeschreibungsbogen (ABB)". Huber, Bern.

Newton, T., Keenan, T. (1991). Further analyses of the dispositional argument in organizational behavior. Journal of Applied Psychology, 76 (6), S. 781 – 787.

Niederfranke, A. (1991): Älterwerden im Beruf: Berufs- und Lebensperspektiven älterer Arbeitnehmerinnen und Arbeitnehmer. In: Zeitschrift für Gerontologie, 24, H. 5, S. 251-255.

Nienhüser, W. (1995): Demographie und Führung. In: Kieser, A. (Hrsg.): Handwörterbuch der Führung. Schäffer-Poeschel, Stuttgart, S. 241-250.

Nitsche, I., Richter, P. (2003): Tätigkeiten außerhalb der Erwerbsarbeit. Evaluation des TAURIS – Projektes. Münster: LIT.

Nöcker, J., Hartleb, O. (1963): Die physiologische Leistungsfähigkeit des alternden Menschen. Zentralblatt für Arbeitswissenschaft und soziale Betriebspraxis: Arbeit und Leistung. Heft 12, S.177-192.

North, K. (1999): Wissensorientierte Unternehmensführung: Wertschöpfung durch Wissen (2. Auflage). Wiesbaden: Gabler.

O´Hara-Deveraux, M. & Johnson, R. (1996), zit. nach: Sepehri, P. (2002): Diversity und Managing Diversity in internationalen Organisationen. Wahrnehmung zum Verständnis und ökonomischer Relevanz. Rainer Hampp Verlag, München, Mering.

OECD (2003): OECD Employment Outlook, URL: http://www1.oecd.org/deutschland/datenfakten.htm.

Oechsler, W.A. (1997). Personal und Arbeit: Einführung in die Personalwirtschaft unter Einbeziehung des Arbeitsrechts. Oldenbourg, München [u.a.]: Oldenbourg.

Ohnishi, A., Yamamoto, T., Murai, Y. et al. (1992): Cutaneous thermalcooling and –warming detection thresholds in distal extremities of normal subjects. Sangyo-Ika-Daigaku-Zasshi., 14(3), S.235-40-

Oppolzer, A. (2000): Ausgewählte Bestimmungsfaktoren des Krankenstandes in der öffentlichen Verwaltung – zum Einfluss von Arbeitszufriendenheit und Arbeitsbedingungen auf krankheitsbedingte Fehlzeiten. In: B. Bandura, M. Litsch und C. Vetter (Hrsg.): Fehlzeiten-Report 1999. Berlin u.a.: Springer Verlag.

Osterhold, G. (2002): Veränderungsmanagement. Wege zum langfristigen Unternehmenserfolg. Betriebswirtschaftlicher Verlag Dr. Th. Gabler GmbH, Wiesbaden.

Ostermann, A., Nicklas, H. (1982): Vorurteile und Feindbilder. Urban und Schwarzenberg, München, Wien, Baltimore.

Ostroff, C. (1992). The relationship between satisfaction, attitudes, and performance: An organizational level analysis. Journal of Applied Psychology, 77 (6), S. 963–974.

Pahl, V. (2000). Zit. n. v. Rothkirch, Ch. (Hrsg.): Altern und Arbeit: Herausforderung für Wirtschaft und Gesellschaft. Rainer Bohn Verlag, Berlin.

Palmore, E. (1991): Ageism: Negative und Positive. Springer, New York.

Panse, W., Stegmann, W. (1998): Kostenfaktor Angst. Landsberg/Lech, 3.Auflage.

Papilloud, Ch. (2003): Bourdieu lesen. Einführung in eine Soziologie des Unterschieds. Mit einem Nachwort von Loic Wacquant. Transcript-Verlag, Bielefeld.

Park, B., Hastie, R. (1987): Perception of variability in category developement: Instance– versus abstraction– based stereotypes. Journal of Personality and Social Psychology 53, S. 621-635.

Pasero, U. (1994): Geschlechterforschung revisited: konstruktivistische und systemtheoretische Perspektiven. Westdeutscher Verlag, Opladen.

Paulhus, D. L. (1984): Two-component models of socially desirable responding. Journal of Personality and Social Psychology, 46 (3), S. 598–609.

Pekruhl, U. (2000): Macht Gruppenarbeit glücklich? Arbeitsstrukturen, Belastungssituation und Arbeitszufriedenheit von Beschäftigten. In: Nordhause-Jans, J., Prekuhl, U. (Hrsg.): Arbeiten in neuen Strukturen? Partizipation, Koordination, Autonomie und Gruppenarbeit in Deutschland. Hampp, München.

Peter, S., Strohm, O. (2000): Umsetzung und Erforschung beschäftigungswirksamer Arbeitszeitmodelle – Beispielhafte Erfahrungen aus dem Gesundheitsbereich. In: Knauth, P., Zülch, G. (Hrsg.): Innovatives Arbeitszeitmanagement. Shaker Verlag, Aachen, S. 69 – 99.

Peters, S. (2003): Gender Mainstreaming in Organisationen. In: Wächter, H., Vedder, G., Führing, M. (Hrsg.) (2003): Trierer Beiträge Band 1- Personelle Vielfalt in Organisationen. Rainer Hampp Verlag, München und Mering.

Pietrzyk, U. (2002): Brüche in der Berufsbiographie – Chancen und Risiken für die Entwicklung beruflicher Kompetenz. Hamburg: Dr. Kovac.

Pietschmann, B. P.; Niclas, F. (2003): Impulse für erfolgreiche Führung. In: Personal, 4, S. 16-22.

Plummer, D. L. (Hrsg.) (2003): Handbook of Diversity Management. Beyond Awareness to Competency Based Learning. University Press of America, Lanham, New York, Oxford.

Polanyi, M. (1985). Implizites Wissen. Frankfurt: Suhrkamp.

Probst, G., Raub, S. (2003): Vom Human Resource Management zum „Knowledge Resource Management"? Möglichkeiten und Grenzen des Personalmanagements bei der Gestaltung organisationalen Wissens. In: Arnold, R., Bloh, E. (Hrsg.): Personalentwicklung im lernenden Unternehmen. Schneider, Baltmannsweiler, S. 127-137.

Probst, G., Raub, S., Romhardt, K. (2003): Wissen managen Wie Unternehmen ihre wertvollste Ressource optimal nutzen. Betriebswirtschaftlicher Verlag Dr. Th. Gabler/ GWV Fachverlage GmbH, Wiesbaden.

Poljakov, A. A. (1991): Physical Working Capacity of the Elderly. In: Lang, E., Arnold, K.: Altern und Leistung, Enke, Stuttgart, S.100-193.

Porter, L. L. (1962). Job attitudes in management. Journal of Applied Psychology, 46 (6), 375 – 384.

Poulin, M. J., Paterson, D. H., Govindasamy, D. et al. (1992): Endurance training of older men: responses to submaximal exercise. J. Appl. Physiol., 73(2), S.452-7.

Priemuth, K. (2003): Fehlzeiten effektiv reduzieren. In: Personalmanager, 5.

Pulakos, E. D. & Schmitt, N. (1983). A longitudinal study of a valence model approach for the prediction of job satisfaction of new employees. Journal of Applied Psychology, 68 (2), 307 – 312.

Racky, S., Jöns, I. (2005): Identifikation der Lebensphasen von Mitarbeitern über die gesamte Erwerbsspanne. In: Gesellschaft für Arbeitswissenschaft e. V. (Hrsg.): Personalmanagement und Arbeitsgestaltung. GfA-Press. Dortmund, S. 287 – 290).

Radebold, H. (1998): Psychotherapeutische Behandlungsmöglichkeiten bei über 60-jährigen Menschen. In: Kruse, A. (Hrsg.): Psychosoziale Gerontologie, Band 2: Intervention, Göttingen, Hogrefe, S. 155-167.

Rantanen, J. (2000): Key-note Adress 1. 26th International Congress on Occupational Health, Singapore.

Rattner, J. (1971): Psychologie des Vorurteils. Classen, Zürich.

Recklies (2001): Homepage von themanagement.de.
URL: http://www.themanagement.de/Human/Resources/Motivationstheorien.htm.

Regnet, E. (2004): Karriereentwicklung 40+. Weitere Perspektiven oder Endstation? Beltz Verlag, Weinheim, Basel.

Regnet, E. (2005): Karriere 40+. In: Personal, Heft 04/2005, S. 42-45.

Reindl, J. (2000): Betriebliche Innovationsmillieus und das Alter(n) der technischen Intelligenz. In: Köchling, A., Astor, M., Fröhner, K.-D. et al.(Hrsg.): Innovation und Leistung mit älterwerdenden Belegschaften. Hampp, München, Mering.

Reinhardt, R. (2002): Wissen als Ressource. Frankfurt am Main: Peter Lang GmbH.

Reips, U.-D., Franek, L. (2004): Mitarbeiterbefragungen per Internet oder Papier? Der Einfluss von Anonymität, Freiwilligkeit und Alter auf das Antwortverhalten. Wirtschaftspsychologie (1), S. 67–83.

Rentsch, H.P., Bucher, P.O. (2005): IFC in der Rehabilitation. Idstein.

Rheinberg, F. (2004): Motivation (5. Aufl.). Kohlhammer, Stuttgart.

Richter, F. (2003): Aufgabeninventare als Methode der bereichsspezifischen Beschreibung beruflicher Handlungskompetenz am Beispiel Dienstleistungen. In: Forschungsberichte des Instituts für Allgemeine Psychologie, Biopsychologie und Methoden der Psychologie der TU Dresden, Band 89.

Richter, P: (2003): Arbeitsgestaltung jenseits der Erwerbsarbeit für ältere Arbeitnehmer – Zukunftsaufgabe oder Utopie? In: Bergmann, B., Pietrzyk, U. (Hrsg.): Kompetenzentwicklung und Flexibilität in der Arbeitswelt. Technische Universität Dresden.

Rimann, M., Udris, I. (1998): „Kohärenzerleben" (Sense of Coherence): Zentraler Bestandteil von Gesundheit oder Gesundheitsressource. In: Schüffel, W., Brucks, K., Johnen, R., Köllner, V., Lamprecht, F., Schnyder, U. (Hrsg.): Handbuch der Salutogenese. Konzept und Praxis. Wiesbaden, Ullstein Medical, S. 351-364.

Ringe, J. D., Steinhagen-Thiessen, E. (1984): Die therapiebedürftige Altersosteoporose. In: Schütz, R. M. (Hrsg.): Prakt. Geriatrie, 4, Lübeck, S.101-114.

Röben, P. (2001): Arbeitsprozesswissen und Expertise.
URL: http://www.itb.uni-bremen.de/old/publikationen/pdfs/roeben/expertiseapwneu.pdf (10.05.2003).

Robinson, G.; Dechant, K. (1997): Building a business case for diversity. Academy of Mangement Executive, Vol. 11, Nr. 3.

Rogers, E.M. (2001): Theory of Innovation. In: N.J. Smelser & P.B. Baltes (eds.-in-chief). International encyclopedia of the social & behavioural sciences (pp. 7540-7543). Amsterdam, Paris, New York: Elsevier.

Rosenmayr, L., Kolland, F. (Hrsg.). (1998): Arbeit - Freizeit - Lebenszeit: Grundlagenforschungen zu Übergängen im Lebenszyklus. Westdeutscher Verlag, Opladen.

Rosenstiel, L. v.; Comelli, G. (2003): Führung zwischen Stabilität und Wandel. Vahlen Verlag, München.

Roßnagel, C., Hertel, G. (2006): Altersbedingte Unterschiede in Inhalten und im Zustandekommen von Arbeitsmotivation und Arbeitszufriedenheit. In: Zeitschrift für Arbeitswissenschaft, Heft 03/2006, Ergonomia Verlag, Stuttgart, S. 181-186.

Roth, E. (1967): Einstellungen als Determination individuellen Verhaltens. Hogrefe, Göttingen.

Rothbart, M., Park, B. (2004): The Mental Representation of Social Categories. Category Boundaries, Entitativity and Stereotype Change. In: Yzerbyt, V., Judd, Ch. M., Corneille, O. (Hrsg.): The psychology of group perception: perceived variability, entitativity and essentialism. Psychology Press, New York, S. 79-100.

Rothländer, K, Richter, P. (2003): Folgeprojekt zur wissenschaftlichen Evaluation von TAURIS – Abschlussbericht. Sächsisches Ministerium für Wirtschaft und Arbeit (Manuskriptdruck).

Rugulies, R. (2001): Risikofaktoren, Chlamydien und sozialpsychologische Zusammenhänge. In: T. Gerlinger, H. Heiskel, M. Herrmann et al.: Krankheitsursachen im Deutungswandel. Hamburg: Argument Verlag.

Rump, J. (2003): Wandel in der Arbeitswelt: Herausforderung für Mensch und Organisation, in: Human Ressource Management, 47, H. 10.

Rump, J. (2004): Der Demografische Wandel: Konsequenzen und Herausforderung für die Arbeitswelt, in: Angewandte Arbeitswissenschaft, 9, H. 181, S. 49-65.

Rump, J. (2007): Wandel in der Arbeitswelt. Symposium Publishing.

Ruoppila, I., Suutama, T. (1994): Psychological changes and ageing. In: Kuusinen, J., Heikkinen, E., Huuhtanen, P., Ilmarinen, J., Kirjonen, J., Ruoppila, I., Vaherva,T., Mustapää, O., Rautoja, S.(Hrsg.): Ageing and Work.

Ryan, A. M., Schmit, M. J. & Johnson, R. (1996). Attitudes and effectiveness: Examining relations at an organizational level. Personnel Psychology, 49, 853 – 882.

Sack, M., Künsebeck, H. W., Lamprecht, F. (1997): Kohärenzgefühl und psychosomatischer Behandlungserfolg. Eine empirische Untersuchung zur Salutogenese. Psychotherapie, Psychosomatik, Medizinische Psychologie, 47, S. 149-155.

Sack, M., Lamprecht, F. (1998): Forschungsaspekte zum „Sense of Coherence". In: Schüffel, W., Brucks, K., Johnen, R., Köllner, V., Lamprecht, F., Schnyder, U. (Hrsg.): Handbuch der Salutogenese. Konzept und Praxis. Wiesbaden, Ullstein Medical.

Sackmann, S. A. (1989): Kulturmanagement: Läßt sich Unternehmenskultur >machen<? In: Sandner, K. (Hrsg.), S. 157-184.

Sackmann, S. A. (1990a): Managing Organizational Cultures: Dreams and Possibilities. In: Communication Yearbook 13, S. 113-148.

Sackmann, S. A. (1990b): Möglichkeiten der Gestaltung von Unternehmenskultur. In: Lattmann, Ch. (Hrsg.), S. 153-188.

Sackmann, S. A. (1991): Uncovering Culture in Organizations. Journal of Applied Behavioral Science, Vol. 27, S. 295-317.

Sackmann, S. A. (2000): Unternehmenskultur – Konstruktivistische Betrachtunge und deren Implikation für die Unternehmenspraxis. In: Hejl, P. M., Stahl, H. K. (Hrsg.), S. 141-158.

Sagirli, A., Kausch, B. (2007): Leistungsfähigkeit. In: Lexikon der Arbeitsgestaltung, Gentner Verlag, Stuttgart.

Salancik, G. R. & Pfeffer, J. (1978): A social information processing approach to job attitudes and task design. Administrative Science Quarterly, 23 (2), S.224 – 253.

Sallinen, M., Härmä, M. (2000): The prevalence of sleep debt and ist association with fatigue, performance and accidents in the modern society. In: J. Rantanen, S. Lethinen and K.L. Saarela (Ed.): Safety in the Modern Society – Work, Home, Leisure. Helsinki, Finnish Institute of Occupational Health. 33: 140-143.

Salovey, P., Mayer, J. D. (1990): Emotional Intelligence. In: Imagination, Cognition and Personality, Vol. 9, 185-211

Sanden, H. (2001). Entwicklung eines Modells zur Implementierung von Wissensmanagement in Organisationen. Dissertation an der Gesamthochschule Paderborn, Fachbereich Wirtschaftswissenschaften.

Sanders, J., de Grip, A. (2003): Training, Task Flexibility and Low-Skilled Workers' Employability. Research Centre for Education and the Labour Market. Faculty of Economics and Business Administration, Maastricht University.

Sapolsky, R.M. (1996): Warum Zebras keine Migräne kriegen. München u.a.: Piper.

Scarpello, V., Vandenberg, R. J. (1991). Some issues to consider when surveying employee opinions. In: Jones, J. W., Steffy , B. D., Bray, D. W. (Hrsg.): Applying Psychology in Business, The Handbook for Managers and Human Resource Professionals, Lexington Books Heath, Lexington, MA, S. 611–622.

Schachter, S. und Singer, J.E. (1962): Cognitive, Social and Physiological Determinants of Emotional State. In: Psychological Review, 69, S.379-399.

Schäfer, H., Seyda, S. (2005): Arbeitsmärkte. In: Institut der deutschen Wirtschaft Köln (Hrsg.): Perspektive 2050. (S. 97-120). Deutscher Instituts-Verlag GmbH, Köln.

Schäfer, B, Six, B. (1978): Sozialpsychologie des Vorurteils. Kohlhammer, Stuttgart, Berlin.

Schanz, G., Gretz, C., Hanisch, D., Justus, A. (1995): Alkohol in der Arbeitswelt: Fakten – Hintergründe – Maßnahmen. München.

Schaufeli, W. B., VanYperen, N. W. (1993): Success and failure in the labour market. Journal of Organizational Behavior, 14, S. 559-572.

Schein, E. H., (1997): Organizational culture and leadership. Jossey-Bass, San Francisco.

Scherer, K.R. (1990). Theorien und aktuelle Probleme der Emotionspsychologie. In Scherer, K.R. (Hrsg.): Psychologie der Emotion. Göttingen: Hogrefe.

Scherer, K.R. (1997). Emotion. In W. Stroebe, M. Hewstone & G.M. Stephenson (Hrsg.), Sozialpsychologie. Eine Einführung. Berlin: Springer.

Schirrmacher, F. (2004): Das Methusalem-Komplott. München: Karl Blessing Verlag GmbH.

Schleicher, D.J., Watt, J.D., Greguras, G.J. (2004): Reexamining the Job Satisfaction-Performance Relationship: The Complexity of Attitudes. In: Journal of Applied Psychology (89) 1, S. 165-177.

Schmidt, P. M. (1967): Presbycusis. Audiology, Suppl. 1.

Schmidt, S. J. (2004): Unternehmenskultur. Die Grundlage für den wirtschaftlichen Erfolg von Unternehmen. Velbrück Wissenschaft, Weilerwist.

Schmidt-Rudloff, R. (2005): Heute schon an morgen denken! Wie Unternehmen mit älteren Belegschaften wettbewerbsfähig bleiben. In: Loebe, H., Severing, E. (Hrsg.): Wettbewerbsfähig mit alternden Belegschaften. W. Bertelsmann Verlag, Bielefeld, Seite 19-23.

Schmiel, M., Sommer, K.H. (1991): Lernförderung Erwachsener. Heidelberg: Sauer, Schriftreihe moderne Berufsbildung Nr. 13.

Schmitt, N. & Pulakos, E. D. (1985): Predicting job satisfaction from life satisfaction: Is there a general satisfaction factor? International Journal of Psychology, 20 (2), 155 – 167.

Schnatmeyer, D. (2003): Frauen und Führung. Berufliche Segregation und neue Konzepte zur Chancengleichheit. Deutsches Institut für Erwachsenenbildung. URL: http://www.die-bonn.de/esprid/dokumente/doc-2003/schnatmeyer03_01.pdf [Stand 27.01.2004].

Schneck, O. (2000): Lexikon der Betriebswirtschaftslehre. Deutscher Taschenbuchverlag, München.

Schneider, K. (1992): Emotionen. In: Hans Spada (Hrsg.): Lehrbuch allgemeine Psychologie, 2. Auflage. Bern u.a., S.403-449.

Schneider, B., Ashworth, S. D., Higgs, A. C., Carr, L. (1996): Design, validity, and use of strategically focused employee attitude surveys. Personnel Psychology, 49 (3), S. 695–705.

Schneider, B., Hanges, P. J., Smith, D. B. & Salvaggio, A. N. (2003): Which comes first: Employee attitudes or organizational financial and market performance? Journal of Applied Psychology, 88 (5), 836 – 851.

Schnell-Inderst, P., Janssen, C., Weitkunat, R., Crispin, A., Abel, T. (2000): „Sense of Coherence": Eine explorative Analyse zu seinen soziodemographischen, sozioökonomischen und gesundheitlichen Korrelaten. Manuskript.

Scholz, H. (1964): Wechselbeziehungen zwischen Alter und Leistung. In: Arbeits- und berufskundliche Reihe, 1, Bund Verlag Köln, S.9-34.

Scholz, Ch. (1987): Strategisches Management. Ein integrativer Ansatz. de Gruyter, Berlin, New York.

Scholz, Ch. (2000): Personalmanagement : informationsorientierte und verhaltenstheoretische Grundlagen. Vahlen, München.

Schönberger, K., Springer, S. (Hrsg.) (2003): Subjektivierte Arbeit. Mensch, Organisation und Technik in einer entgrenzten Arbeitswelt. Campus, Frankfurt, New York.

Schott, T. (Hrsg.) (2005): Eingliedern statt ausmustern. Juventa Verlag, Weinheim, München.

Schräder-Naef, R. (1991): Lerntraining für Erwachsene. Beltz Verlag, Weinheim und Basel.

Schreyögg, G. (1989): Zu den problematischen Konsequenzen starker Unternehmenskulturen. Zeitschrift für betriebswirtschaftliche Forschung, Heft 41/1989.

Schuh, S. (1989): Organisationskultur. Integration eines Konzeptes in die empirische Forschung. Deutscher Universitätsverlag, Wiesbaden.

Schulz-Hardt, S., Rott, A., Meineken, I., Frey, D. (2001): Ein weiterentwickeltes Modell psychischer Sättigung. Psychologische Rundschau, 52, S. 141-158.

Schulze, G. (2000): Die Erlebnisgesellschaft, 8. Auflage, Frankfurt/Main.

Schulze, H., Witt, H. (1997): Erfahrungsgeleitete Arbeit und berufliche Bildung. In: Fischer, M (Hrsg.): Rechnergestützte Facharbeit und berufliche Bildung. ITB-Arbeitspapier Nr. 18, (Ergebnisse der gleichnamigen Fachtagung vom 20. und 21. Februar 1997 in Bremen), Bremen: Institut Technik und Bildung.

Schumacher, J., Wilz, G., Gunzelmann, T., Brähler, E. (2000): Die Sense of Coherence Scale von Antonovsky – Teststatistische Überprüfung in einer repräsentativen Bevölkerungsstichprobe und Konstruktion einer Kurzskala. Psychotherapie, Psychosomatik, Medizinische Psychologie.

Schüffel, W. u.a. (1998): Handbuch der Salutogenese: Konzept und Praxis. Wiesbaden.

Schuppisser, R. (2004): Die Menschen werden in Zukunft länger arbeiten. In: Cranach, M., Schneider, H.-D., Ulich, E., Winkler, R. (Hrsg.): Ältere Menschen im Unternehmen. Haupt Verlag, Bern, Stuttgart, Wien, S. 51-67.

Schütz, R. M. (1987): Physiologische Alternsänderungen der Organsysteme. In: Schütz, R. M. (Hrsg.): Alter und Krankheit. Urban & Schwarzenberg, München, Wien, Baltimore, S.9-22.

Schützwohl, A. (1991): Determinanten von Stolz und Scham. Handlungsergebnis, Erfolgserwartung und Attribution. In: Zeitschrift für experimentelle und angewandte Psychologie, Heft 1, Band 38, S.76-93.

Schwarzer, R. (1987): Stress, Angst und Hilflosigkeit. Die Bedeutung von Kognitionen und Emotionen bei der Regulation von Belastungssituationen. Stuttgart u.a., 2. Auflage.

Schwarzer, R., Knoll, N. (2001): Personale Ressourcen im Alter. In: Deutsches Zentrum für Altersfragen (Hrsg.): Personale, gesundheitliche und Umweltressourcen im Alter. Expertisen zum Dritten Altersbericht der Bundesregierung – Band 1. Opladen, Leske & Budrich, S. 11-93.

Seitz, C. (2001): Ein blinder Fleck wirft Schatten. In: Trojaner. Forum für Lernen: Alt und Jung in Unternehmen. 9. Jahrgang, 12/2001, Heft1: , S.4-9.

Selye, H. (1988): Stress: Bewältigung und Lebensgewinn. 2. Auflage, München, Zürich.

Semmer, N., Richter, P. (2003): Leistungsfähigkeit, Leistungsbereitschaft und Belastbarkeit älterer Mitarbeiterinnen- und Mitarbeiter-Befunde und Konsequenzen. In: M.v. Cranach & E. Ulich (Hrsg.). Arbeit für ältere Beschäftigte. Zürich: vdf.

Semmer, N., Richter, P. (2004): Leistungsfähigkeit, Leistungsbereitschaft und Belastbarkeit älterer Menschen. In: von Cranach, M., Schneider, H.-D., Ulrich, E., Winkler, R. (Hrsg.): Ältere Menschen im Unternehmen. Haupt Verlag, Bern, S. 95-116.

Senge, P. M. (1990): The fifth disciplin: The art and practice of the learning organization. Doubleday/Currency, New York.

Sennet, R., Cobb, J. (1993): The Hidden Injuries Of Class. New York – London: Norton Paperback.

Sepehri, P. (2002): Diversity und Managing Diversity in internationalen Organisationen. Wahrnehmung zum Verständnis und ökonomischer Relevanz. München, Mering: Rainer Hampp Verlag.

Shaw, J. D., Duffy, M. K., Mitra, A., Lockhart, D. E., Bowler, M. (2003): Reactions to merit pay increases: A longitudinal test of a signal sensitivity perspective. Journal of Applied Psychology, 88 (3), 538 – 544.

Siegrist, J. (1991): Soziale Krisen und Gesundheit. Veranstaltung zum Weltgesundheitstag 1991, Bonn.

Snyder, C.R. (Ed.) (2000): Handbook of hope. Academic Press, San Diego.

Soeffner, H.-G. (1988): Kulturmythos und kulturelle Realität(en). In: Soeffner, V. H. (Hrsg.): Kultur und Alltag. Soziale Welt, Schwartz, Göttingen, S. 3-20.

Spector, P. E. (1997). Job Satisfaction. Application, Assessment, Causes, and Consequences. Thousand Oaks, CA: SAGE Publications.

Spencer, M. B., Rogers, A. S., Birch, C.L. and Belyavin, A. J. (2000):A diary study of fatigue in air traffic controllers during a perid of high workload. In: Hornberger, S., Knauth, P., Costa, G., Folkard, S. (eds.): Shiftwork in the 21st century. Peter Lang, Frankfurt am Main, Berlin, Bern, Bruxelles, New-York, Oxford, Wien, S. 251 – 256.

Sprenger, R. K. (2001): Leadership Excellence -Führung muss neugedacht werden. In: Personalführung, 34, H. 6, S. 82-83.

Statistisches Bundesamt (Hrsg.) (1991): Im Blickpunkt: Ältere Menschen. Metzler-Poeschel, Stuttgart.

Statistisches Bundesamt (2003): Bildung und berufliche Weiterbildung. Seite 483-493, URL: http://www.destatis.de/download/veroe/2_07.pdf

Staudinger, U. M. (2003): Entwicklung und Bildung ein Leben lang gestalten. Vortragsskript zur Eröffnung des Jacobs Center for Lifelong Learning and Institutional Development. Bremen, International University Bremen.

Staudinger, U. M., Greve, W. (2001): Resilienz im Alter. In: Deutsches Zentrum für Altersfragen (Hrsg.). Personale, gesundheitliche und Umweltressourcen im Alter. Expertisen zum Dritten Altenbericht der Bundesregierung – Band 1. Opladen, Leske & Budrich, S. 95-144.

Staudt, E., Kottmann, M. (2001): Deutschland gehen die Innovatoren aus. Zukunftsbranchen ohne Zukunft? Frankfurt a.m.: Frankfurter Allgemeine Buch.

Staudt, E. (2002): Kompetenzentwicklung und Innovation. Vorwort. In: E. Staudt, N. Kailer, M. Kottmann, B. Kriegesmann, A.J. Meier, C. Muschik, H. Stephan, A. Ziegler (Hrsg.), Kompetenzentwicklung und Innovation (S. 5-7). Münster: Waxmann.

Stegmann, W. (1999): Die Macht der Angst. Fehlzeiten Report – Psychische Belastungen am Arbeitsplatz. In: Badura, B., Litsch, M., Vetter, C., Springer, Berlin, S. 130-141.

Steinhagen-Thiessen, E., Gerok, W., Borchelt, M. (1994): Innere Medizin und Geriatrie. In: Baltes, P., Mittelstrass, J., Staudinger, U. (Hrsg.): Alter und Altern. Ein interdisziplinärer Studientext zur Gerontologie, de Gruyter, Berlin, S. 125-150.

Steinle, C. (1995): Führungsdefinitionen. In: Kieser, A. (Hrsg.): Handwörterbuch der Führung. Schäffer-Poeschel, Stuttgart, S. 523-533.

Stephan, H. (2002): Entwicklung der individuellen Handlungsfähigkeit. In: E. Staudt, N. Kailer, M. Kottmann, B. Kriegesmann, A.J. Meier, C. Muschik, H. Stephan, A. Ziegler (Hrsg.). Kompetenzentwicklung und Innovation (S. 375-436). Münster: Waxmann.

Stevens, J. C. (1992): Ageing and Spatial Acuity of Touch. J. of Gerontol., 47, 1, S.35-40.

Stranzl, G., Egger, J. W. (1997): Krankheitsverarbeitung und Wohlbefinden bei Nierentransplantierten und Dialysepatienten. Der Einfluss von dispositionellem und situationsspezifischem Coping auf das Wohlbefinden von Nierenkranken unter salutogenetischer Betrachtungsweise. Psychologie in der Medizin, 8, S. 17-24.

Stroebe, W., Insko, C. A. (1989): Stereotype, prejudice and discrimination: Changing conceptions in theory and research. In: Bar-Tal, D., Graumann, C. F., Kruglanski, A. W., Stroebe, W. (Hrsg.): Stereotyping and prejudice. Changing conceptions. Springer, New York, S. 3-34.

Struck, O. (1998): Individuenzentrierte Personalentwicklung: Konzepte und empirische Befunde. Campus Verlag, Frankfurt/Main, New York.

Stumpf, S., Thomas, A. (1999): Management von Heterogenität und Homogenität in Gruppen. Personalführung, Heft 32/1999.

Svanborg, A. (1988): The Health of the elderly population: results from longitudinal studies with age-cohort comparisons. In: Evered, D. Wehlan, J. (eds.): Research and the ageing population, 3-16.

Svanborg, A. et al. (1982): Basic issues in Health care. In: Thomae, H., Maddox, G. (eds.): New perspectives on old age. Springer, New York.

Svanborg, A., Sixt, E., Sundh, V. et al. (1988): Subjective Health in relation to aging and disease in a representative sample at ages 70, 75 and 79. Compr. Gerontol. A., 2, S. 107-113.

Taifel, H., Flament, C., Billig, M. G., Bundy, R. P. (1971): Social categorization and intergroup behavior. European Journal of Social Psychology 1.

Temme, G., Tränkle, U. (1996): Arbeitsemotionen. Ein vernachlässigter Aspekt in der Arbeitszufriedenheitsforschung. In: ARBEIT, Heft 3, 5. Jg., S.275-297.

Teubner, U. (2001): Soziale Ungleichheit zwischen den Geschlechtern – kein Thema innerhalb der Systemtheorie? In: Knapp. G.-A., Wetterer, A. (Hrsg.): Soziale Verortung der Geschlechter. Gesellschaftstheorie und feministische Kritik. Westfälisches Dampfboot, Münster, S. 288–316.

Tews, H. P. (1993): Bildung im Strukturwandel des Alters. In: Naegele, G., Tews, H. P. (Hrsg.): Lebenslagen im Strukturwandel des Alters. Westdeutscher Verlag, Opladen.

Thiehoff, R. (2004): Wirtschaftlichkeit des betrieblichen Gesundheitsmanagement – Zum Return on Investment der Balance zwischen Lebens- und Arbeitswelt. In: Meifert, M.T., Kesting, M. (Hrsg.): Gesundheitsmanagement im Unternehmen. Konzepte Praxis Perspektiven. Springer Verlag, Berlin, Heidelberg, New York, S.57-77.

Thomae, H., Lehr, U. (1973): Berufliche Leistungsfähigkeit im mittleren und höheren Erwachsenenalter. Schwartz, Göttingen.

Thomas, D. A., Ely, R. J. (1996): Making differences matter: a new paradigm for managing diversity. Harvard Business Review, Sep-Okt., S. 79-89.

Thomas, R. R. (1991): Beyond Race and Gender. Unleashing the Power of Your Total Work Force by Managing Diversity. Amacom, New York.

Thomas, R. R. (2001): Diversity Management – Neue Personalstrategien für Unternehmen. Gabler, Wiesbaden.

Thorn (2002): Homepage der Universität Bern. URL: http://www.iop.unibe.ch/lehre/Personal%202%20WS%2002-03/Skript%2002-03/motivat.ppt.

Thorne D.R., Johnson, D.E., Redmond, D.P., Sing, H.C., Belenky, G., Shapiro, J.M. (2005): The Walter Reed palm-held psychomotor vigilance test. In: Behavior Research Methods, 2005, 37(1), S. 111-118.

Timpe, K. P. (2003): Kompetenzförderung durch Unterstützungssysteme. Wirtschaftspsychologie, 5, 1, 12-13.

Tisdale, T. (1993): Selbstreflexion und seine Bedeutung für die Handlungsregulation. In: Strohschneider, S., Weth, R. v. d. (Eds.): Ja, mach nur einen Plan. Planen und Fehlschläge - Ursachen, Beispiele und Lösungen. Bern: Huber.

Trautwein-Kalms, G. (1995): Ein Kollektiv von Individualisten? Interessenvertretung neuer Beschäftigungsgruppen, edition sigma, Berlin.

Twomey, L., Taylor, J. (1988): Age changes in lumbar vertebrae and intervertebal discs. Clinical Orthopaedics and Related Research, 224, S.97-104.

Udris, I., Kraft, U., Mussmann, C. (1991): Warum sind „gesunde" Personen „gesund"? Untersuchungen zu Ressourcen von Gesundheit. Bericht Nr. 1 des Forschungsprojektes SALUTE. Institut für Arbeitspsychologie, ETH Zürich.

Ulich, D., Mayring, P. (1992): Psychologie der Emotionen. In: Herbert Selg, Dieter Ulich (Hrsg.): Grundriß der Psychologie, Band 5. Stuttgart/Berlin/Köln.

Utah State Office of Education (1996): Life Skills. URL: http://www.usoe.k12.ut.us/curr/lifeskills/default.htm

Vaux, A. (1988): Social support. Praeger, New York.

Vedder, G. (2004): Diversity Management und Interkulturalität. Mering, Mering.

Vedder, G. (2005): Diversity Management – Quo vadis?. Personal, Heft 5, S. 20-22.

Vesalainen, J., Vuori, J. (1999): Job-seeking, Adaption and Re-employment Experiences of the Unemployed: A 3-year Follow-up. Journal of Community & Applied Social Psychology, 9, S. 383-394.

Vester, F. (1984): Biologisch sinnvolle Didaktik. In: WPB, 1984, Heft 6, S.302-304.

Vetter, C., Redmann, A. (2005): Arbeit und Gesundheit – Ergebnisse aus Mitarbeiterbefragungen in mehr als 150 Betrieben. WIdO-Materialie, Band 52, Bonn.

Vinokur, A. D., Schul, Y., Vuori, J., Price, R. H. (2000): Two years after a job loss: longterm impact of the JOBS program on reemployment and mental health. Journal of Occupational Health Psychology, 5, 1, S. 32-47.

Voelpel, S., Streb, C. (2006): Wettbewerbsfähig im demografischen Wandel. In: Personalwirtschaft, 08/2006, S. 24-27.

Von Rosenstiel, L. (2001): Führung. In: Schuler, H. (Hrsg.): Lehrbuch der Personalpsychologie. Hogrefe,Göttingen, S. 317-348.

Von Rosenstiel, L. (2003): Grundlagen der Organisationspsychologie. Schäffer-Poeschel Verlag, Stuttgart.

Von Rosenstiel, L., Djarrahzadeh, M. & Einsiedler, H. E. (Hrsg.). (2002): Wertewandel (3. Aufl.). Stuttgart, Schäffer-Poeschel.

Von Rosenstiel, L., Regnet, E., Domsch, M. (2003): Führung von Mitarbeitern. Schäffer-Poeschel Verlag, Stuttgart.

Von Rothkirch, Ch. (2000): Altern und Arbeit: Herausforderung für Wirtschaft und Gesellschaft. Rainer Bohn Verlag, Berlin.

Voß, G. G., Pongratz, H. J. (Hrsg.) (1997): Subjektorientierte Soziologie. Karl Martin Bolte zum 70. Geburtstag. Opladen.

Voß, G. G., Pongratz, H. J.. (1998): Der Arbeitskraftunternehmer. Eine neue Grundform der Ware Arbeitskraft? In: Kölner Zeitschrift für Soziologie und Sozialpsychologie 50, 1, S. 131–158.

Voswinkel, S. (2000): Transformation des Marktes in marktorientierten Organisationen. Erfolgsorientiertes Entgelt in Wirschaftsorganisationen. In: Brose, H.-G., (Hrsg.): Die Reorganisation der Arbeitsgesellschaft. Frankfurt, New York, S. 239-274.

Voswinkel, S. (2002): Bewunderung ohne Würdigung? Paradoxien der Anerkennung subjektivierte Arbeit. In: Honneth, A. (Hrsg.): Befreiung aus der Mündigkeit. Paradoxien des gegenwärtigen Kapitalismus. Frankfurt, New York, S. 65-92.

Vroom, V. H. (1964): Work and motivation. Wiley, New York.

Vroom, V. H., Yetton, P. W. (1973): Leadership and decision making. University of Pittsburgh Press, Pittsburgh.

Wagner–Link, A. (2001): 50plus – Ballast oder Leistungspotential – Die Kompetenzen älterer Arbeitnehmer. In: Politische Studien, Sonderheft 1/2001, Atwerb-Verlag KG.

Wagner, D., Sepheri, P. (1999): Managing Diversity – alter Wein in neuen Schläuchen? In: Personalführung, Band 32, Heft 5, S.18-21.

Waibel, M., Wehner, T. (1997): Erfahrungsbegebenheiten und Wissensaustausch als Innovationspotentiale des Handelns. Die Analyse betrieblicher Verbesserungsvorschläge. In: Udris, I. (Ed.): Arbeitspsychologie für morgen. Herausforderungen und Perspektiven. Springer, Heidelberg.

Walter, U., Münch, E., Badura, B. (2004): Betriebliches Gesundheitsmanagement – eine Investition in das Sozial- und Humankapital. In: Seyd, W., Thrun, M., Wicher, K. (Hrsg.): Die Berufsförderungswerke – Netzwerk der Zukunft. Hamburg, S. 93ff.

Warr, P. (2001): Age and work behavior: Physical attributs, cognitive abilities, knowledge, personality traits and motives. In: C.L. Cooper & I.T. Robertson (Eds), International Review of Industrial and Organizational Psychology 2001, Vol. 16. Chichester:Wiley.

Watrinet: Indikatoren einer diversity - gerechten Unternehmenskultur (in Vorbereitung)

Sokolowski, K. (2002): Emotionen. In J. Müsseler / W. Prinz (Eds.), Allgemeine Psychologie (pp. 337 – 384). Heidelberg: Spektrum Akademischer Verlag.

Weibler, J. (2001): Personalführung. Vahlen, München.

Weiner, B. (1982). The emotional consequences of causal attributions. In Clark, M.S., Fisher, S.T. (Eds.): Affect and cognition. Hillsdale, NJ: Erlbaum.

Weiner, B. (1986). An attributional theory of motivation and emotion. Springer-Verlag, New York.

Weiner, B. (1994). Sünde versus Krankheit: Die Entstehung einer Theorie wahrgenommener Verantwortlichkeit. In: Försterling, F. & Stiensmeier-Pelster, J. (Hrsg.). Attributionstheorie. Grundlagen und Anwendungen, S.1-25. Hogrefe, Göttingen.

Weiss, H. M. & Cropanzano, R. (1996). Affective Events Theory: A theoretical discussion of the structure, causes, and consequences of affective experiences at work. Research in Organizational Behavior, 18, S. 1–74.

Weitkunat, R., Haisch, J., Kessler, M. (Hrsg.) (1997): Public health und Gesundheitspsychologie. Huber, Bern.

Weiss, H. M. (2002): Deconstructing job satisfaction. Separating evaluations, beliefs, and affective experiences. Human Resource Management Review, 12, S. 173–194.

West, M.A. (2001): Management of Creativity and Innovation in Organizations. In: N.J. Smelser & P.B. Baltes (eds.-in-chief). International encyclopedia of the social & behavioural sciences (pp. 2895-2900). Amsterdam, Paris, New York, Tokyo: Elsevier.

Wetzstein, A., Jahn, F, Hacker, W. (2003b): Der Aufgabenbezogene Informationsaustausch (AI). Eine Methode zur Gestaltung und Optimierung von Arbeitsprozessen. Heft 27. Dresden: TU-Eigenverlag.

Wheaton, B. (1996): The domains and boundaries of stress concepts. In : Kaplan, H.B. (Ed.): Psychosocial stress. Sand Diego: Academic Press, S. 29-70

WHO (1993): Ageing and working capacity, Report of a WHO Study Group. WHO Technical Report Series, 835, Genf.

WHO (1991): Ziele zur "Gesundheit für alle". Die Gesundheitspolitik für Europa. Kopenhagen.

Wildenmann, B. (1995): Professionell Führen: Empowerment für Manager, die mit weniger Mitarbeitern mehr leisten müssen. Neuwied, Kriftel, Berlin: Luchterhand; Basel: Helbing und Lichtenhahn.

Williams, L. J. & Hazer, J. T. (1986): Antecedents and consequences of satisfaction and commitment in turnover models: A reanalysis using latent variable structural equation methods. Journal of Applied Psychology, 71 (2), S.219 – 231.

Winter, S. (2005). Mitarbeiterzufriedenheit und Kundenzufriedenheit: Eine ehrebenenanalytische Untersuchung der Zusammenhänge auf Basis multidimensionaler Zufriedenheitsmessung. Mannheim: MADOC.

Witterstätter, K. (2003): Soziologie für die Altenarbeit – Soziale Gerontologie. Lambertus Verlag, Freiburg im Breisgau.

Wolf, H., Mayer-Ajuha, N. (2002): Grenzen der Entgrenzung von Arbeit – Perspektiven der Arbeitsforschung. In: SOFI-Mitteilungen Nr. 30, S. 197-205.

Wolff, H.; Spieß, K.; Mohr, H. (2001): Arbeit - Altern - Innovation. Basel: Prognos-AG.

Wollert, A. (1998): Anpassungsreserve oder Potential für Innovationen. In: Personalführung, 31, H. 1, S. 32-35.

Wörth, H. (1997): Den Wandel gestalten, Chancen nutzen – Die Innovation einer Behörde. In: Kayser, F. & Uepping, H. (Hrsg.): Kompetenz der Erfahrung: Personalmanagement im Zeichen demographischen Wandels. Luchterhand Verlag GmbH, Neuwied, Kriftel, Berlin, S. 159-165.

Wunderer, R. (2001): Führung und Zusammenarbeit: eine unternehmerische Führungslehre. Luchterhand, Neuwied, Kriftel.

Wunderer, R. (2002): Herausforderungen an das Personalwesen, in: Personal, 6, S. 14-17.

Wunderer, R., Dick, P. (2002): Personalmanagement – Quo Vadis? 3. Auflage, Neuwied.

Wuppertaler Kreis e. V. (2000): Wissensmanagement in mittelständischen Unternehmen. Ein Leitfaden, Bericht 54. Deutscher Wirtschaftsdienst.

Yerby, M.S., Sundsten, J.W., Larson, E. B. et al. (1985): A new method measuring brain atrophy: the effect of ageing in its application for diagnosing dementia. In: Neurology.

Zajonc, R.B. (1980). Feeling and Thinking – Preferences Need No Inferences. American Psychologist, 35, 2, 151-175.

Zajonc, R.B. (1984). On the primacy of affect. American Psychologist, 39, 117-123.

Zeman, P. (2002): Zur Neugewichtung des Erfahrungswissens älterer Menschen. In: Institut für Soziale Infrastruktur (ISIS): Grundsatzthemen der Freiwilligenarbeit. Praxisbeiträge zum bürgerlichen Engagement im Dritten Lebensalter, Bd. 13. Stuttgart, Marburg, Erfurt: Verlag Peter Wiehl. S. 9-23.

Zimmermann, E., Frerichs, F., Naegele, G. (1999): Neue Arbeitszeitmodelle für ältere Arbeitnehmerinnen. Zeitschrift für Sozialreform, Heft 5, 45 Jg., S. 383–394.

Zink, K. J. (2004): TQM als integratives Managementkonzept. Das EFQM Excellence Modell und seine Umsetzung. 2. Aufl., Hanser, München.

Zwirner, K. (1986): Kardiologische und aniologische Erkrankungen. In: Marcea, J. T.: Das späte Alter und seine häufigsten Erkrankungen. Springer, Berlin etc.

Arbeitswissenschaft in der betrieblichen Praxis

Herausgegeben von Peter Knauth

Band 19 Patric Claude Gauderer: Indivudualisierte Dienstplangestaltung. Ein partizipativer Ansatz zur Flexibilisierung der Arbeitszeit des Fahrpersonals im Öffentlichen Personennahverkehr (ÖPNV). 2002.

Band 20 Sibylle Olbert-Bock: Lernprozesse bei Veränderungen in Unternehmen. 2002.

Band 21 Manfred Hentz: Ein Instrument zur Kommunikationsstrukturanalyse auf Basis der autopoietischen Systemtheorie. Eine empirische Untersuchung in einem mittelständischen Unternehmen. 2002.

Band 22 Dorothee Karl: Erfahrungsaufbau und -transfer. Empirische Studie in einer Großbank. 2005.

Band 23 Kerstin Freier: Work Life Balance Zielgruppenanalyse am Beispiel eines deutschen Automobilkonzerns. 2005.

Band 24 Roland Lerch: Einflussfaktoren auf den Erfolg des Problemlösungsprozesses in Projekten. Eine empirische Studie an Kleinprojekten. 2005.

Band 25 Cordula Braedel-Kühner: Individualisierte, alternsgerechte Führung. 2005.

Band 26 Sonia Hornberger: Individualisierung in der Arbeitswelt aus arbeitswissenschaftlicher Sicht. 2006.

Band 27 Martina Templin: Bewertung der Qualität der Personaleinsatzplanung im ambulanten Pflegedienst. Ein akteursbezogener Ansatz. 2006.

Band 28 Matthias Rott: Einflussfaktoren auf den Erfolg von Telearbeit. Eine empirische Studie. 2006.

Band 29 Kathrin Elmerich: Personenbezogene Wahrnehmung des Diversity Managements. 2007.

Band 30 Dirk Eger: Einflussfaktoren auf die flugbetrieblichen Ziele von Piloten. Eine empirische Studie zur Informationsqualität. 2008.

Band 31 Dorothee Karl: Arbeitsfähigkeit, ein ganzheitlicher, integrativer Ansatz. 2009.

www.peterlang.de